Brauchen wir eine allgemeine Dienstpflicht?

Alexander Dietz | Hartwig von Schubert

Brauchen wir eine allgemeine Dienstpflicht?

EVANGELISCHE VERLAGSANSTALT
Leipzig

Bibliographische Information der Deutschen Nationalbibliothek
Die Deutsche Nationalbibliothek verzeichnet diese Publikation in der
Deutschen Nationalbibliographie; detaillierte bibliographische Daten
sind im Internet über http://dnb.dnb.de abrufbar.

© 2023 by Evangelische Verlagsanstalt GmbH · Leipzig
Printed in Germany

Das Werk einschließlich aller seiner Teile ist urheberrechtlich geschützt.
Jede Verwertung außerhalb der Grenzen des Urheberrechtsgesetzes
ist ohne Zustimmung des Verlags unzulässig und strafbar. Das gilt
insbesondere für Vervielfältigungen, Übersetzungen, Mikrover-
filmungen und die Einspeicherung und Verarbeitung in elektroni-
schen Systemen.

Das Buch wurde auf alterungsbeständigem Papier gedruckt.

Cover: Vogelsang Design, Aachen
Coverbild: stock.adobe.com © benjaminnolte
Satz: Steffi Glauche, Leipzig
Druck und Binden: CPI books GmbH

ISBN 978-3-374-07417-4 // eISBN (PDF) 978-3-374-07418-1
www.eva-leipzig.de

Vorwort

Brauchen wir in Deutschland eine allgemeine Dienstpflicht? Unsere Gesellschaft steht vor großen Herausforderungen. Vor diesem Hintergrund wird der Vorschlag einer allgemeinen Dienstpflicht in Politik und Gesellschaft intensiv und kontrovers diskutiert. Die Mehrheit der Menschen in Deutschland hält eine solche Dienstpflicht für eine gute Idee. Zwar würde sie Gesetzesänderungen erfordern, Geld kosten und weder auf die aktuellen Probleme der Sozialwirtschaft noch der Bundeswehr eine Antwort geben. Aber eine allgemeine Dienstpflicht könnte vielen jungen Menschen wertvolle Bildungserfahrungen ermöglichen und über die Einübung bürgerschaftlichen Engagements sowie eines solidarischen Miteinanders in Vielfalt langfristig zu einem Band werden, das unsere Gesellschaft zusammenhält und diese durch verschiedene erwünschte Nebeneffekte (bei klug gesetzten Anreizen in den Rahmenbedingungen) zugleich krisenfester macht. In der Vergangenheit war die Gefahr von Kriegen der primäre Anlassgrund und Standardfall für eine nach Intensität und Dauer außergewöhnliche Inpflichtnahme aller männlichen und wehrfähigen Bürger eines Landes für den Dienst in den Streitkräften. Künftig könnte die zunehmende Gefahr von Notständen durch Krisen und Katastrophen hinzukommen.

Deutschland kann auf jahrzehntelange Erfahrungen zurückblicken sowohl mit einem Wehrdienst im Rahmen einer allgemeinen Wehrpflicht als auch mit einem an die Wehrpflicht gekoppelten Zivilersatzdienst. Viele Bürger – auch die Autoren dieses Bandes – haben mit dem Wehrdienst bzw. Zivildienst positive persönliche Erfahrungen gemacht. An dieses Modell und die damalige Art seiner Ausgestaltung wird man jedoch wohl nicht mehr anknüpfen können. Um den Gedanken einer allgemeinen Dienstpflicht neu entwickeln zu können, halten wir es zunächst für sinnvoll, militärische und zivile Dienstpflichten je für sich gesondert zu würdigen und zu betrachten. Denn wir sind überzeugt, dass sich die Möglichkeiten und Grenzen einer allgemeinen Dienstpflicht erst dann kritisch, vorurteilsfrei und ertragreich diskutieren lassen, wenn eine zivile Dienstpflicht auch unabhängig von der Wehrpflicht in den Blick genommen wird. Sobald geklärt ist, um was es sinnvollerweise bei zivilen Dienstpflichten gehen kann, können diese gegebenenfalls auch mit einer Wehrpflicht ins Verhältnis gesetzt werden. Denn was eine Wehrpflicht von einer Gesellschaft fordert und welchen Zweck sie zu erfüllen vermag, ist in Deutschland, wie gesagt, prinzipiell bekannt, auch wenn sie heute neu konzipiert werden müsste. Im Blick auf die Frage, was eine zivile Dienstpflicht und was eine militärische und zivile Dienstpflicht überwölbende allgemeine Dienstpflicht zu leisten vermag, besteht jedoch noch Klärungsbedarf. Auch dieses Buch kann nicht alle Fragen beantworten, aber immerhin eine Anregung und einen Beitrag zum notwendigen gesellschaftlichen Diskussionsprozess leisten. Ein breiter (parteiübergreifender) gesellschaftlicher Konsens, der am Ende des Diskussionsprozesses stehen könnte, wäre die Voraussetzung für eine Grundgesetzänderung, ohne die eine allgemeine Dienstpflicht nicht eingeführt werden kann.

Wir haben dieses Buch in intensivem Austausch gemeinsam verfasst und verantworten es auch inhaltlich gemeinsam. Gleichwohl zeigen sich auch bei uns, den Autoren, unterschiedliche Herangehensweisen an das Thema, verschiedene Schwerpunktsetzungen in der Argumentation sowie leicht differierende Einschätzungen in Einzelfragen. Auf eine redaktionelle Einebnung dieser Unterschiede haben wir bewusst verzichtet, da wir glauben, dass sie die Qualität des Buches als Diskursbeitrag eher noch erhöhen. Die Kapitel 1 und 4 wurden von Alexander Dietz verfasst, die Kapitel 2 und 3 von Hartwig von Schubert, Einleitung und Fazit gemeinsam. Wir danken Dr. Annette Weidhas von der Evangelischen Verlagsanstalt für die freundliche und kompetente Begleitung des Buchprojekts. Außerdem danken wir PD Dr. Fritz Felgentreu, Dr. Markus Meckel, René Schulz und Dr. Ferdinand Weber für ihre Bereitschaft zum – auch kontroversen – fachlichen Gespräch sowie ihre hilfreichen und kritischen Hinweise im Zuge der Entstehung des Buches.

Alexander Dietz, Hartwig von Schubert
Hannover, Hamburg im Juni 2023

Inhalt

1. Einleitung. 11
Alexander Dietz

2. Grundlagen. 41
Hartwig von Schubert

2.1 Juristische Aspekte. 41
2.2 Sozialwissenschaftliche und ökonomische Aspekte . . 58
2.3 Theologische Aspekte. 75

3. Sicherheitspolitische Überlegungen. 96
Hartwig von Schubert

4. Sozial- und gesellschaftspolitische Überlegungen. . . 123
Alexander Dietz

4.1 Sozialpolitik. 123
4.2 Gesellschaftspolitik. 131
4.3 Pädagogische Ziele und Menschenbild. 167

5. Fazit. 204
Alexander Dietz und Hartwig von Schubert

Anmerkungen. 212
Abkürzungsverzeichnis. 222
Literatur. 223
Zu den Autoren. 241

1. Einleitung

These 1:

Unsere Gesellschaft steht derzeit vor großen Herausforderungen, die unter Stichworten wie Klimawandel, Pandemie, Migration, Ukrainekrieg, Demographie, Entsolidarisierung und Spaltung allgegenwärtig sind. Vor diesem Hintergrund ist die Diskussion um eine allgemeine Dienstpflicht wieder einmal entbrannt, da sich deren Befürworter Lösungsbeiträge zur Bewältigung der Herausforderungen versprechen (sozialer Zusammenhalt, Integration, Befähigung zur Bewältigung potenzieller künftiger Krisen, Fachkräftemangel in systemrelevanten Berufen entgegenwirken). Welche dieser Hoffnungen berechtigt sind und welche nicht, ist zu prüfen.

»Die Pandemie hat uns sehr gefordert, es gibt einen brutalen Krieg in Europa, der Klimawandel schreitet voran. Wir sehen jetzt, dass wir viel zu lange davon ausgegangen sind, dass Frieden, Freiheit und Wohlstand garantiert sind. Die Gewissheit ist erschüttert. […] Ich verstehe den Unmut der Bürger, wenn sich viele einschränken müssen und manche Extragewinne einfahren. […] Auseinandersetzungen, die es in der Demokratie immer geben muss, sind […] schärfer und unversöhnlicher geworden. […] Ich rufe das ganze Land auf, das nicht gleichgültig hinzunehmen, sich zu engagieren. Nur so können wir Konflikte lösen. Demokratie ist nie ein fertiges Projekt. […] Ich weiß, dass es nicht einfach werden wird, aber ich wünsche mir, dass wir eine Debatte über eine soziale Pflichtzeit führen. […] Gerade jetzt, in einer Zeit, in der das Verständnis für andere Lebensentwürfe und Meinungen abnimmt, kann eine soziale Pflichtzeit besonders wertvoll sein. Man kommt raus aus der eigenen Blase, trifft ganz andere Menschen, hilft Bürgern in Notlagen. Das baut Vorurteile ab und stärkt den Gemeinsinn.«[1] Diese Sätze sagte Bundespräsident Frank-Walter Steinmeier in einem vielbeachteten Interview mit der Zeitung »Bild am Sonntag« am 12. Juni 2022. Daraufhin entbrannte die Diskussion zum Thema allgemeine Dienstpflicht, die seit Jahrzehnten immer wieder in Deutschland und anderen Ländern angestoßen wurde (vgl. Thesen 2, S. 17 und 5, S. 35), aufs Neue – und ist seitdem nicht wieder abgekühlt. Umso erstaunlicher ist es, dass gerade die Bundesregierung ausgerechnet in ihrer ansonsten sehr lobenswerten Nationalen Sicherheitsstrategie, die am 14. Juni 2023 in der Bundespressekonferenz der Öffentlichkeit vorgestellt wurde, das Thema Dienstpflicht souverän ignoriert und damit das Gespräch mit dem Bundespräsidenten und mit den nachweislich ca. 50 Prozent der Bevölkerung, die sich sogar für einen Wehrdienst im Rahmen einer allgemeinen Dienstpflicht aussprechen, an diesem Punkt schlicht verweigert. Selbst in dem einschlägigen Kapitel »Zivile Verteidigung, Zivil- und Katastrophenschutz« (Seiten 34–36) wird der Begriff Dienstpflicht nicht einmal erwähnt, geschweige denn kritisch diskutiert. Eine strategische Beteiligungskultur sieht anders aus. Hier wurde eine wichtige Gelegenheit gründlich verpasst.

Es ist sicherlich kein Zufall, dass diese Debatte gerade jetzt an vielen anderen Stellen auf besonders viel Interesse stößt. Der Ukrainekrieg bringt viele Menschen in Deutschland dazu, über Dinge nachzudenken, über die sie bisher nicht nachgedacht haben: Welche Ressourcen braucht die Bundeswehr, um bei einem Angriff verteidigungsfähig zu sein? Wäre ich im Kriegsfall bereit zu kämpfen oder würde ich versuchen zu fliehen? Wie kann die Versorgung mit Wasser und Lebensmitteln im Falle eines Blackouts gewährleistet werden? Kann die Gasversorgung sichergestellt werden? Wie kann das Risiko eines Atomkriegs abgewendet werden? Welche Vorkehrungen muss Deutschland im Bereich des Katastrophenschutzes treffen, um im Falle »ukrainischer Verhältnisse« handlungsfähig zu sein? Viele Pazifisten – selbst die Evangelische Kirche in Deutschland – sehen sich zu einer grundsätzlichen ethischen Neuorientierung gezwungen.

Dabei ist der Ukrainekrieg nur eine von mehreren großen Herausforderungen, die unsere Gesellschaft aktuell in Atem halten (und leider auch spalten). Aufgrund des Klimawandels rechnen viele mit globalen Umweltkatastrophen. Wie gut ist unsere Gesellschaft beispielsweise auf große Brände oder Dürren vorbereitet? Wir haben in den vergangenen Jahren erlebt, wie die Covid-19-Pandemie uns an unsere Grenzen geführt hat. Welche Folgen hätte der Fachkräftemangel in systemrelevanten Berufen im Falle einer Pandemie durch ein deutlich gefährlicheres Virus? Die Anzahl von Migranten, die in Deutschland eine neue Heimat suchen, ist so hoch wie noch nie. Wie kann die Integration gelingen? Wie können wir vor dem Hintergrund des demographischen Wandels ausreichend junge Menschen dafür gewinnen, beispielsweise eine Ausbildung im Pflegebereich zu machen oder sich bei der Feuerwehr, in der Flüchtlingshilfe oder im Umweltschutz zu engagieren? Über Entsolidarisierung wurde schon immer geklagt, aber durch die Krisen werden die Abstände zwischen den Gruppen von Gewinnern und Verlierern der gesellschaftlichen Entwicklungen empirisch messbar größer: Kinder, die nach dem Homeschooling besser lesen und rechnen können, und Kinder, die nach dem Homeschooling schlechter lesen und rechnen können; Senioren, die nach der Gebäudesanierung Heizkosten sparen, und Senioren, die nach der Gebäudesanierung die Mietkosten nicht mehr zahlen können; mobile Großstädter, deren Lebensqualität als Folge der Globalisierung steigt, und ortsgebundene Landbewohner, deren Lebensqualität als Folge der Globalisierung sinkt; Haushalte, für die steigende Gaspreise bedeuten, dass sie sich kein frisches Obst und Gemüse mehr leisten können, und Haushalte, für die steigende Gaspreise keine spürbaren Folgen haben; Menschen, die aufgrund der Energiewende dauerhaft ihren Job verlieren, und Menschen, die aufgrund der Energiewende in ihrem Traumjob arbeiten können.

Besonders problematisch im Blick auf die Zukunft unserer Demokratie sind die Spaltungsphänomene, die der Bundespräsident als schärfer und unversöhnlicher gewordene Auseinandersetzungen sowie Nicht-Herauskommen aus der eigenen Blase beschreibt. Der »Putin-Versteher« redet längst gar nicht mehr mit dem »Kriegstreiber« (und umgekehrt), der »Gutmensch« nicht mehr mit dem »Nazi«, der »Klimaleugner« nicht mehr mit dem »Öko-Terroristen« und der »Covidiot« nicht mehr mit dem »Panikmacher«. Und da die entsprechenden Meinungsmilieus häufig mit den Gewinner- und Verlierergruppen korrelieren, wachsen die Kluft und das gegenseitige Unverständnis zwischen Oben und Unten. Die Sorge um den gesellschaftlichen Zusammenhalt ist also begründet und die Suche nach Instrumenten, die diesen Zusammenhalt stärken können, eine Notwendigkeit. Viele haben noch positive Erinnerungen an den Wehr- und Zivildienst, der seit 2011 ausgesetzt ist. Die Mehrheit der damals zum Dienst Verpflichteten denkt gerne an diese Zeit zurück, als man zwischen Schule und Berufsleben die Möglichkeit hatte, sich zu orientieren, seine Persönlichkeit zu entwickeln, viel Praktisches zu lernen und vor allem: etwas Sinnvolles zu tun. Man begegnete – oft zum ersten und für lange Zeit auch vorläufig letzten Mal im Leben – Menschen aus anderen Milieus, Menschen in sozialen Notlagen oder Menschen mit Behinderung und hatte Gemeinschaftserfahrungen mit ihnen. So lernte man neue Perspektiven kennen, entwickelte Verständnis für andere und verringerte Vorurteile. Außerdem bekamen viele Beteiligte Lust auf freiwilliges Engagement sowie auf eine berufliche Zukunft in der Bundeswehr oder im Sozialbereich. Und auch viele Personen, die selbst nicht dienstpflichtig waren, kennen in ihrem Umfeld Menschen, denen der Dienst gutgetan hat. Dass es sich hierbei nicht nur um eine rückblickende Romantisierung handelt, belegen zahlreiche empirische Studien, auf die in den Thesen 17, S. 177 und 18, S. 190 näher eingegangen wird. Insofern ist es durchaus nicht abwegig, dass viele die Einführung einer allgemeinen Dienstpflicht für eine gute Idee halten, um den genannten Problemen zu begegnen. Eine deutliche Mehrheit der Menschen in Deutschland (in

These 8, S. 58 werden die Umfragen näher dargestellt) sehen in einem sozialen Pflichtdienst eine große Chance für die Stärkung des sozialen Zusammenhalts und der gesellschaftlichen Krisenresilienz.

Eine solche allgemeine Dienstpflicht hätte viele Gemeinsamkeiten mit dem früheren Wehr- bzw. Zivildienst, wäre jedoch auch etwas grundsätzlich Neues (nicht nur im juristischen Sinne). Sie würde im Blick auf die konkreten aktuellen gesellschaftlichen Herausforderungen begründet und ausgestaltet, alle jungen Erwachsenen eines Jahrgangs unabhängig von ihrem Geschlecht und ihrer Herkunft einbeziehen und vielfältige gleichberechtigte Wahlmöglichkeiten des Engagements bieten. Aufgrund der dafür notwendigen Grundgesetzänderung (vgl. These 7, S. 51) bedarf es eines parteiübergreifenden großen gesellschaftlichen Konsenses, der erst am Ende eines intensiven Diskussionsprozesses stehen könnte, zu dem dieses Buch einen Beitrag leisten möchte. Dieser Diskussionsprozess hat längst begonnen, und viele Argumente für und gegen eine Dienstpflicht wurden bereits an verschiedenen Stellen differenziert dargestellt. Einerseits würde die Einführung einer allgemeinen Dienstpflicht einen Eingriff in die selbstbestimmte Lebensplanung junger Menschen darstellen und erhebliche Kosten sowie Organisationsaufwand verursachen. Manche argumentieren außerdem, dass soziale Lernprozesse absolute Freiwilligkeit voraussetzen (vgl. dagegen These 17, S. 177), oder weisen auf die Gefahr verzerrender Arbeitsmarkteffekte hin. Auch ist der Einwand, dass sich durch eine Dienstpflicht der Fachkräftemangel im Sozialbereich nicht lösen lässt, berechtigt (vgl. These 11, S. 123).[2] Andererseits könnte eine allgemeine Dienstpflicht einen wesentlichen Beitrag zur Stärkung des sozialen Zusammenhalts, zur Integration von Menschen mit Migrationshintergrund sowie zur Bereitschaft und Befähigung zu zivilgesellschaftlichem Engagement liefern und somit unsere Demokratie stützen.[3] Außerdem erhoffen sich manche durch sie eine Verbesserung der Fähigkeit der Gesellschaft, auf Krisen und Katastrophen zu reagieren, indem das Bewusstsein für die individuelle Verantwortung des Bürgers gefördert und die Träger des Zivilschutzes sowie die Sicherheitsorgane personell gestärkt würden. Diese unterschiedlichen Aspekte gilt es im Folgenden näher zu beleuchten und abzuwägen.

*

These 2:

Die politische Debatte um eine allgemeine Dienstpflicht hat eine lange Geschichte. Eine direkte politische Initiative zu deren Einführung gab es bisher in Deutschland zwar nicht, aber unzählige öffentliche Forderungen durch Politiker unterschiedlicher Parteien sowie Prominente (zuletzt besonders öffentlichkeitswirksam durch Bundespräsident Frank-Walter Steinmeier). Lange fand die Diskussion im Kontext möglicher Reformen des Wehr- und Zivildienstes statt. So wurde eine Dienstpflicht zunächst gefordert, um durch die gleichberechtigte Wahlmöglichkeit den Zivildienst aufzuwerten, später um den wegfallenden Zivildienst zu kompensieren. Dass das Thema heute davon entkoppelt diskutiert werden kann, ist eine Chance.

In der deutschen Nachkriegsgeschichte tauchte der Vorschlag einer allgemeinen Dienstpflicht bzw. eines sozialen Pflichtjahres immer wieder auf. Und zwar so regelmäßig, dass der Journalist Rainer Hank schon im Jahr 1990 kritisch anmerkte, dass die dadurch angestrebten Ziele beinahe beliebig zu sein scheinen, je nach tagespolitischer Herausforderung.[4] Allerdings gab es nie eine direkte politische Initiative zur Einführung einer allgemeinen Dienstpflicht auf Bundesebene. Als im Jahr 1955 die Bundeswehr gegründet wurde, entschied sich die Regierung für eine allgemeine Wehrpflicht (für junge Männer), da sie glaubte, nur auf diese Weise eine ausreichend große Anzahl an Soldaten zur Landesverteidigung angesichts der Bedrohungslage durch den Kalten Krieg aufstellen zu können. Die allgemeine Wehrpflicht moderner Art entstand in Frankreich zur Zeit der Französischen Revolution. Preußen übernahm sie zu Beginn des 19. Jahrhunderts, als sich die Befreiungskriege abzeichneten. Nach der erfolgreichen Befreiung Preußens von der napoleonischen Fremdherrschaft erfreute sich die Wehrpflicht entsprechend dauerhaft großer Zustimmung, bestand im Kaiserreich fort und wurde nach dem Verbot einer Wehrpflicht durch den Versailler Vertrag von den Nationalsozialisten wieder eingeführt. Seit dem Bestehen der Bundeswehr wurde kontrovers über mögliche Alternativen zur Wehrpflichtarmee debattiert, wobei die Alternativen einer Freiwilligenarmee sowie einer allgemeinen Dienstpflicht stets eine besonders wichtige Rolle spielten. Zur Zeit des Kalten Krieges waren diese Alternativen jedoch niemals mehrheitsfähig. Die überwiegende Mehrheit der Bevölkerung lehnte damals aufgrund der militärischen Bedrohung

Deutschlands als Frontstaat zwischen NATO und Warschauer Pakt das Modell einer Freiwilligenarmee und aufgrund der traditionellen Rollenzuschreibungen der Geschlechter das Modell einer allgemeinen Dienstpflicht ab.[5]

Nach dem Ende des Kalten Krieges änderte sich in den neunziger Jahren die Diskussionslage. Das Risiko eines Angriffs auf das eigene Hoheitsgebiet erschien nun für Deutschland und die anderen europäischen NATO-Staaten als sehr gering. Die Streitkräfte wurden jetzt stattdessen für friedensstiftende Krisenintervention und humanitäre Missionen außerhalb des NATO-Gebietes eingesetzt. Dies erforderte anstelle von Massenarmeen kleine, flexible und spezialisierte Einheiten. Angesichts dessen fanden in vielen Ländern Debatten zu Wehrpflichtreformen statt, die in der Regel mit einem Modellwechsel zur Berufsarmee endeten. In Deutschland erwies sich die Verbundenheit zur Wehrpflicht als besonders tief verwurzelt, allerdings verschob sich auch hier die öffentliche Meinung dahingehend, dass sich gegen Ende der neunziger Jahre Befürworter und Gegner einer allgemeinen Wehrpflicht etwa die Waage hielten. Da in Deutschland mittlerweile etwa genauso viele junge Männer den Wehrdienst verweigerten, wie zur Bundeswehr eingezogen wurden, wurde in der Debatte die Frage nach der Zukunft des Zivildienstes mit der Frage nach der Wehrdienstreform verbunden. Der Zivildienst hatte sich weiterentwickelt. Nicht rechtlich, aber de facto herrschte Wahlfreiheit zwischen Wehrdienst und Zivildienst. Vor diesem Hintergrund erschien der Vorschlag einer allgemeinen Dienstpflicht für manche als sinnvolle Möglichkeit, um den Zivildienst endlich auch offiziell als gleichwertig anzuerkennen. Andere befürworteten den Gedanken einer allgemeinen Dienstpflicht, um den wegfallenden Zivildienst angesichts einer zunehmend absehbar werdenden Aussetzung der Wehrpflicht zu kompensieren. Diese Debatte wurde zwanzig Jahre lang unter dem Begriff »Konversionsdebatte« geführt: Sollte der Zivildienst durch eine allgemeine Dienstpflicht, durch den Ausbau von Freiwilligendiensten oder durch den Einsatz alternativer Personalgruppen substituiert werden oder sollten die vorhandenen Stellen ersatzlos gestrichen werden?[6] Im Hintergrund der Debatte standen unterschiedliche Einschätzungen zur volks- bzw. betriebswirtschaftlichen Bedeutung sowie zur Arbeitsmarktneutralität der Zivildienststellen. Es kann also festgehalten werden, dass die Diskussion zur Wehrpflichtreform eine »Zündungsfunktion«[7] für die Diskussion um eine allgemeine Dienstpflicht hatte. Gleichzeitig ist es ein Vorteil und eine Chance, dass wir das Thema heute entkoppelt von der Frage der Zukunft der Wehrpflicht und des Zivildienstes diskutieren können. So spricht sich etwa der Deutsche BundeswehrVerband in aktuellen Stellungnahmen klar gegen eine Wiederherstellung der Wehrpflicht, aber für eine allgemeine Dienstpflicht aus. Es muss gegen Missverständnisse immer wieder betont werden, dass die Befürworter einer allgemeinen Dienstpflicht (in aller Regel) nicht die frühere Wehrpflicht und den früheren Zivildienst wiederbeleben möchten (was zu großen organisatorischen Problemen führen müsste und nicht mehr zeitgemäß wäre), sondern eine neue Form des Dienstes mit neuer Begründung, neuen rechtlichen und organisatorischen Rahmenbedingungen und neuer Ausgestaltung vor Augen haben.

Nach der Jahrtausendwende nahm die Diskussion um die Wehrpflichtreform und damit verbunden um die allgemeine Dienstpflicht weiter an Fahrt auf. Einen Anstoß dazu gab der Koalitionsvertrag von SPD und Bündnis 90/Die Grünen im Jahr 1998, der eine erneute Überprüfung der Wehrpflicht festschrieb, was zur Einsetzung der sogenannten Weizsäcker-Kommission führte. Diese schlug im Blick auf die zukünftige Struktur der Bundeswehr vor, die Wehrpflicht beizubehalten, aber nur einen kleinen Teil der Jahrgänge einzuziehen. Spätestens seit 2004 wurde eine solche Herangehensweise allerdings für unmöglich erklärt, nachdem das Verwaltungsgericht Köln die damalige Einberufungspraxis der Bundeswehr aufgrund der mangelnden Wehrgerechtigkeit als rechtswidrig eingestuft und damit die Wehrpflicht insgesamt in Frage gestellt hatte. Die Frage erreichte aber nie die Ebene eines Oberverwaltungsgerichts, des Bundesverwaltungsgerichts oder gar des Bundesverfassungsgerichts. Um die Gerechtigkeitslücke zu schließen, wurde immer wieder der Vorschlag einer allgemeinen Dienstpflicht in den Raum gestellt, unter anderem von Verteidigungsminister Peter Struck (SPD) bereits im Jahr 2003.[8] Entschieden gegen eine allgemeine Dienstpflicht wendete sich der Abschlussbericht »Perspektiven für Freiwilligendienste und Zivildienst in Deutschland« der von Bundesfamilienministerin Renate Schmidt (SPD) eingesetzten Kommission »Impulse für die Zivilgesellschaft« von 2004, auf den sich die Bundesregierung in den kommenden Jahren immer wieder bezog, wenn entsprechende thematische Anfragen von Bundestagsfraktionen gestellt wurden (immerhin acht zwischen 2004 und 2012). Die Kommission nannte für ihre Ablehnung juristische und pädagogische Gründe. Dass politische Fragen in erster Linie unter juristischen Gesichtspunkten betrachtet und diskutiert werden, ist eine gerne gewählte Strategie zur Vermeidung politischer Auseinandersetzungen und typisch für die formalistische deutsche politische Kultur. Dies hat zur Folge, dass die Lösung politischer Fragen von rechtlichen Voraussetzungen abhängig gemacht wird. Regelmäßig wurde und wird bis heute in der Diskussion zur allgemeinen Dienstpflicht darauf verwiesen, dass die derzeitige Rechtslage einer solchen entgegenstehe, und damit ist für viele die Diskussion beendet. Auch bei den Befürwortern ist häufig die primär interessierende Frage diejenige nach den notwendigen Gesetzesänderungen.[9]

Im genannten Abschlussbericht wurde die Ablehnung einer allgemeinen Dienstpflicht mit einem Plädoyer für einen Ausbau der Freiwilligendienste verbunden. Diese vermeintliche Alternative spielte bereits im Manifest aus dem Jahr 2000 eine wesentliche Rolle, das nach einjähriger Arbeit von einer von der Robert Bosch Stiftung eingeladenen Kommission aus zahlreichen jungen Politikern sowie Experten unter dem Titel »Jugend erneuert Gemeinschaft« veröffentlicht wurde. Im Vorwort des Manifestes wird beschrieben, dass die Kommission eine lange kontroverse Debatte zur allgemeinen Dienstpflicht geführt habe, sich in dieser Frage aber nicht habe einigen können und sich schließlich auf ein klares Plädoyer für einen Ausbau der Freiwilligendienste verständigt habe.[10] Die Debatte ist in einem nach wie vor lesenswerten Sammelband dokumentiert.[11] Spätestens seit der Aussetzung der Wehrpflicht und der daraus resultierenden Erledigung der Frage nach der Konversion des

Zivildienstes wird die Diskussion zur allgemeinen Dienstpflicht fast ausschließlich im Kontext der Frage nach der Zukunft von Freiwilligendiensten geführt und der Eindruck erweckt, dass man sich zwischen der Einführung einer allgemeinen Dienstpflicht und dem Ausbau von Freiwilligendiensten entscheiden müsse. In diesem Sinne spricht beispielsweise die Evangelische Kirche in Deutschland von einer »Alternative Freiwilligendienste oder allgemeine Dienstpflicht« und spricht sich vor diesem Hintergrund »für den Ausbau der Freiwilligendienste und gegen die Einführung einer allgemeinen Dienstpflicht« aus.[12] Tatsächlich wird ein gutes Konzept der Dienstpflicht jedoch die erfolgreichen Freiwilligendienste integrieren und sie möglichst noch stärken.

Mit unterschiedlichen Argumenten haben sich viele prominente Politiker verschiedener Parteien in den letzten zwanzig Jahren öffentlich für eine allgemeine Dienstpflicht ausgesprochen – und wussten dabei durch Umfragen belegt eine Mehrheit der Bevölkerung hinter sich. In diesem Sinne positionierten sich in den nuller Jahren beispielsweise Wolfgang Böhmer (CDU), Sigmar Gabriel (SPD), Friedrich Merz (CDU), Friedhelm Repnik (CDU), Otto Schily (SPD), Peer Steinbrück (SPD) und Brigitte Zypris (SPD) sowie in den Zehnerjahren unter anderem Lorenz Caffier (CDU), Franz Josef Jung (CDU), Roland Koch (CDU), Peter Müller (CDU), Eckhardt Rehberg (CDU), Guntram Schneider (SPD), Willi Zylajew (CDU), Philipp Amthor (CDU) und Annegret Kramp-Karrenbauer (CDU).[13] In jüngster Zeit erregte vor allem das Statement des Bundespräsidenten Frank-Walter Steinmeier Aufsehen, aber auch beispielsweise Wolfgang

Hellmich (SPD), Bodo Ramelow (Die Linke), Johann Wadephul (CDU), Eva Högl (SPD), Christian Baldauf (CDU), Boris Rhein (CDU), Carsten Linnemann (CDU) und Boris Pistorius (SPD) meldeten sich entsprechend öffentlich zu Wort. Im September 2022 beschloss die CDU auf ihrem Parteitag, die Forderung nach einer allgemeinen Dienstpflicht (unter dem Begriff »verpflichtendes Gesellschaftsjahr«) in ihr Programm aufzunehmen. Im Beschlusstext heißt es: »Wir wollen das Gesellschaftsjahr als einen möglichst vielseitigen Gewinn ausgestalten: für die Gesellschaft, für die Persönlichkeitsentwicklung des einzelnen Menschen und für die Widerstandsfähigkeit (Resilienz) unseres Staates.«[14]

*

These 3:

Eine kritische historische Auseinandersetzung mit pädagogisierten Jugendgemeinschaftsdiensten und Arbeitsdiensten, die teilweise militaristisch, nationalistisch oder arbeitsmarktpolitisch instrumentalisiert wurden, ist wichtig, darf jedoch einen konstruktiven Diskurs zu den Potenzialen einer allgemeinen Dienstpflicht nicht verhindern. Die in der Geschichte der Jugendgemeinschaftsdienste ebenfalls vorhandenen Traditionen von Demokratieförderung, Völkerverständigung und diakonischem Helfen müssen demgegenüber zur Geltung gebracht werden. Befürchtungen im Blick auf einen totalitären Staat sind gegenwärtig unbegründet.

Der Soziologe Paul Klein stellt im Blick auf die Diskussion zur allgemeinen Dienstpflicht fest: »In Deutschland […] gerät ein solcher Dienst besonders schnell in Parallelität zu den Zwangsdiensten des Dritten Reiches und wird deshalb von vielen abgelehnt.«[15] Angesichts dessen erscheint eine kritische (also differenzierte) historische Auseinandersetzung mit früheren Jugendgemeinschaftsdiensten und Arbeitsdiensten als unerlässliche Voraussetzung für einen konstruktiven Diskurs zur allgemeinen Dienstpflicht. Im späten 18. und frühen 19. Jahrhundert erhielt die Idee eines Dienstes für den Staat bzw. für die Gesellschaft im Zuge der Massenmobilisierung in den Revolutionskriegen großes Gewicht. Die Wehrpflicht entstand, wobei neben dem Aspekt der Verteidigung auch dem Gedanken einer allgemeinen Erziehungsfunktion der Armee eine wichtige Bedeutung zukam. Während des 19. Jahrhunderts wurde immer einmal wieder die Einführung eines sozialen Dienstes für Frauen als Äquivalent zur Wehrpflicht vorgeschlagen. Dahinter stand neben dem traditionellen Frauenbild (ehrenamtlich wohltätige Hausfrau) auch der Anspruch, neue Berufs- und Einflussfelder für Frauen zu eröffnen. In der Zeit der Wende zum 20. Jahrhundert wurden die ersten Konzepte einer altersspezifischen Arbeitsdienstpflicht für Jugendliche entwickelt, deren Vordenker aus so unterschiedlichen Zusammenhängen wie der Jugendbewegung, der Diakonie, der Frauenbewegung oder pazifistischen Gruppen stammten.[16] Im Ersten Weltkrieg trat das Gesetz über den vaterländischen Hilfsdienst in Kraft, nach dem alle Männer zwischen 17 und 60 Jahren, die nicht zur Armee eingezogen waren oder in der Landwirtschaft arbeiteten, zur Arbeit in der Rüstungsindustrie verpflichtet wurden, um alle Kräfte für den Krieg zu mobilisieren.

Nach dem Ersten Weltkrieg entstand im Rahmen der Jugendbewegung bzw. der bündischen Jugend die sogenannte Arbeitslagerbewegung (unter anderem angeregt durch das Beispiel Bulgariens, das eine Arbeitspflicht für junge Männer und Frauen eingeführt hatte): Junge Männer im Alter von 18 bis 25 Jahren aus allen gesellschaftlichen Schichten konnten sich freiwillig für ein harmonisches Gemeinschaftserlebnis sinnvoller körperlicher Arbeit in Lagern entscheiden. Die Arbeitslagerbewegung hatte ursprünglich einen emanzipatorischen Charakter, da sie auf die Initiative der Jugendlichen selbst zurückging und nach ihren Bedürfnissen eigenverantwortlich gestaltet wurde. In der Reformpädagogik der Weimarer Republik wurde der emanzipatorische Anspruch mit dem Gedanken des Dienstes als pädagogischer Chance verknüpft: Durch den Dienst für die Gemeinschaft sollten einerseits die Jugendlichen selbstbestimmte Reifungsprozesse durchlaufen und andererseits die Gesellschaft insgesamt erneuert werden. Dieser Gedanke wurde wiederum von einigen Politikern der Weimarer Republik aufgegriffen und mit sozial- und arbeitsmarktpolitischen Zielen verknüpft. Sie forderten die Einführung eines freiwilligen Arbeitsdienstes für Jugendliche als Ersatz für die durch den Versailler Vertrag beendete Wehrpflicht und erhofften sich dadurch einen Beitrag zur Bewältigung der Jugendarbeitslosigkeit sowie der gesellschaftlichen Spaltung, teilweise auch eine Förderung demokratisch-staatsbürgerlichen Bewusstseins. Aufgrund der hohen Kosten wurde der Freiwillige Arbeitsdienst allerdings erst 1931 von der Regierung Brüning eingeführt. Die Freiwilligkeit galt jedoch nur für diejenigen, die es sich leisten konnten, da Jugendliche, die nicht teilnahmen, keine Sozialleistungen erhielten. Maximal 20 Wochen konnten zunächst junge Männer und dann auch junge Frauen gemeinnützige Arbeit leisten. Aufgrund der wirtschaftlichen Not war die Nachfrage sehr groß. Der Soziologe Helmut Schelsky sah an dieser Stelle die entscheidende negative Zäsur in der Geschichte der Arbeitsdienste, weil diese nun von einer emanzipatorischen Initiative der Jugendbewegung und der Reformpädagogik zu einer staatlichen Veranstaltung unter arbeitsmarktpolitischen und sozialdisziplinierenden Vorzeichen gemacht wurden.[17]

Nach der Machtergreifung der Nationalsozialisten betonte Adolf Hitler bereits in seiner ersten Rundfunkansprache, dass der Gedanke der Arbeitsdienstpflicht ein Grundpfeiler seines Regierungsprogramms sei. Aufgrund des internationalen Einspruchs gegen eine auch militärisch nutzbare allgemeine Einberufung, die zu Recht als Versuch einer Umgehung der militärischen Beschränkungen des Versailler Vertrags gedeutet wurde, wurde der Reichsarbeitsdienst aber erst 1935 offiziell eingeführt. Die dienstpflichtigen jungen Männer unter 25 Jahren (und später auch jungen Frauen) wurden für sechs Monate in Lager kaserniert und arbeiteten uniformiert und militärisch organisiert hauptsächlich in den Bereichen Forstwirtschaft, Landschaftskultivierung sowie Landwirtschaft. Die Nationalsozialisten funktionalisierten den (in wirtschaftlicher Hinsicht eher unbedeutenden) Dienst als Mittel zur Ausübung ihrer totalitären Herrschaft für eine paramilitärische Erziehung (»Soldaten der Arbeit«) und ideologische Gehirnwäsche der Jugend (Disziplin, Bekenntnis zur klassenübergreifenden »Volksgemeinschaft«).[18]

Auch die Zwangsarbeit von Kriegsgefangenen und politisch Verfolgten zur Zeit des Nationalsozialismus belastet die heutige Debatte zur allgemeinen Dienstpflicht.

Nach dem Zweiten Weltkrieg entstanden internationale Friedens- und Gemeinschaftsdienste, die teilweise an Traditionen aus der Zeit der Weimarer Republik anknüpfen konnten. So setzt sich beispielsweise die Organisation »Aktion Sühnezeichen« seit 1958 durch einjährige soziale Freiwilligendienste im Ausland für die Völkerverständigung ein. Es entstanden internationale Arbeitslager der UNESCO sowie internationale Hilfsdienstlager für Jugendliche der pazifistischen christlichen Kirchen (z. B. Quäker und Mennoniten). Solche freiwilligen humanitären Einsätze von Jugendlichen blieben ein ständig wachsendes Betätigungsfeld, auch nach der Einführung von Wehrpflicht und Zivildienst. Im Inland entwickelten sich ebenfalls Freiwilligendienste (den Anfang machte das »Diakonische Jahr«), die 1964 unter dem Begriff Freiwilliges Soziales Jahr gesetzlich geregelt (und später als Surrogatdienste für den Zivildienst anerkannt) wurden. Ab 1993 wurde der pädagogische Anspruch des Freiwilligen Sozialen Jahres in den Vordergrund gestellt (Verantwortungsbewusstsein für das Gemeinwohl stärken). In der DDR wurde im Jahr 1952 unter der Bezeichnung »Dienst für Deutschland« ein mehr oder weniger freiwilliger kasernierter Arbeitsdienst eingerichtet, der jedoch bereits ein Jahr später wegen organisatorischer Mängel und finanzieller Schwierigkeiten wieder aufgelöst wurde.[19]

Der Historiker Andreas Gestrich resümiert: »Die Geschichte der Jugendgemeinschaftsdienste ist in Deutschland wie in keinem anderen Land verwoben mit den politischen und weltanschaulichen Entwicklungen und Fehlentwicklungen des 20. Jahrhunderts.«[20] Es muss wahrgenommen werden, dass die Idee verpflichtender oder freiwilliger sozialer Dienste für Jugendliche in der Geschichte punktuell militaristisch, nationalistisch oder arbeitsmarktpolitisch instrumentalisiert wurde. Man muss daraus lernen und sensibel für mögliche Fehlentwicklungen bleiben, wenn man heute über Konzepte einer allgemeinen Dienstpflicht nachdenkt. Beispielsweise dürfen entsprechende Dienste nicht an den Bedürfnissen der Jugendlichen vorbei geplant werden und auch nicht ihrer Selbstinitiative ganz entzogen werden (Beteiligung, Wahlfreiheiten). Andererseits darf der Verweis auf den Reichsarbeitsdienst auch nicht von Gegnern einer allgemeinen Dienstpflicht zur Verhinderung eines konstruktiven Diskurses missbraucht werden. Weder wurde die Dienstpflicht von den Nationalsozialisten erfunden, noch nehmen sich Vertreter der Dienstpflicht den Reichsarbeitsdienst als Vorbild, und schon gar nicht besteht heute die reale Gefahr, dass eine Dienstpflicht in Deutschland einen totalitären Staat begünstigen würde (das hat der Zivildienst auch nicht getan, ebenso wenig wie die staatlich verordnete Arbeit im New Deal der USA oder die Kibbuzbewegung in Israel[21]). Die in der Geschichte der Jugendgemeinschaftsdienste ebenfalls vorhandenen Traditionen von jugendlicher Initiative, emanzipatorischer Pädagogik, Demokratieförderung, Völkerverständigung und diakonischem Helfen liefern gute Anknüpfungsmöglichkeiten für heutige Überlegungen.

*

These 4:

Unter dem Begriff der allgemeinen Dienstpflicht oder einem von vielen alternativen Begriffen werden sehr unterschiedliche Modelle diskutiert im Blick auf den Personenkreis (Frauen, Ausländer, Sozialleistungsbezieher), das Alter (Jugendliche, Erwachsene berufsbegleitend, Senioren), die Länge sowie den Grad der Verpflichtung. Zunächst muss also stets geklärt werden, worüber genau man spricht.

Zivile Dienstpflicht, öffentliche Dienstleistungspflicht, soziales Pflichtjahr, Gemeinschaftsdienst, Dienstjahr, soziale Pflichtzeit, verpflichtendes Gesellschaftsjahr, Deutschland-Jahr, Deutschland-Praktikum – die Begriffe, unter denen die Idee einer allgemeinen Dienstpflicht in Deutschland diskutiert wird, sind ebenso vielfältig wie die Vorstellungen der möglichen Rahmenbedingungen. Zivile Dienstpflichten sind – ebenso wie die Wehrpflicht – etwas anderes als grundsätzlich verbotene Zwangsarbeit (zur Klärung juristischer Aspekte vgl. die Thesen 6, S. 41 und 7, S. 51). Der Staat kann solche Pflichten beispielsweise im Falle von Kriegen oder Naturkatastrophen für einen bestimmten Zeitraum verhängen, um Krisen bewältigen zu können. Im Kontext der Covid-19-Pandemie wurde von den Regierungen mehrerer Bundesländer die Einführung einer berufsspezifischen Dienstpflicht für Ärzte und medizinisches Personal im Falle von Epidemien geplant (allerdings nicht umgesetzt). Der Staat kann zivile Dienstpflichten auch in normalen Zeiten dauerhaft anordnen, wenn beispielsweise nur auf diese Weise der Brandschutz einer Gemeinde sichergestellt werden kann. Ebenso kann der Staat die Auszahlung von Sozialhilfe und Arbeitslosengeld an die verpflichtende Ausübung gemeinnütziger Arbeit knüpfen, wie in den angelsächsischen Ländern üblich. In Deutschland kam die sogenannte Hartz-IV-Gesetzgebung ab 2005 dem insofern nahe, als Leistungen in letzter Konsequenz vollständig gestrichen werden konnten, wenn Betroffene gemeinnützige Arbeitsgelegenheiten oder Jobs ablehnten. Diese Regelungen wurden durch die Einführung des Bürgergeldes im Jahr 2023 entschärft, aber nicht völlig aufgehoben.

In der Debatte zur allgemeinen Dienstpflicht, die uns an dieser Stelle interessiert, geht es allerdings um eine andere Variante ziviler Dienstpflichten, nämlich einen verpflichtenden sozialen Dienst für junge Menschen mit pädagogischem Anspruch zur Stärkung des gesellschaftlichen Zusammenhalts und zur Stärkung der gesellschaftlichen Resilienz im Blick auf weitere Krisen und Bedrohungen. Die Frage, ob junge Menschen jeden Geschlechts verpflichtet werden sollten oder nur junge Männer (wie bei der früheren Wehrpflicht), war in den letzten Jahrzehnten mitunter umstritten. Nachdem der Europäische Gerichtshof im Jahr 2000 in der sogenannten Kreil-Entscheidung festgestellt hatte, dass der Ausschluss von Frauen vom Dienst an der Waffe der Gleichbehandlungsrichtlinie widerspreche, wurde Art. 12a GG dahingehend geändert, dass Frauen zwar nicht zum Dienst mit der Waffe verpflichtet werden, diesen aber leisten dürfen. Die nach wie vor bestehende Ungleichbehandlung der Geschlechter (zulasten der jungen Männer) wurde in den folgenden Jahren mit der größeren familiären Belastung von Frauen begründet. Eine solche Übernahme und dadurch auch Festigung überkommener Rollenzuschreibungen liegt beispielsweise auch der Stellungnahme der Evangelischen Kirche in Deutschland zugrunde, die sich gegen eine allgemeine Dienstpflicht für Männer und Frauen ausspricht, da Frauen aufgrund ihrer Aufgaben in Kindererziehung und Angehörigenpflege dann doppelt belastet würden und möglicherweise darum auf Kinder verzichten könnten.[22] Heute halten die meisten eine vollständige Gleichbehandlung der Geschlechter für zeitgemäß, so dass in der Regel Modelle einer allgemeinen Dienstpflicht für alle jungen Menschen vorgeschlagen werden. Gleichwohl könnte eine geschlechtsübergreifende Anerkennung individuell erbrachter vergleichbarer Erziehungs- oder Pflegeleistungen als Freistellungsgrund von der Dienstpflicht ein sinnvoller Ausgestaltungsbestandteil sein.

Ebenfalls umstritten war und ist die Frage, ob eine allgemeine Dienstpflicht sich nur auf Menschen mit deutscher Staatsangehörigkeit oder auch auf Menschen, die dauerhaft in Deutschland leben, aber keine deutsche Staatsbürgerschaft besitzen (Ausländer), beziehen sollte, was rechtlich möglich wäre. Viele sehen gerade in der Einbeziehung von Ausländern, nicht zuletzt der großen Anzahl in den letzten Jahren zugewanderter geflüchteter junger Menschen, eine besondere Chance für die gesellschaftliche Integration. Die immer wieder einmal aufkommende Diskussion über eine Arbeitsverpflichtung für Sozialleistungsbezieher (die – wie erwähnt – in einer indirekten und abgeschwächten Form bereits seit dem Jahr 2005 konstatiert werden kann) sollte nicht mit der hier fokussierten Debatte zur (zeitlich begrenzten und formal an den Jugendfreiwilligendiensten orientierten) allgemeinen Dienstpflicht vermischt werden. Beim Alter der Zielgruppe sind in der Regel Jugendliche und junge Erwachsene im Blick, man orientiert sich meist am Freiwilligen Sozialen Jahr, das im Alter von 16 bis 26 Jahren geleistet werden kann. Gelegentlich sind auch Erwachsene (berufsbegleitend) oder Senioren als Adressaten im Gespräch, was im Blick auf den pädagogischen Anspruch und die Orientierungschancen, die insbesondere in der Zeit zwischen Schule und Beruf liegen, wenig naheliegend wäre (abgesehen davon, dass die über vierzigjährigen Männer normalerweise bereits Wehr- oder Zivildienst geleistet haben). Meist werden solche Vorschläge damit begründet, dass die junge Generation nicht zusätzlich belastet werden dürfe, weil sie ohnehin schon besonders belastet sei: Sie müsse aufgrund des demographischen Wandels für den Unterhalt besonders vieler Rentner aufkommen, die Folgen des Klimawandels erleiden und habe aufgrund der Covid-19-Beschränkungen zwei Jahre lang weniger feiern können. Doch unabhängig von der Tatsache, dass die Lebensqualität dieser Generation im langfristigen historischen Vergleich vermutlich insgesamt gar nicht so niedrig ist, liegt die größte Schwäche dieser Begründung darin, dass ein sozialer Dienst als Belastung wahrgenommen wird anstatt als Chance zur Persönlichkeitsentwicklung, Orientierung und Sinnerfahrung, die sich die Gesellschaft viel Geld kosten lässt, weil sie am Ende allen zugutekommt.

Bundespräsident Frank-Walter Steinmeier betonte in seinem öffentlichkeitswirksamen Plädoyer für die allgemeine Dienstpflicht, dass diese nicht unbedingt zwölf Monate dauern müsse. In verschiedenen vorgeschlagenen Modellen ist meist von sechs bis zwölf Monaten die Rede. Grundwehrdienst und Zivildienst haben im Zuge der häufigen Reformen zwischen sechs und achtzehn Monaten gedauert. Frankreich hat kürzlich eine allgemeine Dienstpflicht von einem Monat eingeführt, was für die beabsichtigten pädagogischen Prozesse aber wohl zu kurz sein dürfte. Die meisten Konzepte gehen von zwölf Monaten aus, der Standarddauer der bewährten Jugendfreiwilligendienste. Schließlich unterscheiden sich die vorgeschlagenen Modelle auch noch im Blick auf den Grad der Verpflichtung: Wie stark soll auf Zwang, wie stark auf Anreize gesetzt werden? Die Zusammensetzung der an Freiwilligendiensten Teilnehmenden zeigt, dass Freiwilligkeit allein nicht ausreicht, wenn man wirklich alle erreichen möchte. Dazu braucht es eine gesetzliche Verpflichtung. Und um dann die Diskriminierung rechtstreuen Verhaltens auszuschließen, muss der Gesetzgeber Sanktionsmöglichkeiten einführen (beispielsweise Ordnungsgelder bei Nichterscheinen). Idealerweise würde es jedoch kaum Verweigerer geben, wenn viele attraktive Auswahlmöglichkeiten für Einsatzorte geschaffen werden (vieles ist denkbar, wie Klimaschutz, Flüchtlingshilfe, Katastrophenschutz, Bundeswehr, Vereine, pflegerische oder erzieherische Ausbildungen).

Die Vielfalt der diskutierten Varianten zeigt, wie wichtig es ist, stets zu klären, was genau man unter allgemeiner Dienstpflicht versteht, damit eine sinnvolle Debatte möglich ist. Nur über ein konkretes Modell kann man diskutieren. Und die Diskussion – insbesondere mit jungen Menschen – ist nötig, wenn man einen großen gesellschaftlichen Konsens herstellen möchte, ohne den an eine Grundgesetzänderung, wie sie für die Einführung einer allgemeinen Dienstpflicht nötig wäre, gar nicht zu denken ist. In diesem Buch gehen wir von einer zwölfmonatigen Dienstpflicht für junge Männer und Frauen zwischen 16 und 26 Jahren mit und ohne deutsche Staatsbürgerschaft aus, die – pädagogisch intensiv begleitet – an einer möglichst vielfältigen Auswahl von Einsatzorten geleistet werden kann.

*

These 5:

Im Zuge von Wehrpflichtreformen wurde eine allgemeine Dienstpflicht in einigen europäischen Ländern ab den neunziger Jahren intensiv diskutiert, konnte jedoch aufgrund juristischer, arbeitsmarktpolitischer und logistischer Bedenken keine Mehrheiten gewinnen. Seit 2021 gilt in Frankreich mit dem Service national universel eine einmonatige allgemeine Dienstpflicht für Jugendliche.

In vielen Ländern gibt es gesetzliche Regelungen, nach denen Bürger in krisenhaften Ausnahmesituationen punktuell vom Staat zu bestimmten Arbeiten verpflichtet werden können. Das Schweizer System geht darüber hinaus und verpflichtet die Männer (derzeit wird die Ausweitung auf Frauen intensiv diskutiert) dazu, im Rahmen der Dienstpflicht im Zivilschutz vierzehn Jahre und im Rahmen der Milizarmee noch zehn Jahre nach der militärischen Grundausbildung nebenberuflich militärische und zivile öffentliche Aufgaben auszuüben. Aber eine allgemeine Dienstpflicht im Sinne einer Verpflichtung für junge Menschen, einige Monate gemeinwohldienliche Arbeiten zu verrichten – außerhalb von Wehrdienst oder Wehrersatzdienst –, gibt es nur selten (beispielsweise in Ghana und Nigeria für Hochschulabsolventen). In Großbritannien gab es in den achtziger Jahren eine Debatte über die Einführung einer allgemeinen Dienstpflicht, die allerdings daran scheiterte, dass es offensichtlich um eine Instrumentalisierung der Idee zur Legitimierung von Sozialabbau und zur Beschönigung der Arbeitslosenstatistik ging. In den neunziger Jahren kam es infolge des Endes des Kalten Krieges in vielen europäischen Ländern – auch in Deutschland – zu Diskussionen über Reformen der Wehrpflicht. Beispielsweise in Belgien, den Niederlanden und Frankreich ging die Entscheidung zur Abschaffung der Wehrpflicht mit kurzen, aber intensiven gesellschaftlichen Diskursen über die Möglichkeit der Einführung alternativer sozialer Pflichtdienste für Jugendliche einher.

In Belgien wurde die Armee zwischen 1992 und 1994 in eine Berufsarmee umgewandelt. Es wurde vorgeschlagen, die bis dahin mit der Wehrpflicht verbundene Persönlichkeitsentwicklung junger Menschen künftig im Rahmen einer sozialen Dienstpflicht zu fördern. Erste Meinungsumfragen signalisierten Zustimmung. In der Debatte setzten sich jedoch die Gegenargumente durch, dass eine Dienstpflicht juristisch mit internationalen Konventionen, die Zwangsarbeit verbieten, kollidiere und dass sie zu unzulässiger Arbeitsplatzverdrängung und Arbeitsmarktverzerrung führen könne. Daher schwenkte die Diskussion um auf die Einführung eines freiwilligen Jugendgemeinschaftsdienstes.

Nachdem die Regierung unter breiter gesellschaftlicher Beteiligung ein entsprechendes Konzept erarbeitet hatte, scheiterte der Gesetzesvorschlag schließlich an einem Votum, das sich auf eine formale Kollision zwischen Freiwilligendienst und geltenden Arbeitsförderungsgesetzen bezog und hinter dem die Gewerkschaften standen, die eine Förderung von Jugendfreiwilligendiensten aus arbeitsmarktpolitischen Gründen ablehnten.[23]

In den Niederlanden wurde die Reform der Wehrpflicht im Jahr 1993 beschlossen. Bereits ein Jahr zuvor hatte die Regierung eine Kommission eingesetzt, um die Option eines sozialen Pflichtdienstes zu untersuchen, der zum einen Jugendliche bei der Einübung gesellschaftlicher Solidarität unterstützen und zum anderen den Arbeitskräftemangel im Gesundheitswesen ausgleichen sollte. Der offensichtliche Versuch einer Instrumentalisierung der Idee der allgemeinen Dienstpflicht als billiger Lösung des Abbaus sozialstaatlicher Dienstleistungen wurde von den Gewerkschaften und dem Freiwilligensektor verständlicherweise bekämpft, so dass ein Pflichtdienst auf Regierungsebene keine Mehrheit mehr fand. Stattdessen wurde ein Konzept für eine einjährige gesellschaftliche Orientierungsphase für Jugendliche erarbeitet, das eine schulische Orientierung sowie ein außerschulisches Übungsfeld für Engagement beinhaltete. Die Kosten für dieses Projekt wären allerdings sehr hoch gewesen, außerdem lehnten die Gewerkschaften die außerschulische Phase aus Gründen potenzieller Arbeitsplatzverdrängung ab. Daher nahm die Regierung wieder Abstand von der Idee und konzentrierte sich stattdessen auf den Abbau der Arbeitslosigkeit.[24]

In Frankreich wurde im Jahr 1996 entschieden, die Streitkräfte bis 2003 in eine Berufsarmee umzuwandeln (tatsächlich war der Prozess bereits 2001 abgeschlossen). Daraufhin wurde unter anderem vom Verteidigungsminister die Einführung einer sozialen Dienstpflicht vorgeschlagen, um die bisherige Funktion der Armee, als Bindeglied der Republik alle sozialen Schichten zusammenzubringen, fortzusetzen. Die (in Frankreich politisch besonders einflussreichen) Gewerkschaften lehnten jedoch die Idee aus arbeitsmarktpolitischen Gründen ab. Es kam zu einer sehr kontroversen Debatte. In Umfragen präferierte die Mehrheit der Gesellschaft schließlich eine Förderung von Freiwilligendiensten anstelle einer allgemeinen Dienstpflicht, so dass sich die Debatte zunächst in diese Richtung verlagerte und sich schließlich auf arbeitsmarktpolitische Programme für benachteiligte Jugendliche fokussierte. Von der Idee einer allgemeinen Dienstpflicht blieb im 1997 verabschiedeten Gesetz zur Wehrpflichtreform lediglich noch eine verpflichtende eintägige staatsbürgerliche Begegnung junger Menschen übrig, bei der junge Französinnen und Franzosen sowohl für soziale Themen als auch für Fragen nationaler Sicherheit sensibilisiert werden sollten.[25] Allerdings gelang es durch den staatsbürgerlichen Begegnungstag (*Journée Défense et Citoyenneté*) langfristig nicht, wie erhofft eine Verbindung und ein gegenseitiges Verständnis zwischen Armee und französischer Jugend herzustellen. Es wurde immer deutlicher, dass die vorhandene »Notlösung« von einem Tag nicht ausreiche. Die Forderung nach einer allgemeinen Dienstpflicht war zudem in Frankreich nie ganz verstummt. So kam es erneut zu umfassenden politischen Überlegungen, wie man bei jungen Menschen ein Bewusstsein für die Bedeutung der Landesverteidigung schaffen könne. Man suchte nach einer wirksamen Lösung, die weder zu vergangenheitsbezogen noch zu teuer sein sollte.[26]

Insofern war es nicht überraschend, dass Emmanuel Macron bei seiner Kandidatur für die Präsidentschaftswahl im Jahr 2017 die Absicht bekundete, eine allgemeine Dienstpflicht für die Dauer eines Monats einzuführen. Ein Jahr später rief die französische Regierung diese allgemeine Dienstpflicht unter der Bezeichnung *Service national universel* ins Leben. In den ersten beiden Wochen sind die Jugendlichen beiderlei Geschlechts zwischen 16 und 18 Jahren in einer Gemeinschaftseinrichtung untergebracht und erhalten eine zivile und eine militärische Einweisung. Anschließend übernehmen die Jugendlichen weitere zwei Wochen lang einen Dienst bei der Armee oder eine soziale Aufgabe bei einem Verein, einer sozialen oder einer öffentlichen Einrichtung. Danach können sie sich auf freiwilliger Basis für weitere drei Monate bis zu einem Jahr für eine gemeinnützige Aufgabe verpflichten. Die Politik verfolgt mit diesem Programm vier Ziele, nämlich »1. die Entwicklung einer Kultur des Engagements, um den Zusammenhalt und die Widerstandsfähigkeit der Nation zu stärken; 2. die soziale und geografische Durchmischung einer ganzen Altersgruppe; 3. die soziale und berufliche Integration junger Menschen, insbesondere von Schulabbrecher_innen; sowie 4. die Wertschätzung der Regionen, ihrer Entwicklung und ihres kulturellen Erbes«[27]. Seit 2019 wird der Dienst auf freiwilliger Basis angeboten, bis 2026 soll die verpflichtende Teilnahme für alle vollständig umgesetzt sein.

Welche Erfahrungen Frankreich mit seinem Modell machen wird, ist für die Diskussion in Deutschland zur allgemeinen Dienstpflicht sehr interessant. Allerdings ist ein Monat wahrscheinlich zu kurz, um größere pädagogische sowie gesellschaftliche Effekte zu erzeugen. Von den früheren Diskussionen in den Nachbarländern können wir lernen, dass die Phase einer Konsens-Suche im gesellschaftlichen Diskurs nicht unterschätzt werden darf und nicht abgekürzt werden kann. Gerade auch die Gewerkschaften sollten unbedingt ins Boot geholt und mit ihren Bedenken ernst genommen werden. Das Thema der allgemeinen Dienstpflicht muss vollständig und glaubwürdig von der Fachkräftedebatte gelöst werden. Es müssen Rahmenbedingungen gefunden werden, welche die Arbeitsmarktneutralität von Tätigkeiten im Rahmen der Dienstpflicht zweifelsfrei sicherstellen.

2. Grundlagen

2.1 Juristische Aspekte

These 6:

»Unsere Pflichten – das sind die Rechte Anderer auf uns.«[28] Worin bestehen sie, welches Prinzip leitet sie und wo stoßen sie an ihre Grenzen? Diese Fragen sind besonders gründlich zu bedenken, wenn die Bürger eines Landes erwägen, sich allgemeine zivile Dienstleistungspflichten aufzuerlegen. Das sollten sie sich sehr gut überlegen, denn ein gesetzlich vorgeschriebener und einklagbarer Dienst, der das Leben jedes Bürgers erheblich betrifft und seine Freiheit empfindlich einschränkt, darf nur der Wahrung allgemeiner und hochrangiger Rechtsgüter unter eng und klar definierten Bedingungen dienen. Wenn bereits generell für alle Rechte, die die Bürger eines demokratischen Gemeinwesens sich wechselseitig durch ihre staatliche Rechtsordnung garantieren, und somit auch für alle gesetzlich geregelten Pflichten, die daraus resultieren, das rechtsethische Verfassungsprinzip der Achtung der Menschenwürde gilt, um wie viel mehr muss dies bei der Ausgestaltung einer allgemeinen Dienstpflicht beachtet werden?

Artikel 1 Absatz 1 des deutschen Grundgesetzes enthält die zwei Sätze: »Die Würde des Menschen ist unantastbar. Sie zu achten und zu schützen ist Verpflichtung aller staatlichen Gewalt.« Der erste der beiden Sätze ist keine empirische Tatsachenfeststellung, sondern ein Bekenntnis: Auch wenn sie noch so sehr mit Füßen getreten wird, die Menschenwürde gilt als Prinzip und Ideal immer und überall oder, biblisch formuliert, »von Ewigkeit zu Ewigkeit«. Der Satz ist also nicht so zu verstehen, als könnten Menschen einander nicht die Achtung und den Schutz ihrer Würde schuldig bleiben. Das geschieht leider sehr oft. Sonst ergäbe der zweite Satz auch keinen Sinn. Und der verpflichtet insbesondere die Inhaber staatlicher Gewalt. Eben die nämlich können die Menschenwürde besonders schmerzhaft und kränkend missachten und preisgeben, da doch sie es sind, die den Menschen als oberste Garanten der Wahrung und Wiederherstellung der »unverletzlichen und unveräußerlichen Menschenrechte« (Art. 1 Satz 2 GG) zur Seite stehen sollen. Es ist schon bitter genug, wenn wir Menschen einander bestehlen, betrügen und quälen, noch bitterer aber, wenn uns unsere Staatsorgane so etwas antun. Denn wenn sogar diese sich verbünden wollten, um unser Recht zu beugen, bei welchen irdischen Richtern sollten wir dann Gerechtigkeit einfordern? Das Prinzip der Menschenwürde verpflichtet also vor allem den im Verhältnis zum einzelnen Bürger stets übermächtigen Staat darauf, sich und seine Macht ausschließlich innerhalb derjenigen Schranken zu entfalten, die die Bürger als Staatsvolk und Souverän aller staatlichen Gesetzgebung ihm setzen.

Die Menschenwürde stellt überdies kein Recht neben anderen Rechten dar, sondern gibt dem gesamten Recht sein höchstes Prinzip: »Die Würde der Menschheit besteht eben in dieser Fähigkeit, allgemein gesetzgebend, obgleich mit dem Beding, eben dieser Gesetzgebung zugleich selbst unterworfen zu sein.«[29] Wenn es also in Art. 20 GG heißt: »Die Bundesrepublik Deutschland ist ein demokratischer und sozialer Bundesstaat. Alle Staatsgewalt geht vom Volke aus. Sie wird vom Volke in Wahlen und Abstimmungen und durch besondere Organe der Gesetzgebung, der vollziehenden Gewalt und der Rechtsprechung ausgeübt«, so bedeutet dies, dass die Bürger dieses Staates grundsätzlich keinem seiner Gesetze zu gehorchen haben, dem sie nicht im Rahmen der Gewaltenteilung und der beschriebenen Verfahren ihre Zustimmung gegeben haben. Dies ist besonders dann von großer Bedeutung, wenn es darum geht, hochrangige Rechtsgüter gegeneinander abzuwägen. Das Recht auf Leben ist wie das auf Glauben, auf Freiheit, auf Bildung und auf Eigentum ebenso wie die Gleichheit vor dem Gesetz unveräußerlich und nicht abwägbar. Die Rechte jedoch auf körperliche Unversehrtheit, auf Freizügigkeit, auf diesen oder jenen Eigentumstitel, dieses oder jenes Bildungsangebot oder diese oder jene Sozialleistung sind verhandelbar, veräußerlich und abwägbar.

Dasselbe gilt spiegelbildlich für die Pflichten, die sich aus der Geltung der Rechte ergeben. Die Bürger dürfen sich in den genannten rechtsstaatlichen Verfahren gegenseitig nicht in die Pflicht nehmen, der Allgemeinheit ihr Leben, ihre Freiheit oder ihr Recht auf Eigentum zu opfern, denn das sind unverhandelbare mehrheitsfeste Grundrechte. Wohl aber dürfen sie einander beispielsweise darauf verpflichten, ihr Recht und ihre Freiheit tapfer zu verteidigen, und dies sogar unter Eid und Gelöbnis. Tapfer bedeutet im äußersten

Fall: für hohe Güter unter erheblichen Gefahren für Leib und Leben.[30] Und was für die allgemeine Wehrpflicht gilt, gilt analog für die Steuerpflicht und die Schulpflicht. Oft wird nicht hinreichend bedacht, dass auch das Steuerrecht ein öffentliches Eingriffsrecht von grundlegender wirtschaftlicher, politischer und gesellschaftlicher Bedeutung ist. Es erfasst alle Lebensbereiche und kann zum einen als materielle Grundlage des demokratischen Rechtsstaats gar nicht hoch genug geachtet werden und muss zum anderen doch gegen die Gefahr einer konfiskatorischen Enteignung weiträumig abgegrenzt werden. Und auch die allgemeine Schulpflicht beansprucht die Kindheit und Jugend aller Bürger ebenfalls ganz erheblich, der jahrelange partielle Eingriff in die Autonomie zielt aber im Ergebnis auf ihre Stärkung und schließlich auf die Entlassung in ein umso selbstbestimmteres Leben und lebenslanges Lernen. Deshalb ist es verständlich, dass nicht nur um die Wehrverfassung, sondern sowohl um die Ausgestaltung des Steuerrechts im Rahmen des Steuerverfassungsrechts als auch um die des Schulwesens politisch und fachlich hart gekämpft wird. In über einem Dutzend Staaten wird übrigens auch die Teilnahme an Parlamentswahlen zu den einklagbaren Pflichten gezählt.

Es stellt sich folglich die Frage, ob zu den hoch ambivalenten gesetzlich verordneten Pflichten auch eine allgemeine Dienstpflicht gehören soll. Grundsätzlich gilt in einem vernunft- und freiheitsrechtlichen Verständnis die allgemeine Vertragsfreiheit: »Staatlich erwünschte Tätigkeiten sind im grundrechtskonform gerahmten Markt privater Angebote zu suchen und einzuwerben, nicht gesetzlich aufzuerlegen.«[31] Wer was wem anbietet oder abnimmt, soll unter der Beteiligten ausgehandelt werden. Warum also sollten Staatsbürger im Kontext oder unter Aufsicht staatlicher Exekutivorgane analog zu Wehrdienstleistungen und zur Entrichtung von Steuern aus ihrem Einkommen und Vermögen einander noch weitere Rechte einräumen und Leistungen schulden? Die Antwort lautet: Sie sollen es deshalb, weil es »öffentliche Güter« gibt, die für ein menschenwürdiges Leben unverzichtbar sind und die weder der Markt noch die Zivilgesellschaft aus sich heraus bereitstellen.[32] Folglich müssen sie politisch gewollt und notfalls sogar gesetzlich beschlossen werden. Ist es die Pflicht aller staatlichen Gewalt, die Würde des Menschen zu achten und zu schützen, so müssen die Staatsbürger ermessen und entscheiden, welche Mittel und Leistungen sie ihrerseits ihrem Staat aus gesetzlicher Pflicht zur Verfügung stellen sollen, weil der wiederum ohne diese seinen obersten Pflichten nicht nachkommen kann. Und das sollten sie sehr sorgfältig prüfen. Denn gerade eine allgemeine Dienstpflicht kann leicht missbraucht werden. Sind es nicht gerade despotische Regierungen, die ihre Bürger zu allen möglichen Arbeiten zwingen oder die Bevölkerung für »Aufbau und Entwicklung nationaler Größe« mobilisieren? Unter dem Vorwand des Gemeinwohls verhängen sie einschneidende Dienstpflichten, die vor allem ihrem Machterhalt dienen. Aber auch in Demokratien muss sichergestellt werden, dass sich nicht unter der Hand »politische Bequemlichkeiten«[33] in die Gesetzgebung einschleichen und etwa in Sektoren wie der Landwirtschaft oder der Krankenpflege fehlende Arbeits- und Fachkräfte zwangsweise rekrutiert und in den Einsatz geschickt werden. Außer in extremen Notlagen können personelle

Engpässe ohne Zwang und viel wirksamer durch die Kräfte des Arbeitsmarktes und seine kluge Regulierung sowie durch karitativ-empathische Fantasie und freiwilliges zivilgesellschaftliches Engagement überwunden werden. Zur Hebung und Festigung einer gesellschaftlichen Resilienz, die der zunehmenden Zahl gravierender Krisenszenarien gewachsen wäre, reicht freiwillige Dienstbereitschaft jedoch nicht aus. In großer Not mag die spontane Hilfsbereitschaft vieler Menschen noch so überwältigend sein, damit sie dann aber auch wirklich greift, muss sie sich zuvor zunächst völlig unabhängig von bildungs- und berufspolitischen oder arbeitsmarktpolitischen Gesichtspunkten in Kompetenz und Infrastruktur ausgebildet haben, und beides muss von langer Hand vorbereitet werden.

Aus Sicht der Bürger eines demokratischen Rechtsstaates müssen wir uns also die Frage stellen: Welchen Teil unserer Lebenszeit, unserer Fähigkeiten, unserer Arbeitskraft und unseres materiellen Eigentums wollen und sollen wir für den Fall in die Verfügung unseres Staates geben, dass er anders unsere Würde nicht in geeigneter und erforderlicher Weise sowie angemessen achten und schützen kann? Dabei geht es nicht nur um konkrete Leistungen des Katastrophen- und Zivilschutzes in dem Moment, wenn der Notfall plötzlich eintritt, sondern bereits um deren Vorhalt und Vorbereitung und – dies wiederum fundierend und sekundierend – um die Bildung eines starken gesellschaftlichen Zusammenhalts angesichts wachsender Konflikte und Segregation.

Situationen katastrophischen Ausmaßes gehen zum einen alle an, die Lasten der Krisenreaktion sowie der Vor- und der Nachsorge sollen nicht nur von wenigen getragen werden. Zum anderen gibt es eine Vielzahl von dramatischen Anlässen, in denen es zur Aufrechterhaltung und Wiederherstellung menschenwürdiger Verhältnisse auf einen tief verwurzelten Gemeinsinn und gut organisierte und eingespielte Fähigkeiten zu gemeinsamem Handeln ankommt: Ausbrüche kollektiver Gewalt, Großschadensereignisse in Industrie und Verkehr, Massenmigrationen, Natur- und Umweltkatastrophen, Seuchen und Pandemien, plötzliche wirtschaftliche Knappheiten und Teuerungen. Aufseiten des Staates setzen die Notstandsgesetze für den Spannungs-, Verteidigungs-, und Katastrophenfall und bei einem inneren Notstand den grundrechtlichen legitimierten Rahmen. Sie erlauben es beispielsweise, die Freizügigkeit im gesamten Bundesgebiet (Art. 11 GG) einzuschränken. Ferner regeln sie den »Gemeinsamen Ausschuss«, eine Art Notparlament, dessen Gesetze höchstens sechs Monate gültig sind und die Verfassung nicht ändern dürfen. So ist auch der Einsatz der Bundeswehr im Inneren etwa nur im Katastrophenfall erlaubt. Der Kern des Grundgesetzes darf nicht angetastet werden. Es gibt keinen »Ausnahmezustand«, der es etwa zuließe, die Gewaltenteilung auszuhebeln. Und schließlich garantiert Art. 20 Abs. 4 GG den Bürgern das Widerstandsrecht gegen eine Diktatur.[34] Das Spektrum von Fähigkeiten und Befugnissen, die unter Notstandsbedingungen auf Seiten der Bevölkerung gebraucht und eingeräumt werden müssen, reicht vermutlich von der kompetenten Bedienung von Rettungsmitteln und Großgerät über organisatorisches und administratives Geschick bis zur medizinischen und sonstigen Versorgung und zur pädagogischen, psychologischen und seelsorglichen Betreuung. Oftmals wird es einfach darum gehen, kompetent mit den Hilfs- und Ordnungskräften zu kooperieren. Jedem Bürger kann also eine breite Auswahl an Fähigkeiten vorgeschlagen werden, in denen er sich üben und mit denen er sich einbringen kann.

Eine allgemeine Dienstpflicht in dem hier genannten Sinne dient der gemeinschaftlichen und gesellschaftlichen Bewältigung von konkreten Risiken angesichts diverser apokalyptischer Abgründe.[35] Sie geht damit weit über die allgemeine Schulpflicht hinaus und wird auch nicht als »Ersatzdienst« für einen nicht geleisteten Wehrdienst begründet. Wehrdienst und Wehrpflicht sind streng an die hoheitlichen Befugnisse des staatlichen Gewaltmonopols gebunden und überdies mit allen auch völkerrechtlichen Konsequenzen spezifisch an den Verteidigungsfall gekoppelt. Und die allgemeine Schulpflicht ist auf Kindheit und Jugendalter vom 6. bis zum 18. Lebensjahr beschränkt und gründet primär auf der Durchsetzung des staatlichen Erziehungs- und Bildungsauftrags. Dieser Auftrag umfasst auch das Ziel, die Schüler zu mündigen Bürgern heranzubilden. Es spricht also nichts dagegen, einen mehrwöchigen Bürgerkundeblockunterricht samt Praktikum teils in den Ferien, teils zu Beginn eines Schuljahrs in den schulischen Lehrplan aufzunehmen – etwa nach Vorbild des französischen *Service national universel* normalerweise im Jahr vor dem Baccalauréat, also mit 16 Jahren – und diesen Unterricht nach Ende der Schulzeit um eine attraktive Einladung zu einem mehrmonatigen Freiwilligendienst zu ergänzen. Und selbst in einem solchen Schulfach ist es in Deutschland den Lehrkräften verboten, die Schüler zu überwältigen und zu indoktrinieren und ihnen ihre Meinung aufzuzwingen. Stattdessen sollen sie befähigt werden, sich in Fächern wie Gemeinschaftskunde, Sozialkunde und Politische Bildung oder auch Geschichte, Philosophie und Religion im Rahmen der freiheitlich-demokratischen Grundordnung eine eigene Meinung zu bilden (Beutelsbacher Konsens).[36] Ein solches Unterrichtsfach hat also einen deutlich anderen Zweck als eine allgemeine Dienstpflicht. Denn zum einen erfasst Letztere auch Volljährige, deren Erziehung und Bildung gerade nicht zu einer staatlich verordneten Pflicht gemacht werden dürfen. Und zum anderen sollten Minderjährige nicht gleichzeitig von zwei Seiten, also von den Schulen und den Einsatzstellen einer allgemeinen Dienstpflicht in Anspruch genommen werden.[37]

Eine allgemeine Dienstpflicht muss und kann eigenständig begründet und auch ausgestaltet werden. Das gilt nicht nur für herkömmliche Leistungen und Allmendedienste wie etwa den Deichschutz an der Küste, sondern für die ganze Bandbreite von Notlagen, in denen moderne pluralistische und individualistische Gesellschaften ihren Mitgliedern die Wahrung ihrer Grundrechte nur dadurch gewähren können, dass grundsätzlich alle mit anpacken und dies zuvor auch regelmäßig geübt haben. Wer dazu in einem konkreten Fall aus verständlichen Gründen in der einen oder anderen Weise nicht in der Lage ist, kann das geltend machen. Aber für die allermeisten wird sich eine passende Aufgabe finden. Und schließlich ist auch zu erwägen, ob und wie die genannten Pflichtleistungen gegeneinander verrechnet werden können. Diejenigen, die im Rahmen einer Wahlpflicht etwa Wehrdienst leisten oder geleistet haben, sind etwa in Großschadensfällen als erfahrene und gut geübte

Reservisten und Freiwillige sehr willkommen, aber sie sollten gegen ihren Willen nicht auch noch zusätzlich zu allgemeinen Dienstpflichten zwangsweise herangezogen werden können.

Ganz grundsätzlich gilt in einem freiheitlichen Staatswesen, dass jeder Bürger ein politisches »großes Ganzes« auch infragestellen und ablehnen darf, niemand darf zu einer »vollkommenen Integration« in eine »Leitkultur« oder zu einem »gesellschaftlichen Zusammenhalt« durch »volkspädagogische Maßnahmen« gezwungen werden. Gleichwohl ist jede staatliche Ordnung darauf angewiesen, dass sie von einer Mehrheit der Bürger aus freien Stücken gewollt, getragen und gefördert wird. Eben dies darf jedoch auch durch eine allgemeine Dienstpflicht nicht erzwungen werden. Die mag sekundär der politischen Bildung Erwachsener und dem gesellschaftlichen Zusammenhang förderlich sein und sie sogar zur Voraussetzung haben. Als durchaus starke, aber sekundäre Gründe für einen staatlich organisierten allgemeinen Dienst werden oft genannt »Förderung des bürgerschaftlichen Engagements«, »Chancen des Kompetenzerwerbs«, »Chancen des Einstiegs in ein geregeltes Berufsleben«, »Stärkung des Gemeinsinns, der Verantwortung für das Gemeinwesen«, »Stärkung der Zivilgesellschaft und der Demokratie«. »Durch die in aller Regel neuen Erfahrungen in sozialen Bereichen wird das Verständnis von Menschen in unterschiedlichen Lebenslagen gefördert und eine Klammer des gesellschaftlichen Zusammenhalts gezogen.«[38] Primär jedoch muss eine allgemeine Dienstpflicht aus den Anforderungen begründet werden, die ein funktionierender Bevölkerungsschutz, eine wirksame Katastrophenvorsorge und eine hinreichend anspruchsvolle und krisenfeste Daseinsvorsorge an die öffentliche Ordnung stellen. Noch einmal: Die Erfüllung der genannten Anforderungen steht und fällt zwar mit dem kräftigen Gemeinsinn und dem gesellschaftlichen Zusammenhalt der Bürger, beides jedoch kann und darf nicht befohlen oder erzwungen werden. Eben dies betont das inzwischen klassische Böckenförde-Diktum, der freiheitliche demokratische Rechtsstaat lebe »aus Voraussetzungen, die er selbst nicht garantieren kann«.[39]

*

These 7:

Wird in Deutschland auf Bundesebene eine allgemeine zivile Dienstpflicht eingeführt, werden damit grundlegende Freiheitsrechte eingeschränkt. Das im internationalen Vergleich in dieser Hinsicht besonders restriktive Grundgesetz erlaubt eine solche Pflicht bislang nicht, insbesondere Art. 12 GG muss also zuvor geändert werden. Die mit der Ewigkeitsklausel gem. Art. 79 Abs. 3 GG befestigten Verfassungsartikel stehen dem nicht entgegen. Einer solchen Verfassungsänderung stehen auch unions- und völkerrechtliche Bestimmungen nicht entgegen.

Unter dem Eindruck der Verwüstungen zweier Weltkriege und moderner Totalitarismen einigten sich die Autoren der Allgemeinen Erklärung der Menschenrechte von 1948 unter dem Vorsitz von Eleanor Roosevelt in der Präambel auf die Trias »Rede- und Glaubensfreiheit und Freiheit von Furcht und Not«.⁴⁰ Zu den Pflichten, deren Erfüllung Bürger ihren Staaten von Gesetz wegen schulden, sollen folglich nur solche allgemeinen Pflichten – Ärztliche Notfalldienstpflicht, Feuerwehr- und Deichschutzpflichten, Schulpflicht, Steuerpflichten, Pflichtversicherungen, Bestellung zum Schöffen und Pflichtverteidiger, Wahlpflicht, Wehrpflicht etc. – gehören, die diese drei Freiheiten nicht nur wahren, sondern dazu dienen, sie im Sinne gesellschaftlicher Solidarität und des Gemeinwohls für alle wirksam zur Geltung zu bringen. Es liegt im Ermessen des demokratischen Rechtsstaats, wie er den Mehrheitswillen der Bürger im Blick auf solche Pflichten ausgestaltet. So hat beispielsweise in Deutschland der Gesetzgeber die gesetzliche Verpflichtung zur Ableistung des Grundwehrdienstes zum 1. Juli 2011 ausgesetzt, sie lebt allerdings auf, wenn der grundgesetzlich geregelte Spannungs- oder Verteidigungsfall festgestellt wird. Überdies gilt: »Niemand darf gegen sein Gewissen zum Kriegsdienst mit der Waffe gezwungen werden« (Art. 4 Abs. 3 GG). Es kommen als Zweckbestimmungen einer allgemeinen Dienstpflicht also nur solche Dienste infrage, die geeignet, erforderlich und angemessen sind, die genannten Grundfreiheiten zu gewährleisten.

Einschlägig für die verfassungsrechtliche Betrachtung[41] einer allgemeinen Dienstpflicht ist Art. 12 GG, der besagt: »(1) Alle Deutschen haben das Recht, Beruf, Arbeitsplatz und Ausbildungsstätte frei zu wählen. Die Berufsausübung kann durch Gesetz oder auf Grund eines Gesetzes geregelt werden. (2) Niemand darf zu einer bestimmten Arbeit gezwungen werden, außer im Rahmen einer herkömmlichen allgemeinen, für alle gleichen öffentlichen Dienstleistungspflicht. (3) Zwangsarbeit ist nur bei einer gerichtlich angeordneten Freiheitsentziehung zulässig.«

Abs. 2 eröffnet zwar eine Ausnahme vom Verbot des Zwangs zu einer bestimmten Arbeit: Eine allgemeine, für alle gleiche öffentliche Dienstleistungspflicht ist zulässig, aber dies gilt ausschließlich für »herkömmliche« Tätigkeiten, also in Deichschutz, Feuerwehr oder kommunalen Hand- und Spanndiensten. Damit hat die Verfassung einem Missbrauch nach dem abschreckenden Beispiel des ausufernden Reichsarbeitsdienstes einen Riegel vorgeschoben.[42] Zur Einführung einer allgemeinen Dienstpflicht, die für einen erheblichen Zeitraum die Berufsfreiheit einschließlich Berufswahl und Berufsausübung sowie das allgemeine Persönlichkeitsrecht nach Art. 2 Abs. 1 GG beschränkt, wäre folglich eine Grundgesetzänderung nötig. Hier stehen insgesamt drei Möglichkeiten zur Diskussion:

1. Entweder wäre der Begriff »herkömmlich« in Art. 12 Abs. 2 GG zu streichen in Verbindung mit der Einfügung einer Bundesgesetzgebungskompetenz in Art. 73 GG.
2. Oder ein neuer Art. 12 Abs. 2 S. 2 wäre in das GG aufzunehmen, der es erlaubte, Volljährige auf einen allgemeinen Dienst zu verpflichten und Näheres durch Bundesgesetz regeln zu lassen. Das – dann als Satz 1 – in Art. 12 Abs. 2 formulierte Verbot willkürlicher Rekrutierung zur Zwangsarbeit samt seinem historischen Bezug bliebe unangetastet. Denkbar wären auch ein zusätzlicher Art. 12 Abs. 4 oder ein ganz eigener Grundgesetzartikel.
3. Schließlich bleibt eine Option, die in Deutschland über Generationen hinweg üblich war: die Rückkehr zu einer

reaktivierten allgemeinen Wehrpflicht mit angeschlossenem Wehrersatzdienst.

Überzeugend wäre auch der zweite Weg allerdings nur, wenn die allgemeine Dienstplicht etwa in einem neuen Satz 2 primär an den Schutz der Bevölkerung vor Bedrohungen katastrophischen Ausmaßes, an die dafür angemessene Bereitstellung öffentlicher Güter und damit sekundär an das ebenfalls legitime Schutzgut des gesellschaftlichen Zusammenhaltes gebunden würde. Welche Form auch immer gewählt wird, einer solchen Änderung des Grundgesetztes stehen weder das Verfassungsrecht noch das Völkerrecht grundsätzlich entgegen.

In jedem Fall wären weitere wichtige Fragen zusätzlich zu klären:

- Wie kann die Gleichbehandlung unterschiedlicher Personengruppen sichergestellt werden? Sollen Frauen und Männer in gleichem Umfang dienstverpflichtet werden? Aus juristischer Sicht spricht nichts Grundsätzliches gegen eine Einbeziehung von Männern und Frauen gleichermaßen. Im Blick auf Gerechtigkeitsfragen werden verschiedene Positionen vertreten, so bemerken Weber und Richter: »Falls gegenwärtig weiter die meiste soziale Arbeit, Hilfe und Unterstützung für Kinder und Alte innerhalb von Familien von Frauen geleistet wird, ist fraglich, ob ihre bedingungslose gleichmäßige Einbeziehung dem Ausgleich von ›Ungerechtigkeiten‹ dient oder diesen nicht weiteren Vorschub leistet.«[43] Sekundärrechtlich sollten die Richtlinien zur Arbeitszeitgestaltung (Richtlinie 2003/88/EG) und

die Richtlinie zur Verwirklichung des Grundsatzes der Chancengleichheit und Gleichbehandlung von Männern und Frauen in Arbeits- und Beschäftigungsverhältnissen (Richtlinie 2006/54/EG) beachtet werden.
- Was ist mit Ausländern, die beispielsweise noch unter der Personalhoheit ihrer Herkunftsländer stehen? In den meisten Ländern, so auch in Deutschland, sind Wehrdienst und Wehrpflicht grundsätzlich an die Staatsangehörigkeit geknüpft. »Mittlerweile hat sich der Grundsatz, dass Ausländer nicht dem Wehrdienst unterworfen werden dürfen, gelockert. Bei dauerhaft im Inland lebenden Ausländern mit (objektivierbarer) Bleibeabsicht wird angenommen, dass diese der Wehrpflicht unterworfen werden dürfen, wenn sonst etwa einer Wehrpflicht durch Nichtbetreiben der Einbürgerung ausgewichen werden kann.«[44] Für Menschen, die dauerhaft in Deutschland leben, könnte das analog auch für eine allgemeine Dienstpflicht gelten.

Fazit: Der Gesetzgeber muss einen verlässlichen Rahmen schaffen für die »Musterung« im Zuge der Dienstverpflichtung nach empirisch nachweisbaren einheitlichen Freistellungskriterien wie Alter, Geschlecht, Gesundheit und weiteren spezifischen Befähigungs- und Belastungskonstellationen.

Nach den verfassungsrechtlichen nun zu den völkerrechtlichen Vorgaben: Die Europäische Menschenrechtskonvention (EMRK) verfügt in Art. 4 ein Verbot der Sklaverei und der Zwangsarbeit: »(1) Niemand darf in Sklaverei oder Leibeigenschaft gehalten werden. (2) Niemand darf gezwungen werden, Zwangs- oder Pflichtarbeit zu verrichten. (3) Nicht als Zwangs- oder Pflichtarbeit im Sinne dieses Artikels gilt a) eine Arbeit, die üblicherweise von einer Person verlangt wird, der unter den Voraussetzungen des Artikels 5 die Freiheit entzogen oder die bedingt entlassen worden ist; b) eine Dienstleistung militärischer Art oder eine Dienstleistung, die an die Stelle des im Rahmen der Wehrpflicht zu leistenden Dienstes tritt, in Ländern, wo die Dienstverweigerung aus Gewissensgründen anerkannt ist; c) eine Dienstleistung, die verlangt wird, wenn Notstände oder Katastrophen das Leben oder das Wohl der Gemeinschaft bedrohen; d) eine Arbeit oder Dienstleistung, die zu den üblichen Bürgerpflichten gehört.« Eine sorgfältige Analyse der Auslegung und Rechtsprechung zeigt, dass bislang weder beim Europäischen Gerichtshof für Menschenrechte (EGMR) noch bei den Vertragsparteien ein Konsens darüber besteht, ob eine allgemeine Dienstpflicht als ein verbotener Arbeitszwang oder eine Zwangsarbeitssanktion oder aber als nach demokratischer Gesetzgebung eventuell zwar neue, aber deshalb nicht unzulässige Maßnahme zum Zivilschutz und zur Stärkung gesellschaftlicher Resilienz zu beurteilen ist. Solange es also seitens des EGMR – etwa in einem Beschwerdeverfahren gegen Deutschland – keine Entscheidung dagegen gibt, stellt die EMRK der Einführung einer allgemeinen Dienstpflicht, anders als gelegentlich behauptet, auf jeden Fall keine unüberwindliche Barriere entgegen. Ganz im Gegenteil, ein Dienstpflichtgesetz kann und muss dann auch in seiner Gesamtintention konsequent als Stärkung der Menschenrechte ausformuliert und umgesetzt werden. Das Gleiche gilt für die Anwendung des Internationalen Paktes über bürgerliche und politische Rechte (IPbpR), der Rechte der

Internationalen Arbeitsorganisation (ILO) sowie der Grundrechtecharta der Europäischen Union.[45]

Rechtlich ist die Einführung einer allgemeinen Dienstpflicht in Deutschland also sowohl verfassungs- als auch völkerrechtlich sinnvoll und möglich, so dass sich dafür die nötigen Mehrheiten finden lassen sollten. Erforderlich wären in Deutschland gem. Art. 79 Abs. 2 GG die Zustimmung von zwei Dritteln der Mitglieder des Bundestages sowie von zwei Dritteln der Stimmen des Bundesrates. Der Gesetzgeber hätte dann allerdings bei den Vorgaben für die Ausgestaltung auf die bereits angedeuteten einschlägigen Standards zu achten. Dazu gehören grundsätzlich die Bindung an das Gemeinwohl, die Verhältnismäßigkeit, das Diskriminierungsverbot und die Heranziehungsgleichheit, sodann im Einzelfall das Prinzip der angemessenen und zweckgebundenen Dauer und Belastung, die Eignung und Notwendigkeit der Einsatzstellen unter Vermeidung von Doppel- oder Mehrfachstrukturen, die persönliche Wahl- und Gestaltungsfreiheit, das Vergütungs- und Auskömmlichkeitsprinzip, die vorgeschriebenen Kriterien und Perspektiven beruflicher Qualifikation, der Versicherungsschutz etc.[46]

Bis in diese Details hinein erweist die juristische Betrachtung die Notwendigkeit nicht nur der »Erinnerung an die ebenenübergreifende Verschränkung und die dynamische Fortschreibung des Menschenrechtsschutzes auf inter- (und ggf. supra-)nationalen Normebenen, sondern auch das Erfordernis, dabei demokratischen Gestaltungsanliegen ebenfalls dynamische Entwicklungsmöglichkeiten zu lassen«.[47]

*

2.2 Sozialwissenschaftliche und ökonomische Aspekte

These 8:

Zurzeit gibt es in Deutschland jenseits der beamtenrechtlich ausgestalteten Dienstverhältnisse in hoheitlichen oder öffentlichen staatlichen Dienststellen keine allgemeine zivile Dienstpflicht, die sich grundsätzlich auf die gesamte Bevölkerung erstreckte. Deshalb können ihre Wirkungen, also sowohl ihr Nutzen als auch ihre Kosten, auch nicht gemessen und beurteilt, sondern nur vermutet werden. Wichtige Erkenntnisse zur Erhärtung von solchen Erwartungen können jedoch aus der Erforschung von Freiwilligendiensten, aus internationalen Vergleichen und aus Umfragen gewonnen werden. Bislang liegen noch keine wissenschaftlich validen Untersuchungen über die weltweite Verbreitung von allgemeinen zivilen Dienstpflichten (engl.: national service/civil conscription) vor, aber das könnte man zügig ändern. Eine Gesamtbetrachtung der Zahlen der Freiwilligendienste in Deutschland sowie der Debattenlage in der sozial- und wirtschaftswissenschaftlichen Literatur hierzulande zeigt immerhin ein inhaltsreiches, wenn auch kontroverses Bild. Um den Argumenten für oder gegen eine allgemeine Dienstpflicht gebührend Rechnung zu tragen, erscheint es sinnvoll, die Annahmen und Erfahrungen schrittweise sorgfältig auszuwerten und zu überprüfen. Ausgehend von der künftig intensiveren empirischen Beforschung bestehender Ansätze und Modelle im gesamten Spektrum von (spontaner und organisierter) Freiwilligkeit bis zu (herkömmlicher und neuer) gesetzlicher Verbindlichkeit und dies am besten an Beispielen gut dokumentierter Einsätze sollte sich die Debatte erheblich versachlichen lassen.

Um die vorstehende These auszubauen und einer Überprüfung zugänglich zu machen, werden im Folgenden sechs Fragen erörtert: (1) Welche Schlussfolgerungen lassen sich aus den zurzeit in Deutschland organisatorisch ausgebauten Freiwilligendiensten für die Einrichtung einer allgemeinen Dienstpflicht ziehen, (2) was lässt sich aus Umfragen über Zustimmung oder Ablehnung einer allgemeinen Dienstpflicht ablesen und (3) was aus der sozial- und wirtschaftswissenschaftlichen Fachliteratur, (4) welche Bemühungen gibt es vonseiten der Hilfsorganisationen, dem Bevölkerungsverhalten generell mehr Aufmerksamkeit zu widmen, und (5) was schließlich lässt sich aus der Kosten-Nutzen-Analyse von Freiwilligendiensten sowie (6) aus der Theorie öffentlicher Güter für die Beurteilung der Kosten und Nutzen einer allgemeinen Dienstpflicht ableiten?

(1) Eine Gesamtschau der aktuellen Beteiligung an freiwilligen Diensten für das Gemeinwohl in Deutschland ergibt in groben Umrissen in etwa das folgende Bild. »Derzeit ist ein entsprechendes Engagement für das Allgemeinwohl fakultativ ausgestaltet: vor allem als Bundesfreiwilligendienst […] ohne Altersbegrenzung, als Jugendfreiwilligendienst und Internationaler Freiwilligendienst jeweils bis zum Alter von 27 Jahren oder als freiwilliger Wehrdienst. […] Im Bundesfreiwilligendienst waren nach Angabe des Bundesamts für Familie und zivilgesellschaftliche Aufgaben (BAFzA) 2021 im Durchschnitt circa 37.000 Personen beschäftigt. […] Dem Bundesministerium für Familie, Senioren, Frauen und

Jugend (BMFSFJ) zufolge absolvieren rund 60.000 junge Menschen bis 27 Jahre jährlich den derzeit geltenden Jugendfreiwilligendienst von in der Regel zwölf Monaten im Rahmen des Freiwilligen Sozialen oder Ökologischen Jahres (FSJ bzw. FOJ). [...] Darüber hinaus haben im Jahr 2020/2021 mehr als 1.500 Personen an dem Internationalen Jugendfreiwilligendienst teilgenommen. [...] Bei der Bundeswehr sind derzeit mehr als 9.300 freiwillig Wehrdienstleistende bei mehr als 183.000 Soldatinnen und Soldaten insgesamt tätig. [...] Die Rahmenbedingungen für das FSJ und FOJ werden durch das Gesetz zur Förderung der Jugendfreiwilligendienste (JFDG) [...], die des Bundesfreiwilligendienstes durch das Gesetz über den Bundesfreiwilligendienst (Bundesfreiwilligendienstgesetz – BFDG) [...] und die des Internationalen Jugendfreiwilligendienstes durch eine Richtlinie [...] vorgegeben. Rechtliche Grundlage für den freiwilligen Wehrdienst sind die §§ 58a ff. des Gesetzes über die Rechtsstellung der Soldaten. [...] Im aktuellen Koalitionsvertrag hat die Regierung angekündigt, die Plätze in den Freiwilligendiensten auszubauen, das Taschengeld zu erhöhen und Teilzeitmöglichkeiten zu verbessern. Auch solle der Internationale Freiwilligendienst gestärkt werden.«[48] Zu den gemeinwohlorientierten Diensten hinzuzurechnen sind die Zahlen der Feuerwehr sowie des Technischen Hilfswerks (THW): Zum Stand 31.12.2020 gab es in Deutschland 22.020 Freiwillige Feuerwehren, 110 Berufsfeuerwehren, 20.516 Jugendfeuerwehren und 755 Werkfeuerwehren. Darin waren 1.006.638 Personen in den Freiwilligen Feuerwehren tätig. In den Berufsfeuerwehren waren 35.041 Personen tätig. Die Jugendfeuerwehren hatten

270.291 Mitglieder. 33.451 Menschen engagierten sich in den Werkfeuerwehren. Insgesamt hatten die Feuerwehren zu diesem Zeitpunkt 1.345.421 Mitglieder. Diese bewältigten die folgende Zahl von Einsätzen: 217.145 Brände und Explosionen, 159 Katastrophenalarme, 605.905 Technische Hilfeleistungen, 44.794 Tiere/Insekten, 133.016 Sonstige, 293.946 Fehlalarmierungen, 2.307.281 Rettungsdienstliche Notfallrettung, 487.326 Rettungsdienstliche Krankentransporte.[49] Die statistischen Angaben für das THW laut Jahresbericht 2021 lauten: »Mit 83.698 ehrenamtlichen THW-Angehörigen verzeichnete die Bundesanstalt nicht nur eine der höchsten Zahlen seit Jahren, mit 3.771 Helferinnen und Helfern mehr als zum Vorjahr konnte sie außerdem den größten Zuwachs ihrer Geschichte verbuchen. Für das gesteigerte Interesse waren vor allem die erfolgreiche Marketingkampagne 2020/2021 und die mediale Aufmerksamkeit nach der Flutkatastrophe im Juli verantwortlich. Knapp ein Drittel der neuen THW-Angehörigen ist weiblich, womit der Anteil von Frauen und Mädchen im Ehrenamt auf 13.732 anstieg und die Entwicklung der letzten Jahre fortführte.«[50] Um schließlich das Ehrenamt generell ungefähr in Zahlen zu erfassen, hier nur ein Hinweis: »Rund 29 Millionen Menschen engagieren sich überall in unserer Gesellschaft für das Gemeinwohl. Jede und jeder kann etwas, was auch anderen guttut. Ehrenamt ist überall – im Sport, in Kultur und Bildung, im sozialen Bereich und in Umweltprojekten, in der Nachbarschaftshilfe ebenso wie in der Kommunalpolitik, in Bürgervereinen und Stadtteilinitiativen. Auch das THW, die Feuerwehren und Hilfsorganisationen bauen auf freiwilliges Engagement.«[51]

Aus dieser Bestandsaufnahme lassen sich im Blick auf eine allgemeine Dienstpflicht grundsätzlich zwei Folgerungen ziehen: Wenn die Bereitschaft zu einem freiwilligen Dienst bereits bei einem großen Teil der Bevölkerung in hohem Maße vorhanden ist, den gesellschaftlichen Bedarf aber nicht deckt, sollte es konsequent und auch nicht so schwer sein, den Rest, dann allerdings mit Sanktionen für das Gemeinwohl, ebenfalls heranzuziehen. Andererseits könnte gerade die Sanktionierung als Bevormundung wahrgenommen werden, Widerstand provozieren und diese Bereitschaft konterkarieren. Um hier Klarheit zu schaffen, muss als Erstes sichergestellt werden, dass niemand daran denkt, den gesamten Umfang von Diensten an der Gemeinschaft von Freiwilligkeit auf Zwang umzustellen. Ganz im Gegenteil kommt nur ein kleiner Teil infrage, der nach den im juristischen Teil dargelegten engen Kriterien bestimmt werden muss. Beispiele für eine erfolgreiche Umstellung von Freiwilligkeit auf Sanktionierung sind die Pflicht zum Erste-Hilfe-Kurs für den Erwerb des Führerscheins, die Anschnallpflicht in Fahrzeugen sowie die Pflicht zum Reißverschlussverfahren in besonderen Verkehrssituationen. Alle drei Verhaltensweisen waren ursprünglich freigestellt, wurden dann aber vom Gesetzgeber durch die Straßenverkehrsordnung verpflichtend gemacht.

(2) Zum Thema allgemeine Dienstpflicht wurden in den letzten Jahren mehrere Umfragen durchgeführt, z. B. ZDF-Politbarometer 2018, Marktforschungsplattform Appinio 2018, Deutschlandfunk 2019, Versicherungskammer Bayern 2019, Meinungsforschungsinstitut Civey für Business Insider 2022, bei denen insgesamt eine deutliche Mehrheit der Be-

fragten alters- und parteiübergreifend eine allgemeine Dienstpflicht befürwortete.[52] Eine empirische Umfrage des Zentrums für Militärgeschichte und Sozialwissenschaften der Bundeswehr (ZMSBW) von 2022 bestätigt eine aktuell große Zustimmung zur Einführung eines Wehrdienstes im Rahmen einer allgemeinen Dienstpflicht. »Eine Mehrheit von 50 Prozent hält aktuell die Einführung eines Wehrdienstes im Rahmen einer allgemeinen Dienstpflicht für notwendig, während 23 Prozent keine Notwendigkeit sehen und 22 Prozent unentschieden sind [...]. Die Überzeugung, ein Wehrdienst sei notwendig, nimmt mit steigendem Alter zu (16-29 Jahre: 36 Prozent; 30-49 Jahre: 48 Prozent; 50 Jahre und älter: 57 Prozent) und ist unter Männern (56 Prozent) stärker ausgeprägt als unter Frauen (45 Prozent). In der jüngsten Altersgruppe (16- 29 Jahre) bestehen zwischen Männern und Frauen keine statistisch signifikanten Unterschiede in der Bewertung dieser Frage. Ein großer Teil der Bürgerinnen und Bürger erwartet von einer möglichen Einführung eines Wehrdienstes eine Reihe positiver Auswirkungen [...]. 45 Prozent sind der Auffassung, dass ein Wehrdienst die Beziehungen zwischen der Bundeswehr und der Gesellschaft verbessern würde (26 Prozent unentschieden; 23 Prozent Ablehnung). 60 Prozent erwarten von der Einführung eines Wehrdienstes einen positiven Effekt für die Personalgewinnung der Bundeswehr (24 Prozent unentschieden; 13 Prozent Ablehnung). Zudem ist eine Mehrheit der Befragten davon überzeugt (57 Prozent), dass ein Wehrdienst die Fähigkeit der Bundeswehr zur Landes- und Bündnisverteidigung stärken würde (24 Prozent unentschieden; 15 Prozent Ablehnung). Die Teilnehmerinnen und Teilnehmer bis 50 Jahre (n = 1.377) wurden darüber hinaus zu ihrer persönlichen Verteidigungsbereitschaft befragt. 41 Prozent (+ 8 Prozentpunkte im Vergleich zu 2021) geben an, Deutschland im Falle eines militärischen Angriffs mit der Waffe verteidigen zu wollen, während eine Mehrheit von 51 Prozent (-6 Prozentpunkte) dies ablehnt. 8 Prozent der Befragten wollten oder konnten diese Frage nicht beantworten. Die persönliche Verteidigungsbereitschaft der jüngeren Befragten (16–29 Jahre: 41 Prozent) unterscheidet sich nicht von der der älteren Befragten (30–50 Jahre: 41 Prozent). Mehr Männer (59 Prozent) als Frauen (22 Prozent) erklären sich bereit zur Verteidigung Deutschlands mit der Waffe. Am stärksten ist die persönliche Verteidigungsbereitschaft unter jungen Männern (16–29 Jahre) ausgeprägt (61 Prozent).«[53] Zweierlei ist zur Studie des ZMSBW anzumerken: Erstens muss ganz genau bestimmt werden, was unter einem »Wehrdienst im Rahmen einer allgemeinen Dienstpflicht« zu verstehen ist. Geht es hier um eine Umkehrung des Modells »Wehrpflicht inklusive Zivildienst« in dem Sinne, dass künftig alle Bürger auf einen allgemeinen Dienst verpflichtet werden, innerhalb dessen sie wählen können zwischen militärischen und zivilen Einsatzstellen, also ein Modell »Dienstpflicht inklusive Wehrdienst«? Dann wäre es interessant gewesen, die Umfrage auf andere Dienstformen als nur den Wehrdienst zu erweitern. Erst dann wäre ein vollständiges Bild über den Gesamtkomplex einer allgemeinen Dienstpflicht entstanden, in dem auch geklärt werden könnte, wie denn eine Vergleichbarkeit zwischen den Dienstformen gewährleistet werden könnte. Solange also nicht klar ist, was mit einer allgemeinen Dienstpflicht genau gemeint ist, geben die Umfrageergebnisse zwar einen präzisen Trend für einen Wehrdienst, aber nur einen generellen Trend für eine starke, allerdings eher diffuse Stimmung für eine verbindlichere Form des Dienstes für das Gemeinwohl wieder.

(3) Inhaltlich wichtige Ergebnisse liefert eine Übersicht über Veröffentlichungen, in denen vor allem Umfragen zu den Erfahrungen mit Freiwilligendiensten ausgewertet werden.[54] Überwiegend werden in der Literatur die positiven Wirkungen von Freiwilligendiensten auf die Entwicklung junger Menschen hervorgehoben, sie reichen von der generellen Stärkung der Bereitschaft zu sozialem und politischem Engagement sowie der Fähigkeit zur kritischen Analyse gesellschaftlicher und ökologischer Zusammenhänge über den Erwerb neuer Fähigkeiten und beruflicher Perspektiven bis zum besseren persönlichen Umgang mit körperlichen und psychischen Belastungen sowie mit Krisen und Katastrophen und schließlich zur Erweiterung des Freundes- und Bekanntenkreises. Ferner berichten Einrichtungen, die die Dienste organisieren, von Verbesserungen bei der Personalgewinnung. Andere Stimmen dagegen, die für ihre Einschätzungen wie erwähnt allerdings keine empirischen Daten geltend machen können, stehen vor allem der Verpflichtung auf gemeinwohlorientierte Dienste ablehnend gegenüber. Ressourcen, die für Pflichtdienste aufgewendet würden, fehlten den Freiwilligendiensten. Es werde der falsche Eindruck erweckt, gravierende gesellschaftliche Probleme seien am besten durch Zwang statt durch Freiwilligkeit zu lösen. Der Arbeitsmarkt würde stark verzerrt, soziale Berufe würden entprofessionalisiert. Jungen Menschen und vor allem ohnehin

familiär stärker als Männer geforderten Frauen würde wichtige Zeit genommen, zu studieren und einen Beruf zu ergreifen. Dass eine freiwillige Dienstpflicht wesentlich dazu beitragen könne, einem gravierenden sozialen Gefälle entgegenzuwirken, wird bezweifelt, ebenso, dass junge Menschen aus benachteiligten Lebensverhältnissen hinreichend in die Programme integriert werden könnten. Der Wissenschaftliche Dienst des Deutschen Bundestages listet die Vor- und Nachteile in seiner Übersicht abschließend auf und fügt der Zahl der Nachteile weitere hinzu.

Alle hier notierten Argumente für und gegen eine allgemeine zivile Dienstpflicht sollten ernstgenommen und empirisch abgestützt werden. Noch dürften sie mangels einer hinreichenden Datenlage stark von politischen Intuitionen und Stimmungslagen geleitet sein. Den Befürwortern beispielsweise kann es nicht ausreichen, angesichts zunehmender Krisenerfahrungen auf einen derzeit vielleicht günstigen Trend zu setzen, der sich auch schnell wieder drehen kann, insbesondere wenn das allgemeine Niveau der Belastungen in der Gesellschaft steigt. Wer eine allgemeine Dienstpflicht befürwortet, muss sehr genau beschreiben, was damit gemeint sein soll, welche Wirkungen erzielt werden sollen und welche Kosten in Kauf genommen werden müssen.

(4) Es erscheint deshalb sinnvoll, die Fragestellung nach Sinn oder Unsinn einer Dienstpflicht auch aus Sicht derer zu bearbeiten, die im akuten Fall direkt mit der Bevölkerung in einer Krisenregion zu tun bekommen und deshalb frühzeitig einschätzen wollen, mit welchem Anpassungsverhalten – in Psychologie, Medizin und Pflege spricht man von *Coping* oder Bewältigungsstrategien[55] – sie dort rechnen

müssen. Sie brauchen nicht nur generell, sondern auch gerade in dieser Hinsicht ein valides Lagebild. Daran aber mangelt es bislang offensichtlich: »Lagebilder schärfen das Lageverständnis und sind die elementare Grundlage der Entscheidungsfindung im Krisenfall. Auch jenseits von Krisen sind sie eine wichtige Basis, um einen aktuellen Überblick über das jeweils relevante Themenfeld zu gewinnen. Gegenwärtig fehlt die systematische Einbeziehung von Daten zum Bevölkerungsverhalten. Dadurch gibt es oft wenig Wissen über die Bevölkerung in Krisen. Auch Feedback zu bereits umgesetzten Maßnahmen, das man braucht, um das Krisenmanagement ggf. anzupassen, kann über solche Lagebilder dargestellt werden. Das Projekt ›Lagebild Bevölkerungsverhalten für ein effektives staatliches Krisenmanagement‹, durchgeführt vom Bundesamt für Bevölkerungsschutz und Katastrophenhilfe, will diese Lücke weiter schließen und Wissen zum Bevölkerungsverhalten stärker in das staatliche Krisenmanagement integrieren.« Doch das ist noch nicht genug, es ist ja nicht nur sinnvoll, das faktische Bevölkerungsverhalten frühzeitig in den Blick zu nehmen, sondern darüber hinaus wäre es auch sinnvoll, ein wünschenswertes Verhalten gemeinsam mit den potenziell Betroffenen zu erörtern und auszubilden. Genau das ist seit kurzem beabsichtigt: »Damit einhergehend gilt es, die differenzierte Einbeziehung der Bevölkerung für die Bewältigung von Krisen und Katastrophen zu standardisieren. Mithilfe des Lagebilds Bevölkerungsverhalten werden Bedarfe, Bedürfnisse und Ressourcen der Bevölkerung aufgezeigt. So können die Bewältigungskompetenzen von Betroffenen besser unterstützt werden.«[56] Und eben um die Stärkung der

Bewältigungskompetenzen von Betroffenen in kollektiven Krisenerfahrungen sollte es doch in allererster Linie auch bei der Entwicklung einer allgemeinen zivilen Dienstpflicht gehen. Die Betroffenen sollen den professionellen Hilfsorganisationen nun mitnichten die Arbeit abnehmen, im Gegenteil müssen sie ihnen oftmals sogar zielgenau – siehe die berühmte »Rettungsgasse« auf der Autobahn – aus dem Weg gehen. Noch ist aber gar nicht klar, worin denn die gewünschten Bewältigungskompetenzen von regional und sogar saisonal spezifisch Betroffenen genau bestehen. Erst wenn das klar ist, kann ermessen werden, wie sie definiert, gestärkt, vereinbart und geübt werden müssen und in welchem Maße dieser Kompetenzerwerb dann sogar obligatorisch gemacht werden sollte. Die konzeptionelle Entwicklung einer allgemeinen Dienstpflicht wird dann nicht von der Konjunktur politischer Intuitionen geschweige denn Ideologien gesteuert, sondern erfahrungsgesättigt, realitätsnah, auf empirischer Basis und auf einem längeren Erprobungsweg in etlichen kleinen Schritten: Alarmroutinen, Ersthilfen, Materialausgaben, Meldeköpfe, Notfallseelsorge, Sammelpunkte, Schutzräume, Bevorratungen (Grundvorrat, Hausapotheke, Brandschutz, Energieersatz, Rundfunkgerät, Mobiltelefon-App) etc. Wenn aber eine Gesellschaft sich auf den Weg macht, das Krisenreaktionsverhalten in der Bevölkerung zu standardisieren, sollte die Option eines obligatorischen Erwerbs eines klar definierten Anteils an Bewältigungskompetenzen nicht von vornherein prinzipiell ausgeschlossen werden. Das gilt vor allem deshalb, weil die Bevölkerung gerade im Krisenfall nicht nur *Objekt* von Schutzmaßnahmen professioneller Dienste ist, sondern als

Souverän aller staatlichen Gewalt vor allem *Subjekt* aller gemeinwohlorientierten Anstrengungen. Insbesondere in Extremlagen, in denen marktliche und staatliche Formen kollektiver Daseinsbewältigung ausfallen oder massiv unter Druck geraten, sollte »das Volk« weiterhin möglichst handlungsfähig bleiben. Eine staatlich organisierte allgemeine Dienstpflicht zielt also darauf, einen gesetzlich definierten und damit einen dann schon im Ansatz obligatorisch institutionellen Rahmen bereitzustellen, innerhalb dessen dann informelle »moralische« Güter freiwillig gedeihen und formelle und rechtlich verordnete Güter befohlen werden können. Bei solchen konzeptionellen Entwicklungsprozessen werden dann auch betriebs- und volkswirtschaftlich informierte Güterabwägungen eine wichtige Rolle spielen. Das leitet über zu den ökonomischen Aspekten.

(5) Bereits zum zweiten Mal in ca. 25 Jahren wurde in Österreich eine wissenschaftliche Studie zum ökonomischen und gesellschaftlichen Nutzen des Zivildienstes veröffentlicht.[57] Zunächst zur Ausgangslage:»Im Jahr 2013 gab es in Österreich eine große Debatte über die Abschaffung der Wehrpflicht und damit einhergehend die Abschaffung des Zivildienstes. In einer Volksbefragung im Jänner 2013 stimmten 59,7 % der Wählerinnen und Wähler für die Beibehaltung von Wehrpflicht und Zivildienst, 40,3 % stimmten für eine Einführung eines Berufsheeres und eines bezahlten freiwilligen Sozialjahres [...]. Im Jahr 2012 wurde das Freiwilligengesetz (FreiwG) eingeführt, um ›formelle freiwillige Tätigkeiten im Interesse der Allgemeinheit mit der Zielsetzung, solche Tätigkeiten zu unterstützen und die Teilnahme zu fördern. Damit sollen der Zusammenhalt zwischen den so-

zialen Gruppen, den Generationen und Kulturen sowie die gesellschaftliche und soziale Verantwortung gestärkt werden‹ […]. Um diese Ziele zu erreichen, wurde u. a. ein Freiwilliges Sozialjahr, ein Freiwilliges Umweltschutzjahr, ein Gedenkdienst, ein Friedens- und Sozialdienst im Ausland und ein Freiwilliges Integrationsjahr und eine rechtliche Absicherung von teilnehmenden Freiwilligen geschaffen. Diese Dienste können auch von Frauen absolviert werden.«[58]

Das Ergebnis der Kosten-Nutzen-Analyse lautet: »Eine Gesamtbeurteilung über alle relevanten Stakeholder, bei denen Kosten/negative Wirkungen anfallen bzw. die von Leistungen/positive Wirkungen profitieren, zeigt, dass der Zivildienst entsprechend seiner Form im Jahr 2019 für die Gesellschaft insgesamt sehr vorteilhaft ist. So entstehen im Zivildienstszenario über alle Stakeholder hinweg mit 333 Mio. Euro um 57 Mio. Euro geringere Kosten bzw. negative Wirkungen als im Alternativszenario, bei dem der Zivildienst abgeschafft wird und 390 Mio. Kosten/negative Wirkungen entstehen. Der für den Zivildienst positive Kosteneffekt wird durch einen ebenfalls deutlich positiven Leistungseffekt inkl. positiver Wirkungen ergänzt. So fielen im Zivildienstszenario Leistungen bzw. positive Wirkungen im Gesamtvolumen von etwa 1.344 Mio. Euro an. Im Alternativszenario ›kein Zivildienst‹ wären es hingegen nur etwa 721 Mio. Euro. Diese Differenz von etwa 622 Mio. Euro ist zum Gutteil auf den erwähnten Ehrenamtseffekt zurückzuführen. Dies ergibt somit in Summe eine Gesamtdifferenz von 679 Mio. Euro als positiver Gesamteffekt des Zivildienstes in Bezug auf Kosten, Leistungen und zum Teil sozialen Wirkungen. Im Vergleich zur Vorgängerstudie 2012 drehte sich der Kosteneffekt, der damals negativ war. Zudem ist der Gesamteffekt um ein Vielfaches höher. Dies ist in erster Linie auf die Hinzunahme von monetarisierten sozialen Wirkungen und die neue Berechnung des gesamten Ehrenamtseffekts zurückzuführen. Die nunmehr berechneten knapp 680 Mio. Euro an gesellschaftlichen Mehrwert durch den Zivildienst liegen solcherart deutlich näher an der Realität.«[59] Die österreichischen Erfahrungen mit dem Zivildienst als Wehrersatzdienst zeigen, dass sich der Einsatz von Dienstpflichtigen für soziale Einrichtungen betriebswirtschaftlich lohnt, sofern der Staat einen großen Anteil der Personalkosten trägt. Aus volkswirtschaftlicher Sicht kommen jedoch zu den Personalkosten noch entgangene Steuereinnahmen und Sozialabgaben, Verwaltungskosten sowie Opportunitätskosten durch entgangene Arbeitskraft an effizienteren Einsatzorten hinzu. Viele erhoffte positive Effekte, z. B. Bildung, Integration, Entscheidungen für Ausbildung oder freiwilliges Engagement im Sozialbereich, lassen sich zwar nicht eindeutig quantifizieren, können aber grob ermessen werden.

Was lehrt diese österreichische Debatte über eine allgemeine Dienstpflicht, die sich an ein bestehendes Modell »Wehrpflicht inklusive Wehrersatzdienstpflicht« anschließt? Sie würde in Deutschland zwar nicht im Blick auf ihren ökonomisch quantifizierbaren, sondern im Blick auf ihren gesellschaftspolitisch und sozioökonomisch qualitativen Nutzen eingeführt, aber selbst dann fiele die Gesamtbilanz positiv aus. Nun wird dieses Modell in Deutschland aber derzeit nicht favorisiert, weil die Wehrpflicht ausgesetzt wurde und es einen breiten Konsens gibt, dass die gegenwärtige sicherheitspolitische Lage – sogar nach dem Angriffskrieg Russlands gegen die Ukraine – keine Wehrpflichtarmee erfordert. Angesichts des seit dem Februar 2022 epochalen Bemühens, die Einsatzbereitschaft der deutschen Streitkräfte signifikant zu stärken, wäre die gleichzeitige Einführung einer Wehrpflicht sogar eine zusätzliche Belastung, die die Armee zurzeit massiv schwächte. Um eine obligatorische Dienstpflicht *ohne* den Anker einer Wehrpflicht zu begründen, dürften die in der österreichischen Studie genannten Zahlen also nicht ausreichen. Sie beruhen darauf, dass sie sich auf ein über Jahrzehnte gewachsenes System beziehen. In Deutschland müsste ein solches System nach der Abschaffung der Wehrpflicht im Jahr 2011 heute aber wieder von Null auf neu errichtet werden. Erschwerend kommen Argumente hinzu, die angesichts des demographischen Wandels auf die ohnehin zunehmenden Lasten jüngerer Generationen verweisen.[60]

Das hier favorisierte Modell einer allgemeinen Dienstpflicht löst sich wie bereits mehrfach angedeutet vom klassischen Vorbild »Wehrpflicht inklusive Zivildienst« und damit auch von dem Modell eines zwingend mehrmonatigen Dienstes oder gar eines verpflichtenden Gesellschaftsjahres, sondern fragt zunächst einmal nach der beabsichtigten Funktion und erst dann nach der Form einer allgemeinen Dienstpflicht. Damit wird der Blick geöffnet, über eine möglicherweise völlig neue und sehr differenzierte und spezielle Investition der Gesellschaft in das Gemeinwohl nachzudenken, bei der ein ökonomischer Kosten-Nutzen-Vergleich schon aus Gründen des Präventionsparadoxes nur schwer möglich ist. Im Anschluss an den hier vorgeschlagenen Weg der Bindung einer allgemeinen Dienstpflicht an prinzipiell alle Staatsaufgaben wären vermutlich Vergleiche aussagekräftig zwischen Katastrophenbewältigungsszenarien ohne vorherige obligatorische Resilienzförderung in der Breite der Bevölkerung und solchen mit einer derartigen Förderung, entweder obligatorisch oder auf freiwilliger Basis. In der Theorie öffentlicher Güter werden diese Themen unter dem Stichwort *Crowding-out* diskutiert. Ist eine staatliche zwangsweise organisierte oder eine private freiwillige Bereitstellung öffentlicher Güter vorteilhafter? Wird die private Nachfrage durch die staatliche Nachfrage verdrängt? Und was geschieht auf der Angebotsseite: Schwächt der Staat durch seine Vorgehensweise eine bestehende oder erwartbare freiwillige Bereitschaft der Bürger, öffentliche Güter ohne Kompensation zu produzieren?[61] In Fällen, bei denen es um den Bevölkerungsschutz und die Katastrophenvorsorge geht, dürfte es kaum um ein Entweder-oder gehen. Auch dürfte die Analyse jedes gut dokumentierten Einzelfalls zeigen, dass sehr viele Faktoren die Qualität der Maßnahmen bestimmen. Als eine der größten Katastrophen in der Geschichte der USA gilt zum Beispiel der Hurrikan Katrina im Jahr 2005.[62] Oftmals geht es dann beim Stichwort Kultur um den Verlust, den Schutz und den Wiederaufbau von Kulturgütern, weniger wird daran gedacht, dass die Erfahrung der Menschen im Umgang mit Katastrophen selbst ein hohes Kulturgut ist, dessen Bedeutung sich nicht nur an der Zahl der geretteten Menschen und Güter bemisst, sondern auch an den Lehren, die die Überlebenden und Nachkommen aus einer kollektiven und potenziell traumatischen Erfahrung ziehen und in ihr kulturelles Gedächtnis aufnehmen.

Sowohl die sozialwissenschaftliche als auch die ökonomische Betrachtung legen die Frage nahe, von welchen Modellen einer allgemeinen zivilen Dienstpflicht überhaupt sinnvoll die Rede sein kann. Extreme Lösungen verbieten sich. Auch eine hochindividualisierte und pluralisierte Gesellschaft wird ihre Mitglieder in Krisen nicht einfach im Stich lassen und ihnen zurufen »Rette sich, wer kann«. Ebenso wenig wird sie ihre Mitglieder in der Vorbereitung auf alle denkbaren Risiken einer umfassenden sozialen Kontrolle und Disziplinierung unterwerfen. Sie wird also einen Mittelweg suchen. Am konkreten Beispiel: Die Untersuchungen zur Katastrophe in der Flutnacht im Juli 2021 im Ahrtal sind heute noch nicht abgeschlossen.[63] Aber schon jetzt lassen sich vor dem Hintergrund des Klimawandels skizzenhaft die folgenden großräumig anzugehenden Aufgabenstellungen formulieren:

- Analyse der Entwicklung von klimatisch verursachten Wetterextremen und Großschadenslagen in Deutschland und im gesamten Raum der Europäischen Union, Zuordnung der Analysedaten zu einzelnen hochwassergefährdeten Regionen.
- Analyse der Wirkung von Hochwasserfrühwarn- und Hochwasserschutzanlagen, Zuordnung dieser Anlagen zu einzelnen hochwassergefährdeten Regionen.
- Analyse des unmittelbaren Krisen- und Katastrophenreaktionsmanagements sowie der kurz-, mittel- und langfristigen Nachsorge, auch dies gesondert nach betroffenen Regionen.
- Analyse des mittel- und langfristigen Bedarfs an kollektiven Zivil- und Katastrophenschutzmaßnahmen, insbesondere

im Blick auf das regionale Zusammenwirken von zuständiger Verwaltung und professionellen Einsatzkräften auf der einen Seite und betroffenen und beteiligten zivilgesellschaftlichen, also nachbarschaftlichen, bürgerschaftlichen, privatwirtschaftlichen, kirchlichen etc. Konstellationen, Netzwerken und Institutionen auf der anderen Seite.

Erst in der Zusammenschau vieler Analysen lässt sich beantworten, welche verbindlich organisierten Strukturen geeignet, notwendig und angemessen sind, um erwartbare Großschadenslagen differenziert nach Regionen möglichst gut zu bewältigen. Das bereits unmittelbar nach der Ahrtalflut erkennbare Fehlen eines kommunalen Frühwarnsystems beispielsweise dürfte ein Indikator dafür sein, dass der Zivilschutz in Deutschland generell ausbaufähig und ausbaubedürftig ist.

*

2.3 Theologische Aspekte

These 9:

Der christliche Glaube, vertreten durch die Kirchen und ihre akademische Theologie, hat sich seit dem Ende der konstantinischen Epoche zunehmend davon befreit, eine bestehende öffentliche Ordnung und insbesondere eine bestimmte Art von Staatlichkeit zu legitimieren. Gleichwohl lässt sich aus den Quellen des christlichen Glaubens ableiten, dass es ein freies menschenwürdiges Leben von Bürgern ohne eine Grundlegung menschlichen Zusammenlebens in der Idee des Rechtes und ohne die Sozialgestalt einer gerechten Staatlichkeit nicht geben kann. Über die Verfassung und die Gesetze ihres Staates aber sollen die Bürger selbst entscheiden, indem sie sich gegenseitig auf Rechte und Pflichten festlegen. Die theologische Ethik fordert die christlichen Kirchen auf, ihre Mitglieder dazu zu ermutigen, sich daran zu beteiligen. Alle Bürger gewähren einander Rechte und lassen sich entsprechend für deren Erfüllung in die Pflicht nehmen; und aus keinem anderen Grund schulden sie auch ihren Staaten »Tribute, Abgaben, Furcht, Ehre« (Röm 13,7). Auch eine allgemeine Dienstpflicht könnte in diese Aufzählung eingereiht werden. Einer lebendigen christlichen Gemeinschaft ist die Nächstenliebe aus freien Stücken nicht fremd. Aus ihren eigenen Quellen berufen und aus ihrer eigenen Erfahrung geübt, werden sich Christen in kritischer Solidarität auch zum Dienst für die Mitmenschen in Nachbarschaft und Gesellschaft bereit erklären.

Um die theologischen Gesichtspunkte in der Debatte um eine allgemeine Dienstpflicht richtig einzuordnen und darzustellen, werden im Folgenden vier Fragen erörtert. (1) Aus welchem *Selbstverständnis* heraus sollten sich christliche Theologen und Kirchen zu aktuellen politischen Fragen in modernen Gesellschaften äußern? (2) Was kann als *Inhalt* des christlichen Ethos gelten, und inwiefern dient es der allgemeinen Orientierung in pluralistischen Gesellschaften? (3) Welche Stellung nimmt das *Dienen* im christlichen Ethos ein? (4) Wie lässt sich die Einrichtung von *gesellschaftlich organisierten und rechtlich verpflichtenden Diensten* theologisch sinnvoll kommentieren?

(1) Wer braucht Theologie und wozu? Zunächst soll hier das Selbstverständnis christlicher Theologen und Kirchen in modernen Gesellschaften diskutiert werden. Hilft es beispielsweise, wenn in einem Land wie Deutschland eine allgemeine Dienstpflicht nicht nur in einem menschenrechtsethischen und bürgerschaftlichen Ethos verankert, sondern darüber hinaus auch noch »religiös« motiviert und »theologisch« unterstützt wird, oder stört das eher? Um das Verhältnis von Religion und Moderne im Fall des in Deutschland immer noch stark prägenden christlichen Glaubens richtig zu verstehen, ist es nötig, etwas auszuholen. Im Zeitraum zwischen etwa 600 vor bis ca. 200 nach Chr. formierten sich im östlichen Mittelmeerbecken zwei literarisch dicht dokumentierte Traditionen, deren Sammlungen, Fortschreibungen und Wandlungen bis heute als wichtige Wurzeln der inzwischen global ausdifferenzierten »Modernen« gelten können. Die Rede ist von der *hebräisch-biblischen* und von der *griechisch-römisch-philosophischen* Tradition. Beide fußen auf sehr verschiedenen Erfahrungswelten und präsentieren sich in wenigen ähnlichen, überwiegend aber sehr unterschiedlichen literarischen Darstellungsweisen. In hellenistischer, später römischer Zeit behauptete sich die griechisch-römische Popularphilosophie über Jahrhunderte hinweg in den literalen Eliten lange vor östlichen Strömungen wie Gnosis, Manichäismus, Zoroastrismus und den unzähligen »paganen« Kulten.[64] Jüdische Traditionen, darin insbesondere das rabbinische Judentum, bildeten in der Antike in dieser Gemengelage eine wenn auch starke Minderheit,

was sowohl zu ungestörter Koexistenz als auch zu schweren Konflikten führen konnte.

Die Kräfteverhältnisse verschoben sich seit dem dritten Jahrhundert nach Christus grundlegend mit dem Aufstieg des Christentums, welches das literarische Erbe des antiken Judentums in großem Umfang in sich aufnahm, überformte und in etlichen »Christianisierungen« schließlich Teile Südwestasiens, große Teile Europas und sogar Teile des Nordostens Afrikas erfasste und prägte. Das Judentum konnte sich in christlichen und später auch in islamischen Mehrheitsgesellschaften als ständig latent bedrohte Minderheit dennoch erfolgreich behaupten. In erheblichem Abstand nach dem Ende Westroms und nach der islamischen Expansion im Frühmittelalter wurde dann im Hochmittelalter die europäische »Universität«, beginnend in Bologna und Paris, zur einflussreichen Vermittlerin zwischen christlicher Theologie, griechisch-römischer Philosophie und den Traditionen der Medizin und der Rechtswissenschaften sowie den sogenannten *artes liberales*. Die Universität wurde zunächst von den »großen Fakultäten« Theologie, Jurisprudenz und Medizin angeführt. Erst im Übergang zur Neuzeit gelang es der Philosophie, ihre in der Antike erworbene Selbständigkeit zurückzuerobern, auch den ursprünglich ebenfalls untergeordneten *artes liberales* gelang die Emanzipation. Viele außereuropäische Kulturen tragen seither zur Vielfalt moderner Gesellschaften bei. Der alte »Streit der Fakultäten« (Immanuel Kant) um eine angebliche Führungs- oder Sonderrolle der christlichen Theologie kann heute als beigelegt gelten – außer vielleicht bei einigen Fundamentalisten. Inzwischen spielen viele Wissensarten und Kunstlehren mal eher miteinander, mal eher gegeneinander im Konzert der idealtypisch einen »Wissenschaft«.

Welche Einsichten sollte die christliche Theologie angesichts dieser pluralistischen Konstellation in Sachen Christentum und Gesellschaft heute beherzigen? Eine gut beratene Theologie will in einer modernen säkularen Gesellschaft nichts mehr anführen oder legitimieren, also auch keine allgemeine Dienstpflicht. Sie kann aber im Dialog mit allen anderen Fakultäten aus ihren eigenen reichen kulturellen Reserven schöpfen und exemplarisch vorführen, wie zum einen Themen, die alle betreffen, sowohl engagiert als auch ohne Übereifer angepackt werden können, und wie in den von allen getragenen offenen säkularen Foren eigene Positionen formuliert und begründet werden können. Zu solchen Foren gehört neben der Wissenschaft und der »Vernunft«, der Kunst, der Wirtschaft, der Technik etc. auch die Sphäre des Politischen.

Wie soll die Theologie in den säkularen Arenen auftreten? Als wissenschaftlich gestützte Kunstlehre christlicher Lebensführung erkundet die Theologie zunächst das Verhältnis von »Gott und Glaube« im Vollzug eines umfassenden »Gesprächs«. Sie betrachtet die gesamte Wirklichkeit im Licht der von Jesus Christus ausgesprochenen Bitte an alle Menschen, an Gott zu glauben und die Wirklichkeit entsprechend wahrzunehmen, zu erfahren, zu erleiden und zu gestalten. Indem die Theologie den Glauben dabei betrachtet, wie er auf diese Einladung antwortet und mit ihr seine Erfahrungen macht, kann sie nun im Rahmen einer Darstellung der »christlichen Religion« sowohl den »christlichen Mythos« als auch das damit verbundene »Ethos« und den

»Ritus« vorstellen. Am Anfang aller dieser symbolischen, begrifflichen und praktischen Ausprägungen stehen Erinnerungen und Erwartungen an gute Erfahrungen und neue Entdeckungen mit dem christlichen Glauben an Gott. Die Theologie ist also nicht nur rezeptiv an der Fortschreibung etablierter Dogmatik ausgerichtet, sondern auch produktiv an der Gewinnung neuer kultureller Perspektiven beteiligt: »Als Hermeneutik und Kritik christlich-religiöser Diskurse, Texte, Riten, Symbole, Mythen und Praktiken ist Theologie ein Deutungs- und Reflexionsgeschehen, das nun selbst auch plurale Ausdrucksformen von Gott, Welt und Mensch hervorbringt.«[65]

(2) Über das christliche Ethos erfährt man Näheres, wenn man Fälle christlicher Lebensführung untersucht. Solche Fälle sind im Neuen Testament sowohl aus der Sphäre des Privaten wie des Politischen dokumentiert. Wer klären möchte, was aus der Fülle dessen, was sich in der Geschichte des »Christentums« an Traditionsgut angesammelt hat und weiter ansammeln wird, wahrhaft und mit Recht als »christlich« gelten soll, pflegt sich meistens, an diesen ältesten »kanonischen« Quellen zu orientieren. Warum aber ist das so und wie genau kann man sich das vorstellen? »Das NT [Neue Testament, HvS] ist eine polyphone Bibliothek. Entsprechend finden sich in ihm auch unterschiedliche ethische Anschauung und Ansätze. [...] Wenn heutige christliche Ethik und kirchliche Verkündigung zu ethischen Fragen sich nicht im Modus direkter autoritativer Forderungen vollziehen, sondern im Modus eines offenen Dialogs über Perspektiven eines verantwortungsvollen Lebens *coram Deo*, ist gerade der multiperspektivische Reichtum der neutesta-

mentlichen Texte von erheblichem Wert. […] Die Schriftbindung christlicher Theologie im Bereich der Ethik und damit verbunden die Bedeutung der Schrift für die Lebenspraxis von Christen kommen vielmehr darin adäquat zum Ausdruck, dass die biblischen Schriften als grundlegende Bezugstexte bzw. als ›primärer Intertext‹ […] im Nachdenken über ethische Fragen herangezogen und gehört werden.«[66] Es gilt »das Augenmerk vor allem auf die Grundhaltung – wie allem voran die Liebe als Offenheit für die Belange anderer – zu richten, die in den ethischen Unterweisungen und Argumentationen in die damalige Lebenswelt hinein ausbuchstabiert werden; und es geht darum, die ethischen Perspektiven zu reflektieren, mit denen die damaligen sozialen Herausforderungen in den Texten angegangen wurden. Denn es sind ganz wesentlich solche Grundhaltungen, die auch heute – sei es in grundlegenden Aspekten der alltäglichen Lebensgestaltung, sei es in hochkomplexen ethischen Entscheidungssituationen – ganz wesentlich die Weichen stellen und mit denen entsprechend die biblischen Texte dann auch grundlegend dazu beitragen können, Antworten auf heutige Fragen zu finden. Zugleich vermag die Reflexion neutestamentlicher ethischer Perspektiven auch als eine Art ›Sehschule‹ zu dienen, die die Fähigkeit fördert, ethische Fragen in Alltagssituationen überhaupt erst wahrzunehmen.«[67]

Die beiden Zitate machen deutlich, dass etwa eine Frage nach Art »Was würde Jesus heute zur allgemeinen Dienstpflicht sagen?« als naiv, unhistorisch und undialektisch abgewiesen werden muss. Mit dem Gattungsbegriff »primärer Intertext« ordnet die christliche Theologie das Neue Testament und damit sich selbst vielmehr in das weite Feld von Rezeptionsgemeinschaften ein, die wissen, dass sie bei der wissenschaftlichen Klärung dessen, was war, was ist und was sein wird, und auch dessen, was sein soll, nicht aus dem vermeintlichen Privileg einer spontanen »Offenbarung« schöpfen, sondern aus dem, was sie in ihrer Sprache und als Raum für ein besonderes »Gespräch« als autorisierte »heilige« Schrift bereits vorfinden: »Der Begriff des ›Intertextes‹ [...] beschreibt einen Text, der über implizite Anspielungen oder explizite Zitate in anderen Texten anklingt und damit Bezugstext für spätere Texte ist. [...] Der ›primäre Intertext‹ bezeichnet den Text oder die Textsammlung, in der eine Rezeptionsgemeinschaft wie z. B. die christliche Kirche ihren grundlegenden Bezugstext erkennt. ›Primärer Intertext‹ kann damit auch die kanonisierte Pluralität der biblischen Schriften bezeichnen. Aufgrund der Wertschätzung, die in diesem Rezeptionskontext mit dem ›primären Intertext‹ verbunden ist, findet ein kontinuierlicher Bezug auf den Intertext innerhalb der Rezeptionsgemeinschaft statt, der jedoch sowohl in der Art und Weise als auch in seiner Intensität variieren kann. Damit hat der Begriff ›primärer Intertext‹ eine funktionale Dimension im Sinne eines grundlegenden Bezugstextes wie z. B. dem Kanon und eine relationale Dimension im Sinne des kontinuierlichen Bezugs.«[68]

Nicht nur die Theologie, sondern alle Wissenschaften haben solche primären Intertexte. Die Mathematik hat ihre Zahlensysteme, die empirischen Natur- und Sozialwissenschaften haben die Protokolle ihrer Versuchsanordnungen, die Philologien haben natürliche Sprachen, und die sogenannten Geistes-, Kunst- und Kulturwissenschaften haben neben ihren »Klassikern« ihre Kulturen, Gegen- und Subkulturen und ihre je dazu passenden Theorien. Nicht die vermeintlich unhinterfragte *Autorität* eines Textbestandes, sondern der umkämpfte Prozess der *Autorisierung* also ist maßgeblich, dabei kommt es zu einer selbstreferentiell – über Entdeckung, Begründung, Verwendung, Wiederentdeckung etc. – fortlaufenden Aneignung: Ein »Text« ist alles, was sich einem »Leser« anbietet als Mittler zwischen dem, was ihn gerade bewegt, und dem, wovon im Text die Rede ist. Niemand anderes als hörende und redende, lesende und schreibende Menschen entscheiden in stets machtförmigen Vollzügen, was zu Texten wird. Jeder Leser aber greift nicht unvermittelt nach einem Text, sondern angeregt durch die Erfahrung mit anderen Texten, die ihm wiederum von anderen Lesern nahegelegt werden, kurz: Jeder Mensch steht in einem Strom von Lesern und Texten.

Die Theologie wie jede Wissenschaft wird darauf achten, dass sie angesichts ihrer unausweichlichen Verflechtungen mit der Fülle von Rezeptionsströmen und Wissensarten ein je besonderes »disziplinäres Gespräch« sowohl wachsam als auch zugleich risikobereit in die erweiterten »interdisziplinären Gespräche« einbringt. Denn in diesen können die Teilnehmer an Komplexität verlieren oder gewinnen. Ein gemeinsamer Gewinn stellt sich dann ein, wenn nicht einige verstummen oder andere sie übertönen, sondern sich alle wechselseitig zu einem polyphonen Chor vereinigen.

Nimmt man also auf der Suche nach dem christlichen Ethos das Neue Testament und die jüdisch-biblische Tradition, aus der es ja in hohem Maße hervorgegangen ist, und nun polyphon ergänzend Quellen und Partituren beispielsweise der politischen Philosophie in ihrer gegenwärtigen historisch-kritisch gesichteten Auslegung zusammen in den Blick, ergibt sich in etwa das folgende, für die Kommentierung politisch-ethischer Fragen aus christlichem Geist programmatische Bild: Was als für die Gegenwart gültiges christliches Ethos gelten soll, diskutiert und bestimmt die Theologie maßgeblich in engagierter Auslegung der im Neuen Testament bezeugten Inkarnation und Passion Christi. Bereits im Neuen Testament umfasst diese Auslegung Aussagen über das Verhältnis des christlichen Glaubens zur Sphäre von Herrschaft, Politik, Recht und staatlicher Macht im Spannungsfeld von Gemeinschaften und Institutionen und diese überwölbenden »Gesellschaften«.

Will man den christlichen Standpunkt innerhalb des Sozialen im weitesten Sinne knapp umreißen, dann lautet das Ergebnis: Trotz ihrer schmalen Basis machen die neutestamentlichen Texte politisch eher abstrakte, aber normativ einheitlich bestimmte Aussagen. Die Anforderungen der Bergpredigt zu *Feindesliebe und Gewaltverzicht* fördern den Sinn für ein friedliches Nebeneinander in dezentralen symbolischen und sozialen Ordnungen. Die *Toleranz* insbesondere in den paulinischen Briefen gegenüber vielen unterschiedlichen Lebensgewohnheiten, Herkünften und Ständen lässt ein universal-egalitäres Prinzip erkennen, das in der weiteren politischen Ideengeschichte immer wieder Impulse geliefert hat für »republikanische« Projekte vom koinobitischen Mönchtum der Spätantike über die großen Ordensgemeinschaften des Mittelalters bis hin zu den norditalienischen Stadtrepubliken, zur Amerikanischen und Französischen Revolution und zu den Sozialstaatsutopien und Bürgerrechtsbewegungen des 19. und 20. Jahrhunderts. Der aus der biblischen Tradition gestiftete *Sinn für Geschichte* in einem eschatologischen Horizont stärkt die Solidarität mit der gegenwärtigen Gesellschaft, ohne ihr zu verfallen. Die *monotheistische Revolution* der polytheistisch-unitarischen Gottesvorstellungen der mediterranen Antike im Zuge des in der jüdischen Tradition verwurzelten Glaubens an den einen Gott Abrahams, Isaaks und Jakobs und der Lösung vom Bildnis nimmt das Christentum auf und formt sie weiter zu monotheistisch-trinitarisch gedeuteten Gotteserfahrungen und stiftet damit eine Zentralperspektive auf die gesamte Wirklichkeit. Der Ewige offenbart sich, indem er sich im Zeitlichen verbirgt. Wir wissen vom Vater nur durch den Sohn, und dass er der Sohn ist, erfahren wir nur durch den Geist, der die Freude darüber in uns entfacht und Glaube, Hoffnung und Liebe stiftet. »Wir« sind alle, die solche Erfahrungen teilen und vermitteln, die sich dazu als »Kirche Christi« versammeln sollen, in der diese Erfahrungen immer wieder neu gemacht werden und die sich mit allem, was Himmel und Erde umfassen, zum Lob und Genuss Gottes vereint.

So kann heute im politisch engeren Sinne gelten: Das christliche Ethos ist gebunden an den Maßstab des für alle Geschöpfe Guten und Gerechten, das zeigt sich u. a. in der Mitverantwortung für die *res publica* aus einer allerdings erheblichen kritischen Distanz: Das christliche Ethos plädiert für eine ständige Überprüfung geltenden Rechts anhand der ursprünglichen Intentionen des Rechts sowie anhand der Überbietung des Rechtes durch die Barmherzigkeit (Bergpredigt). Es rekapituliert das Politische in und aus zwischenmenschlichen Beziehungen im Nahbereich; es depotenziert und egalisiert überkommene Statusunterschiede in der Gemeinde; es stellt ausuferndes Machtstreben bloß und widersteht politischen Erlösungslehren; es reiht – klassisch im berühmten Kapitel 13 des Römerbriefs – die Verpflichtungen gegenüber dem Staat ein in die Verpflichtungen gegenüber jedermann (Synoptiker, Johannes und Paulus). Und dieses Ethos kennt eine zumindest passive Widerstandspflicht dort, wo die Politik ihre Grenzen überschreitet und in die inneren Kerne symbolischer Kommunikation hineinregiert (Johannesapokalypse).[69]

(3) In einer christlich geprägten Debatte um eine Dienstpflicht kann vermutlich eine Erörterung des Begriffs »Dienen« im Kontext eines christlichen Ethos zur weiteren kritischen Orientierung beitragen. Das Wort »Dienen« kann im Deutschen zum einen niedere Verrichtungen bezeichnen, zum anderen aber auch die Ausübung höchster Ämter; ähnlich ist es auch im antiken Griechisch, der Sprache des Neuen Testaments. Neue Studien über den neutestamentlichen Sprachgebrauch zum Leitbegriff des Diakons zeigen, dass hier in der Vergangenheit erhebliche Missverständnisse herrschten: »Eine oder ein *diakonos* ›dient‹ also nicht in erster Linie den Adressaten, sondern führt den Auftrag eines oder einer anderen aus. Mit *diakonia* kann im Griechischen ein weites Spektrum von Tätigkeiten bezeichnet werden, von eher einfachen Aufgaben im Haushalt, u. a. den Tischdienst, über Botengänge aller Art, z. B. zur Überbringung von Sachen oder Botschaften, bis hin zur Ausführung wei-

terer Aufträge im Namen einer Gemeinschaft, des Staates oder der Gottheiten. Von einer bzw. einem guten *diakonos* erwartet man Pflichtbewusstsein, Zuverlässigkeit und auch Schnelligkeit, nicht jedoch Demut oder Nächstenliebe, es sei denn, es handelt sich speziell um eine Beauftragung im karitativen Bereich. Im griechischen Sprachgebrauch werden in der Regel zeitlich befristete Beauftragungen mit der Wortgruppe bezeichnet. Ist die *diakonia* ausgeführt, erlischt für den Betroffenen auch seine Funktion als *diakonos* im Namen des Auftraggebers. Subjekte solcher Beauftragungen können Männer und Frauen sein, durchaus auch mit einem hohen Status, denn je nach Art der Tätigkeit muss sich diese nicht statusmindernd auswirken.«[70] Die Rede von der »christlichen Sklavenmoral« (Nietzsche) ist auf jeden Fall im Blick auf das Urchristentum und die Alte Kirche eine völlig verfehlte Karikatur. Das Gegenteil ist der Fall.

Am konkreten Beispiel: Der entlaufene und wieder verhaftete Sklave Onesimus wird von seinem Mitgefangenen Paulus überzeugt, in das Haus seines auch dem Paulus gut bekannten Sklavenhalters Philemon zurückzukehren. Paulus gibt ihm ein Empfehlungsschreiben an seinen »Herrn« mit, in dem er diesen auffordert, Onesimus aufzunehmen, nunmehr »nicht mehr als einen Sklaven, sondern als einen, der mehr ist als ein Sklave: ein lieber Bruder, besonders für mich, wie viel mehr aber für dich, sowohl im leiblichen Leben wie auch im Herrn« (Phlm 16). Weder der römische Sklave noch der römische Sklavenhalter *mussten* der Bitte eines hochbetagten judenchristlichen Wanderrabbiners folgen. Der Brief ist aber erhalten, also dürfte er seine Wirkung nicht verfehlt haben.

Dienen im christlichen Sinne ist die Annahme oder Anerkennung eines Auftrags aus freier Entscheidung. Martin Luther (1483–1546) formulierte in seiner berühmten Freiheitsschrift von 1520: »Ein Christenmensch ist ein freier Herr über alle Dinge und niemandem untertan. Ein Christenmensch ist ein dienstbarer Knecht aller Dinge und jedermann untertan. Diese zwei Sätze liegen klar bei Paulus vor: 1 Kor 9. Ich bin frei in allen Dingen und habe mich zu jedermanns Knecht gemacht. Ebenso Röm 13 Ich sollt niemand etwas schuldig sein, außer dass ihr einander liebt. Liebe aber, die ist dienstbar und untertan dem, was sie liebt. Ebenso heißt es von Christus Gal 4: Gott hat seinen Sohn gesandt, von einem Weib geboren und dem Gesetz untertan gemacht.«[71] Von namhaften Stimmen – u. a. Ernst Troeltsch (1865–1923), Max Scheler (1874–1928), Herbert Marcuse (1898–1979) – wurde beklagt, Luther plädiere hier ebenso wie im Rahmen seiner Zwei-Regimente-Lehre für eine falsche Innerlichkeit und Doppelmoral, für eine quietistisch-innerliche Freiheit also im kleinen Kreis der Gleichgesinnten, im äußerlich-realen Leben aber für die diensteifrige Unterwerfung unter den fremden Willen jedweder »Obrigkeit«. Inzwischen besteht weitgehend Einigkeit darüber, dass der Christ bei Luther auch in seinem weltlichen Handeln unter der Herrschaft Christi steht. So umfasst das christliche Ethos die Bereitschaft, Verantwortung in allen Lebensbereichen, also auch in der politischen Öffentlichkeit zu übernehmen.

Gibt es schließlich eine als »christlich« erkennbare Lebensführung und einen damit verbundenen Lebensstil? Ein zweites an das Griechische angelehntes Leitwort des Dienens neben Diakonie ist Liturgie. *Leiturgia* bezeichnete in der Antike alle Arten von Dienstleistungen wohlhabender Bürger für das Gemeinwesen. Paulus etwa empfiehlt den stadtrömischen Christen in dem bereits erwähnten Kapitel des Römerbriefs, die Herrschenden und ihre Behörden als »Liturgen Gottes« anzuerkennen, und dies nicht allein aus Furcht vor ihnen, sondern aus dem eigenen kritischen Gewissensurteil. Sie sollen nicht beliebig allen alles geben, auch wenn die das vielleicht gerne so hätten, sondern jedem nur das, was ihm im Sinne des allgemeinen Guten zusteht.

Heutzutage steht Liturgie im christlichen Sprachgebrauch als Sammelbegriff für den gottes*dienstlichen* Ritus. Dem französischen Moralisten Joseph Joubert (1754–1824) wird das Wort zugeschrieben, die kirchliche Liturgie sei die eigentliche Schule der guten Manieren. Sollte das zutreffen, dann dürften sich gute Manieren und liturgische Kompetenz im Laufe der Geschichte gegenseitig angeregt haben. Christliche Lebensführung und Lebensstilbildung prägen sich in einem lebensbejahenden Habitus aus, der sich nur in Gemeinschaft und Geselligkeit formieren kann und inhaltlich heute wohl am besten durch den Begriff »Respekt« gefüllt wird. Dieser Begriff gründet auf wechselseitiger Anerkennung, Bildung und Solidarität und bringt Nähe und Distanz in ein stets neu abzuwägendes Verhältnis. Der erwachsene Christ soll seine »Nächstenliebe« und seinen »Dienst am Nächsten« so verstehen, dass er sich die Freiheit nimmt, Respekt zu zollen und Respekt einzufordern.

Welches Prinzip leitet diese Abwägung? Für den Christen ist das »irdische« Leben nicht das höchste Gut; geleitet von der Erfahrung mit dem Glauben an Gott erkennt die christliche Theologie die Gemeinschaft mit Gott als das höchste

Gut, das Schauen Gottes »von Angesicht zu Angesicht« (1 Kor 13,12); von hier ausgehend entwickelt sie ihre Güter-, Prinzipien-, Talent- und Tugendlehren als Schwerpunkte theologischer Ethik. Berührt durch die Passion Jesu und die Erzählungen seiner Worte und Taten entdecken Menschen, wer ihnen die »Nächsten« sind.

Andere Traditionen, wie gesagt, argumentieren anders. Ein säkularer gesellschaftlicher Konsens kommt dadurch zustande, dass alle Traditionen ihre partikularen Überzeugungen in den demokratischen Prozess einbringen, der mit freien und geheimen Wahlen, Parlamentarismus, Mehrheitsregel und Periodisierung ständig offen ist für konkrete inhaltliche Füllungen und ihre Revisionen. Für das christliche Ethos bedeutet dieses keine Einschränkung und keinen Kompromiss, sondern eine gute Praxis, die aus der eigenen Tradition heraus willkommen geheißen werden kann.

(4) Mit diesen Überlegungen ist nun die Schwelle erreicht, an der eine theologische Kommentierung gesellschaftlich organisierter und rechtlich verpflichtender Dienste ansetzen kann. Mit gesellschaftlich organisierten und rechtlich verpflichtenden Diensten greift ein Staat tief in das Leben seiner Bürger ein. Er beansprucht Lebenszeit, Lebenskraft, wenn nicht sogar den Einsatz des Lebens. Ist der Staat schon allein deshalb dazu berechtigt, weil er der Souverän ist? So ist tatsächlich über Jahrhunderte hinweg in Europa gedacht worden.[72] Aus zwei Gründen ist dem kategorisch zu widersprechen. Der erste Grund ist der an das Individuum gerichtete kantische Kategorische Imperativ, insbesondere das Verbot, eine Person auf ein Mittel zu einem Zweck zu degradieren: »Handle so, daß du die Mensch-

heit, sowohl in deiner Person als in der Person eines jeden anderen, jederzeit zugleich als Zweck, niemals bloß als Mittel brauchst.«[73] Eine christliche Zustimmung zum Kategorischen Imperativ kann sich auf die Hochschätzung des Individuums bei Paulus berufen: »Du aber, was richtest du deinen Bruder? Oder du, was verachtest du deinen Bruder? Wir werden alle vor den Richterstuhl Gottes gestellt werden. Denn es steht geschrieben: ›So wahr ich lebe, spricht der Herr, mir sollen sich alle Knie beugen, und alle Zungen sollen Gott bekennen.‹ So wird nun jeder von uns für sich selbst Gott Rechenschaft geben« (Röm 14,10–12). Der zweite gleichursprünglich mit dem ersten verbundene Grund liegt in der Freiheit jeder Person zur selbstbestimmten Lebensführung. Wählt sich eine Person selbst zu einem hoheitlich einsetzbaren Mittel für eine von ihr selbst gewählte Selbstbestimmung, so handelt sie darin als mitgesetzgebendes Mitglied des Souveräns und überlässt sich nicht einem Staatsoberhaupt als willenloses Werkzeug. Deshalb heißt es in Art. 20 Abs. 2 GG: »Alle Staatsgewalt geht vom Volke aus. Sie wird vom Volke in Wahlen und Abstimmungen und durch besondere Organe der Gesetzgebung, der vollziehenden Gewalt und der Rechtsprechung ausgeübt.«

Der Staat hat keinen totalen Anspruch auf das Leben seiner Bürger. Aus theologischer Sicht ist allein Gott der Herr des Lebens. Was bedeutet das für die Reichweite, den Umfang und die Grenze der Verpflichtungen, die der Staat seinen Bürgern auferlegen kann? Hinsichtlich der gesellschaftlichen und politischen Konsequenzen der Reformation am Beispiel des Luthertums lässt sich heute resümieren: »Die Wahrnehmung zweier unterschiedlicher Regimente Gottes hat Luther die Basis dafür gegeben, sich aus dem theokratischen System der Papstkirche zu befreien. Es lag ihm zugleich fern, nun seinerseits eine reformatorisch ausgerichtete Theokratie zu installieren; auch davor bewahrte ihn die Zweiregimentenlehre. Eine Bestätigung fand sie schließlich lange nach seinem Tod in Gestalt der Bestimmungen des Westfälischen Friedens. Streit zwischen Konfessionen oder Religionen ist nicht dadurch aus der Welt zu schaffen, dass eine der beiden Seiten gewinnt. Allein eine klare rechtliche Basis schafft die Voraussetzung für das Zusammenleben unterschiedlicher religiöser Optionen. Dieser Ansatz, der sich in der Neuzeit als Selbstverständlichkeit durchgesetzt hat, dürfte sich auch in der Zukunft bewähren. Luthers Zweiregimentenlehre hat ihm – mit zum Teil theologisch unzureichenden Mitteln – die Bahn gebrochen.«[74]

Nicht nur zwischen verschiedenen Religionen, sondern vor allem zwischen dem Politischen und dem Religiösen gilt inzwischen – gegen das *cuius regio eius religio* – als rechtlich zu markierende Grenze die Selbstbegrenzung des Staates gegenüber der Religionsfreiheit als Paradigma aller bürgerlichen Grundrechte und die Selbstbegrenzung religiöser Gemeinschaften gegenüber der bürgerlichen Freiheit zur souveränen Selbstgesetzgebung. Überzeugende Gründe für eine zwangsbewehrte Verpflichtung der Bürger auf gesellschaftliche Praktiken können folglich nur aus der Idee des Rechts und aus dem Vollzug gewaltenteiliger rechtsstaatlicher Gesetzgebung und -durchsetzung abgeleitet werden. Und Prinzip und mehrheitsfeste Grenze des Rechts als Menschenrecht ist die Achtung der Menschenwürde. »Die Würde der Menschheit besteht eben in dieser Fähigkeit, allgemein gesetzgebend, obgleich mit dem Beding, eben dieser Gesetzgebung zugleich selbst unterworfen zu sein.«[75] Auf dieser Grundlage ist das Recht »der Inbegriff der Bedingungen, unter denen die Willkür des einen mit der Willkür des anderen nach einem allgemeinen Gesetze der Freiheit zusammen vereinigt werden kann«.[76] Die Menschenrechte als vorstaatliche Normen, aus denen Rechtsstaaten für sich das Maß schöpfen können, gründen ihrerseits auf jenem »allgemeinen Gesetz der Freiheit«, das heute in vielen Verfassungen eben im Begriff der »Achtung der Menschenwürde« ihr prominentes Prinzip gefunden hat. Als transzendentalphilosophisches Postulat und Prinzip des Rechts ist dieser Begriff nicht nur offen, sondern geradezu angewiesen sowohl auf unterschiedliche kulturelle Herleitungen, inhaltliche Füllungen und deklaratorische Bestätigungen als auch auf die angedeutete positivrechtliche Ausgestaltung in konkreten Rechtsstaaten.

Die im Abschnitt 2.1 vorgestellte und in Abschnitt 3. noch weiter entfaltete verfassungs- und völkerrechtliche Argumentation wird aus dem christlichen Ethos zustimmend begrüßt und macht nun auch deutlich, aus welchem mehrstimmigen Gespräch heraus christliche Theologen und Kirchen zu der sehr speziellen und konkreten Frage einer allgemeinen Dienstpflicht Stellung nehmen sollten. Sie machen von der Rede- und Glaubensfreiheit öffentlich Gebrauch und beteiligen sich in dafür von anderen gesellschaftlichen Kräften oder auch von ihnen selbst initiativ geschaffenen Foren – z. B. Evangelische Akademien sowie kirchliche Kommissionen und Synoden – an der politischen Willensbildung. Bei der konkreten Ausgestaltung aller allgemeinen Rechte und Pflichten, zur Gewährleistung der Rede- und Glaubensfreiheit und zur Vorbeugung und Abwehr von Gefährdungen der Freiheit von Furcht und Not aller Menschen dienen sie dem Gemeinwohl mit den Charismen und Tugenden der Friedfertigkeit, Geduld und Toleranz, sie bringen ihren Sinn für die Geschichtlichkeit ebenso ein wie ihre Zentralperspektive auf die gesamte Wirklichkeit und ihre Solidarität mit allen Geschöpfen. Auf ökumenischen Treffen und auf Kirchentagen ist dies seit den achtziger Jahren auf die Formel »Frieden, Gerechtigkeit und Bewahrung der Schöpfung« gebracht worden.

Bei der Debatte um die Frage, welche spezifische Not und Gefahr als wirksame Gegenmaßnahme eine allgemeine Dienstpflicht erfordert, verfügen Theologen und Kirchen über keine originären Erkenntnisse, sie sind allerdings wie alle, die sich an diesen Debatten beteiligen, gehalten, niemanden willkürlich von ihnen auszuschließen, den Grundsatz der Verhältnismäßigkeit zu beachten und die endgültigen Entscheidungen dem demokratischen Prozess anheimzustellen. Besonders gravierende Verpflichtungen korrespondieren besonders bedrohten Rechten. Wer aber soll die Schwere einer Not und die Dringlichkeit einer Nothilfe feststellen? Die Feststellung einer Krisensituation ist in Deutschland gemäß den grundgesetzlich geregelten Sicherstellungs- und Vorsorgegesetzen u. a. durch Parlamentsbeschluss erforderlich. Zum anderen muss der Gesetzgeber bei der Ausgestaltung *allgemeiner* Dienstverpflichtungen, die prinzipiell jeden treffen können, nachweisen, warum gerade diese Person oder Personengruppe gerade in dieser bestimmten Situation zur dringenden Erfüllung des

Gemeinwohls geeignet und unverzichtbar ist, keine Ausnahmetatbestände wie ungerechte Diskriminierung und übermäßige Belastung vorweisen und deshalb in angemessenem Umfang zu einem Dienst befohlen werden kann.

Angesichts des sozialen Wandels und damit einhergehender Zentrifugalkräfte in der Gesellschaft darf die pauschale Förderung des gesellschaftlichen Zusammenhalts durchaus eine Rolle spielen in der Debatte um das Für und Wider einer allgemeinen Dienstpflicht. Diese aber primär mit diesem Zweck zu begründen, dazu ist der Gesetzgeber nicht autorisiert, da innere Überzeugungen aus Respekt vor der Meinungs- und Religionsfreiheit nicht gesetzlich vorgeschrieben werden dürfen. Allenfalls kann das kritische Verständnis für die Grundlagen einer freiheitlichen Gesellschaft als Lernziel im Rahmen der Bildungs- und Schulpflicht und durch Anreize zur Förderung des freiwilligen Ehrenamtes angestrebt werden. Für ein schulisches Pflichtfach »Dienst an der Gesellschaft« spräche zudem der Nebeneffekt, dass Kinder und Jugendliche neben der Verbesserung ihrer Sozialkompetenz und gesellschaftlichen Integration bestimmte fachliche Qualifikationen erwerben könnten, die sich generell und in vielen Krisensituationen als wertvoll erweisen können. Sie lernen dabei schließlich Tätigkeitsfelder und berufliche Wahlmöglichkeiten und Entfaltungschancen kennen, die ihnen sonst eher verschlossen blieben.

3. Sicherheitspolitische Überlegungen

These 10:

Leider ist es nicht so, dass der Krieg mit dem Ende des Zweiten Weltkrieges und des Kalten Krieges gänzlich aus Europa verschwunden wäre. Europäische Staaten waren auch nach 1945 und auch nach 1990 immer wieder an bewaffneten Konflikten beteiligt. Man denke nur an den Algerienkrieg, den Falklandkrieg, die Kriege auf dem Balkan und in Nahost und gewiss auch an die bewaffneten Konflikte in Irland und out of area in Afrika und Asien. Und all das war stets überschattet vom großen Ost-West-Konflikt auf der Nordhalbkugel. Inzwischen betritt mit der Volksrepublik China ein Akteur die geopolitische Bühne, dessen Interessen – auch militärisch – unmittelbar mit denen westlicher Länder kollidieren. Der am 24. Februar 2022 durch den russischen Überfall auf die Ukraine ausgelöste schwere Landkrieg erschüttert nun eine über mehrere Generationen mühsam aufgebaute Friedens- und Sicherheitsordnung in den Grundfesten. Aber er zerstört sie nicht. Im Gegenteil gilt die UN-Charta unverändert. Sie bündelt die Erfahrungen aus zwei Weltkriegen und lehrt, dass zur Erhaltung und Sicherung des Friedens in Europa u. a. auch militärische Mittel geeignet, erforderlich und angemessen sind. Nach Jahren der Auslandseinsätze stehen die deutschen Streitkräfte heute wieder mit an erster Stelle in der Landes- und Bündnisverteidigung an der Ost-

flanke der NATO. Ihre Einsatzbereitschaft ist jedoch beschränkt durch einen eklatanten Mangel an Material und Personal. Könnte der Personalmangel durch eine Rückkehr zur allgemeinen Wehrpflicht oder durch eine allgemeine Dienstpflicht behoben werden? Das ist zu diskutieren.

In drei Schritten soll im Folgenden die aktuelle sicherheitspolitische Lage mit ihren Konsequenzen für eine Bundeswehr der Zukunft zur Diskussion gestellt werden. Als erstes ist die aktuelle Sicherheitslage in Europa zu skizzieren, danach ist diese Lage im Blick auf die normative Beurteilung ihrer möglichen Konsequenzen in eine Geschichte und Systematik des Völkerrechts einzuordnen, anschließend kann der Zustand der Bundeswehr angesprochen und bewertet werden einschließlich der Frage nach Sinn oder Unsinn einer Rückkehr zur Wehrpflicht.

(1) Die aktuelle Sicherheitslage in Europa ist aktuell etwa wie folgt zu skizzieren. Die mit dem Ende des Kalten Krieges eingeleitete Phase der geordneten Konfrontation und in Teilen sogar Kooperation zwischen dem Nordatlantikpakt (NATO) und der Russischen Föderation ist in den ersten zwei Jahrzehnten des 21. Jahrhunderts schrittweise von einer Phase der zunehmend ungeordneten Konfrontation abgelöst worden. Inzwischen tobt jenseits der NATO-Ostflanke ein Landkrieg, dessen Verlauf an Kriegsbilder aus den beiden Weltkriegen erinnert. Der am 24. Februar 2022 begonnene Versuch der russischen Armee, die ukrainischen Streitkräfte in einem brutalen Feldzug, genannt »Spezialoperation«, in kurzer Zeit niederzuwerfen, den ukrainischen Staat auszulöschen und das gesamte Staatsgebiet und seine

Bevölkerung wie schon 2014 die Krim und Teile des Donbass unter die Herrschaft der russischen Diktatur zu zwingen, scheiterten bereits in den ersten Tagen und Wochen. Die ukrainische Armee war dank jahrelanger Unterstützung aus Großbritannien, Kanada und den USA längst nicht mehr in jenem desolaten Zustand wie noch im Jahr 2014. Dank ihrer überlegenen operativen Fähigkeiten konnte die Ukraine die zahlenmäßige Überlegenheit Russlands mehr als wettmachen. Niemand jedoch kann in diesen Monaten des Jahres 2023 den weiteren Kriegsverlauf absehen. Er wird zudem ständig überschattet durch die unkalkulierbaren Risiken eines nuklearen Schlagabtauschs. Die großen Anstrengungen westlicher Staaten, Russland politisch, kulturell und vor allem wirtschaftlich zu isolieren und mit harten Sanktionen zu belegen, sind in ihrer Wirkung ebenfalls noch nicht abschließend einzuschätzen.

Welche Folgerungen hat die Staatengemeinschaft insgesamt aus dem Konfliktverlauf gezogen? Auch zu dieser Frage kann nur ein grobes Bild, sortiert nach ausgewählten Akteuren, gezeichnet werden:

- Deutschland beispielsweise muss den über Jahrzehnte betriebenen Aufbau guter Beziehungen zu Russland als gescheitert betrachten und gewährt stattdessen der Ukraine massive zivile und militärische Hilfe, nimmt in großem Umfang ukrainische Flüchtlinge auf und hat die Bundeswehr mit einem Sondervermögen in Höhe von 100 Milliarden Euro ausgestattet.
- Die gesamte NATO unterstützt das Recht der Ukraine auf Selbstverteidigung gem. Art. 51 der UN-Charta durch kon-

stante und substanzielle Waffenlieferungen, militärische Aufklärung und die Ausbildung ukrainischer Truppen. Allen voran die USA als mit Abstand stärkster Bündnispartner achten jedoch darauf, dass weder die NATO als Ganzes noch einzelne Mitgliedstaaten direkt in die Kampfhandlungen eingreifen. Die bislang neutralen Staaten Finnland und Schweden haben die Mitgliedschaft in der NATO beantragt, Finnland wurde inzwischen aufgenommen.

- Viele Mitglieder der Europäischen Union (EU) sehen die Notwendigkeit, zur Stärkung der außen- und sicherheitspolitischen Handlungsfähigkeit künftig auf das Prinzip der Einstimmigkeit zu verzichten, parallel verdichten sich die Überlegungen, einen ständigen Sitz im UN-Sicherheitsrat anzustreben und bei diesem Bemühen insbesondere auch die Staaten Afrikas als mögliche ständige Sicherheitsratsmitglieder ins Gespräch zu bringen. Im Blick auf eine Erweiterung der EU wird erwogen, »Warteräume« für eine Reihe von Ländern auf dem Balkan, für Belarus, Georgien, Moldau und auch die Ukraine einzurichten.

- Die Generalversammlung der Vereinten Nationen (UNO) hat beginnend mit der Resolution A/RES/ES-11/1 vom 2. März 2022 den Angriffskrieg Russlands gegen die Ukraine inzwischen mehrfach mit großer Mehrheit verurteilt.

- Die Organisation für Sicherheit und Zusammenarbeit in Europa (OSZE) steht vor einem Scherbenhaufen, nicht einmal an eine Rückkehr zur geordneten Konfrontation mit Russland ist derzeit zu denken, vielmehr muss darüber nachgedacht werden, ob und wie eines Tages eine erste

Gesprächsbasis wie Anfang der 1970er Jahre mit der Konferenz für Sicherheit und Zusammenarbeit in Europa (KSZE) in Helsinki gefunden werden kann.

Für die weitere Zukunft zeichnen sich für die Ukraine und ihre Unterstützer folgende Alternativen ab. Die Kampfhandlungen werden fortgesetzt bis zum vollständigen Abzug russischer Truppen vom gesamten 1994 im Budapester Memorandum garantierten ukrainischen Staatsgebiet.[77] Alternativen dazu wären zum einen ein Waffenstillstand entlang einer Frontlinie auf ukrainischem Staatsgebiet zu einem noch zu bestimmenden Stichtag, zum anderen die Neutralität der Ukraine, die in absehbarer Zeit vielleicht in die EU, aber ziemlich gewiss nicht in die NATO aufgenommen werden wird, drittens die Vereinbarung eines auf lange Zeit avisierten Autonomiestatuts für die von Russland besetzte Krim und Teile des Donbass. Eine förmliche Anerkennung eroberter und besetzter ukrainischer Gebiete als Teile russischen Staatsgebiets ist nur von engsten Verbündeten Russlands zu erwarten. Und selbst jene drei ebenso bitteren wie provisorischen Optionen müssten mit robusten Sicherheitsgarantien der westlichen »Ramstein-Gruppe« zugunsten der Ukraine versehen werden. Robust bedeutet konkret, dass die Schutzmächte der Ukraine diese bei Nichteinhaltung der Vereinbarungen umgehend weiter mit allem ausstatten, was das Land zur Abwehr neuer Aggressionen vonseiten Russlands benötigt. Der Westen hat der Ukraine überdies zugesagt, das Land so lange und zwar zeitlich unbegrenzt zu unterstützen, bis der russische Angriffskrieg scheitert und Russland alle eroberten Gebiete räumt und an die Ukraine zurückgibt. Parallel zu diesen Ansätzen sind als weitere Optionen sichtbar: die Ermittlungen und die Strafverfolgung russischer Verantwortungsträger durch den Internationalen Strafgerichtshof (IStGH) oder ein eigens einzuberufendes Sondertribunal, die Planung einer KSZE 2.0 für eine neue Sicherheitsarchitektur einschließlich von Maßnahmen der Abrüstung und Rüstungskontrolle, schließlich sehr langfristig auch erste Szenarien zur Unterstützung beim Wiederaufbau eines politisch kräftigen russischen Staatswesens anstelle der derzeitigen Charakteristika eines Mafiastaates.[78]

In dem geschilderten Szenario bildet die Schwelle zum bewaffneten Konflikt zwischen der NATO und der Russischen Föderation eine nach wie vor von allen gewahrte rote Linie. Der vom Kreml bereits angedrohte Einsatz taktischer Nuklearwaffen brächte Russland auch bei den Staaten im massiven Misskredit, die sich in den Abstimmungen in der UNO bislang noch enthalten haben. Für westliche Staaten gibt es auch nicht den geringsten Grund, das Territorium Russlands oder eines der übrigen postsowjetischen Staaten gegen ihren Willen militärisch anzutasten, geschweige denn zu besetzen und sich damit die gravierenden Probleme und Lasten postkommunistischer Gesellschaften aufzuladen. Selbst dort, wo sich demokratische Oppositionen gegen despotische, autokratische oder oligarchische Regime hervorwagen, bleibt die westliche Unterstützung beschränkt auf Sympathiekundgebungen und zivile wirtschaftliche, personelle und kulturelle Unterstützung.

Der Einmarsch russischer Truppen in die Ukraine und damit der Bruch nicht nur des genannten Abkommens, sondern der UN-Charta und insgesamt die Zerstörung der bestehenden Sicherheitsarchitektur im Osten Europas durch das Regime im Kreml haben die bittere Einsicht in die Notwendigkeit massiver militärischer Abschreckung aufseiten der NATO wieder auf die Tagesordnung zurückgebracht. Das Prinzip der Verhältnismäßigkeit gebietet, jetzt möglichst alle nach dem Ende des Kalten Krieges entstandenen Fähigkeitslücken zügig zu schließen, um vor allem im Fall eines konventionellen Angriffs mangels konventioneller Waffen nicht gleich in nukleare Dimensionen eskalieren zu müssen. Seit dem Ende des Zweiten Weltkriegs lautet die Devise, der quantitativen Überlegenheit der ehemals sowjetischen, heute russischen Armee aufseiten westlicher Staaten mit überlegener Qualität zu begegnen. Ganz ohne ein Mindestmaß an Quantität ist aber auch Qualität nicht zu gewährleisten. Das aber soll erst im dritten Schritt weiter bedacht werden.

(2) Um Antworten auf die Frage nach der Bedeutung der Qualität politischer und militärischer Kulturen auf eine rechtsethisch tragfähige Grundlage zu stellen, sind zuvor ein paar knappe Gedanken zur Funktion und Geschichte des Völkerrechts nötig. Individuelle Freiheitsrechte, Rechtsstaatlichkeit, demokratische Teilhabe und der Schutz der Bürger bilden die normativen Grundlagen des Zusammenlebens in den Mitgliedsstaaten der Europäischen Union und des Nordatlantikpaktes. Diese Errungenschaften wurden über Jahrhunderte hinweg hart erkämpft, sie sind niemals selbstverständlich und sind auch immer von innen und außen bedroht. Deshalb ist es wichtig, sich ihren Sinn und Zusammenhang immer wieder in Erinnerung zu rufen, zumal die europäischen Gesellschaften lange Zeit Ideale und Prin-

zipien, auf die sie in ihren eigenen Ländern große Stücke hielten, bestenfalls noch gegenüber ihren Nachbarn, nicht aber gegenüber den Menschen in den sogenannten Kolonien gelten ließen. Einige dieser dunklen Kapitel der Geschichte der europäischen Expansion sind schon geschrieben worden, bei anderen steht das noch aus. Die europäischen Gesellschaften sind gut beraten, gemeinsam aus den Fehlern, Krisen, Verbrechen und Katastrophen der Vergangenheit zu lernen und so dem Politischen auch im globalen Maßstab die normativen Grundsätze einer Ethik des Menschenrechts zur umfassenden, vollständigen und unendlichen Aufgabe zu machen. In seiner epochalen Schrift »Vom ewigen Frieden« entwickelt Immanuel Kant in den drei Definitivartikeln anhand von drei Rechtssphären folgendes Gesamtkonzept des Politischen in Gestalt von Staatlichkeit:

- Das *Bürgerrecht* (Verhältnis von Individuum zu Individuum und zum Staat) bestimmt das Verhältnis freier Rechtsbürger zueinander sowie zur Gesamtheit ihrer Rechtsgemeinschaft und republikanischen Staatlichkeit auf der Grundlage ihrer inneren Volkssouveränität. Schon auf dieser innerstaatlichen Ebene gehen die Wege zwischen einem Despotismus, der keine Gewaltenteilung zulässt, und einem Republikanismus, der die Stärke des Rechts an die Stelle des Rechts der Stärkeren setzt, diametral auseinander.
- Das *Völkerrecht* (Verhältnis von Staat zu Staat in der Staatengemeinschaft) bestimmt das Verhältnis von Rechtsgemeinschaften zueinander in Gestalt äußerer Staatensouveränität und des zwischenstaatlichen Gewaltverbots.

Auch auf dieser Ebene kann sich die Rechtsidee mit einem Denken in »Einflusssphären großer Mächte«, denen sich die kleinen zu unterwerfen hätten, nicht zufriedengeben.

- Das *Weltbürgerrecht* (Verhältnis von Individuum und Staatengemeinschaft) schließlich definiert das Verhältnis von Menschen außerhalb aller staatlich gesicherten Rechtsverhältnisse, dessen Garanten gleichwohl die Staaten sind, die sich verpflichten, Nicht-Staatsbürgern Gast- oder Fremdenrecht und damit Schutz zu gewähren.[79]

Kant folgt mit diesem umfassenden Aufriss dem Grundsatz einer Vernunft, die um ihrer inneren Stimmigkeit willen gedanklich konsequent ausarbeitet, was nötig ist, damit kein Vernunftwesen fürchten muss, jederzeit einem fremden Willen unterworfen zu werden oder irgendwann oder irgendwo zwischen allen Stühlen zu sitzen. Ausgangspunkt dafür ist die Annahme, dass Menschen als freie Wesen gedacht werden, die den Willen und das Vermögen besitzen, sich selbst ein Gesetz zu geben: »Die Würde der Menschheit besteht eben in dieser Fähigkeit, allgemein gesetzgebend, obgleich mit dem Beding, eben dieser Gesetzgebung zugleich selbst unterworfen zu sein.«[80] Aus der Idee der Freiheit folgen die Imperative der Erkenntnis sowie der Moral und des Rechts. Rechtsethisch folgen aus dem Rechtsimperativ der Staatsimperativ und schließlich das Projekt des staatenübergreifenden Friedensbundes, der Republik der Republiken, heute angestrebt in den »Vereinten Nationen«.

Die folgenden weiterhin nur skizzenhaften Ausführungen widmen sich mit dem Völkerrecht der zweiten Sphäre, also der normativen Ausgestaltung *zwischenstaatlicher* Beziehungen.[81] Kant schlägt im Blick auf das Gegeneinander, Nebeneinander und Miteinander der Staaten vor, drei mögliche Aggregatzustände oder geopolitisch-welthistorische Modell-Szenarien anzunehmen:

1. Im *Völkernaturrecht* haben die Bürger es irgendwann satt, sich ständig gegenseitig zu bedrohen, schließen sich als Genossen eines gemeinsamen Rechts zusammen und gründen Staaten. So allerdings führt die zunehmende Überwindung des Naturzustands im Innenverhältnis der Staaten zugleich zur wachsenden Bedrohung im Außenverhältnis; es bleibt den Bürgern angesichts des ihnen permanent von anderen Staaten drohenden Krieges gar nichts anderes übrig, als zu ihrem Schutz ein *ius ad bellum et in bello* aus eigener einseitiger Rechtsmeinung zu beanspruchen und gegebenenfalls gegen ihre Feinde in den Krieg zu ziehen. Hier haben die klassischen Theorien des gerechten Krieges mit ihrer Topik der *legitima auctoritas*, der *causa originis*, der *causa finis* und der *proportionalitas* ihren legitimen Platz.[82] Sie offenbaren aber auch ihre Unzulänglichkeit darin, dass jede Partei sie willkürlich für sich in Anspruch nehmen kann, wodurch sie zu Richtern in eigener Sache ermächtigt werden. Einen unparteiischen Richter gibt es auf diesem Niveau nicht. Selbst also, wenn die Urteile auf einzelstaatlichem Recht gründen, bleibt ihr Geltungsanspruch weit diesseits eines zwischenstaatlichen Rechtszustandes. Mit dieser Lösung kann sich ein vernunftrechtlicher Ansatz auf Dauer nicht zufriedengeben.

2. Im *Völkerrecht des Übergangs* sehen sich die Staaten zum Schutz ihrer Bürger und zur Pflege gut nachbarschaftlicher Beziehungen dazu verpflichtet, zur Beendigung und Vorbeugung bewaffneter Konflikte Waffenstillstände und Friedensverträge abzuschließen, also den latenten und immer wieder akut aufflammenden Kriegszustand durch die Konstituierung eines *ius post bellum* zu beenden. Infrage kommt für solche Nachkriegsordnungen das Recht des mehr oder weniger großzügigen Siegers, besser aber das einer Schutzmacht, noch besser das eines Verteidigungsbündnisses, das sich ebenfalls an der genannten Topik des gerechten Krieges orientiert, vor allem gegen einen »ungerechten Feind«. Mit letzterem Begriff übernimmt Kant die Charakterisierung eines Staates, der immer wieder von verlässlichen Staaten vereinbarte Verträge bricht, eroberte Länder und Städte verwüstet und ihre Bewohner versklavt oder ausrottet. In der Regel handelt es sich dabei um autokratische Regime ohne effektive Gewaltkontrolle. Wollten sich alle Staaten deren Praxis zur Regel machen, rückte der Frieden in unerreichbare Ferne, und die Staaten versänken im ewigen Krieg. Selbst das bescheidene Projekt seiner Einhegung seit Mitte des 19. Jahrhunderts würde, wie die beiden Weltkriege hinreichend gezeigt haben, rückgängig gemacht.[83] Hier also ist das Schicksal aller Völker massiv betroffen, der »ungerechte Feind« muss im Zuge der kollektiven Verteidigung gemäß einem nunmehr gegen den ewigen Krieg gerichteten *ius contra bellum* gezähmt und notfalls niedergeworfen und von seinen Waffen getrennt werden. Auch ihm gegenüber gilt jedoch das Verbot des Rache- oder

Strafkrieges, selbst eine neue und friedliche Verfassung darf ihm nicht aufgezwungen werden, seinen Bürgern muss die Freiheit gewährt werden, sich diese selbst zu geben. An die Stelle einer Selbstermächtigung aus eigener einseitiger Rechtsmeinung tritt also bereits in diesem Übergangsstadium bestenfalls das Urteil eines jedoch immer noch partikularen Verteidigungsbündnisses, denn diesem fehlt die Zustimmung des devianten Staates, solange dieser die Rechtsauffassung des Bündnisses eben nicht teilt und zu einem Beitritt auch nicht gezwungen werden darf. Kant distanziert sich insofern auch wieder vom Prädikat des »ungerechten Feindes«, als auch dieses willkürlich vergeben werden kann. Der Gesamtzustand auch des Völkerrechts des Übergangs bleibt gemessen an der allgemeinen Rechtsidee problematisch. Kant gesteht den Staaten bei der Entscheidung, zu den Waffen zu greifen, zwar weitreichende Befugnisse zu, wehrt sich aber entschieden gegen den Anschein, als sei der Krieg ein Mittel zur Rechtsfindung. Und schließlich bleibt er dem Prinzip treu, jegliches Recht aus der Würde der Menschheit »sowohl in deiner Person als in der Person eines jeden anderen«[84] zu begründen. Auch die Bürger eines »Feindstaates« haben ein Recht auf Rechte, dessen Verwirklichung jedoch weder durch das Völkernaturrecht noch durch das Übergangsvölkerrecht eingelöst wird.

3. Die Vernunft fordert endlich ein *öffentliches weltbürgerliches Friedensvölkerrecht*, denn sie kann sich »vom Throne der höchsten moralisch gesetzgebenden Gewalt herab«[85] weder mit dem Krieg als angeblichem Mittel der Rechtsfindung noch mit den anderen Mängeln der beiden

genannten Völkerrechtsmodelle abfinden und muss sie von ihrer Warte aus für provisorisch erklären.[86] Dauerhafte Rechtsverhältnisse zwischen den Staaten als Garanten des Rechts ihrer Bürger sind für Kant erst dann rechtsethisch solide begründet, wenn sie weder gewaltsam aufgezwungen noch gewaltsam durchgesetzt werden. Nur ein Weltstaat mit globalem Staatsrecht wäre dazu befugt und könnte auf den ersten Blick als beste Lösung gelten. Gegen den Weltstaat aber spricht als Hauptargument seine übergroße territoriale Ausdehnung. Denn die Exekutive selbst einer Weltrepublik anstelle einer Universalmonarchie wäre angesichts der gewaltigen Distanzen entweder zu schwach, um alle Bürger auf dem gesamten Erdkreis zu schützen, oder sie wäre zu stark, als dass die anderen beiden Gewalten sie noch wirksam lenken, kontrollieren und einhegen könnten. Die Folge wäre ein ständiges Pendeln zwischen Anarchie und Despotie. Das spricht für die zweitbeste Lösung, nämlich den Staatenstaat, die Republik der Republiken. Inspiriert ist diese Lösung nicht zuletzt durch die biblische Tradition: »Es wird zur letzten Zeit der Berg, da des HERRN Haus ist, fest stehen, höher als alle Berge und alle Hügel überragen, und alle Völker werden kommen, und viele Völker werden hingehen und sagen: Kommt, lasst uns auf den Berg des HERRN gehen, zum Hause des Gottes Jakobs, dass er uns lehre seine Wege und wir wandeln auf seinen Pfaden! Denn vom Berg Zion wird Weisung ausgehen und des HERRN Wort von Jerusalem. Und er wird richten unter den Völkern und zurechtweisen viele Völker. Da werden sie ihre Schwerter zu Pflugscharen und ihre Spieße zu

Sicheln machen. Denn es wird kein Volk gegen das andere das Schwert erheben, und sie werden hinfort nicht mehr lernen, Krieg zu führen« (Jesaja 2,2-5).

Wie aber soll der »Föderalism freier Staaten« seinen Regeln und Urteilen Gesetzeskraft verleihen, wenn er aus Respekt vor der Souveränität der Staaten keinen äußeren Zwang gegen diese einsetzen darf? Kant sieht die Lösung in einem permanenten Staatenkongress, dessen Überzeugungskraft allein aus der von ihm gestifteten *universalinklusiven Öffentlichkeit* aller Gewaltmonopolisten als potenzieller Kriegsgegner fließt. Analog zur Überwölbung des Privatrechts durch das öffentliche Recht innerhalb des Staatsrechts errichten die Staaten mit dem Friedensbund den institutionellen Rahmen für eine peremptorische völkerrechtliche Ordnung sämtlicher gemeinsamer Angelegenheiten. Die *faktische* Beendigung »aller Kriege« kann und will der Friedensbund nicht garantieren, aber dies könnte ein globaler Gewaltmonopolist auch nicht.

Das von Kant aus der Rechtsidee des ursprünglichen Vertrages gedankenexperimentell entfaltete Telos des Völkerrechts als Grundlage einer Ethik rechtserhaltender Gewalt bleibt ein »süßer Traum«[87], solange es nicht als Maßstab und Leitgedanke an die Geschichte der Verregelung bewaffneter Massengewalt angelegt wird. Kant selbst konnte bereits auf einen reichen Quellenbestand der Völkerrechtslehre zurückgreifen und überdies auf zeitgenössische Entwicklungen im Kontext der Revolutionskriege (1792-1802). Heute überschauen wir weitere zwei Jahrhunderte und die ersten zwei Jahrzehnte unseres Jahrhunderts. Der folgende knappe Überblick kann und soll nur andeuten, wie berechtigt die dynamische Betrachtung des historischen Wandels der »Aggregatzustände« ist.

1517 ff.	Reformation, Konfessionskriege
1648	Westfälischer Frieden, Aufstieg der Nationalstaaten
1756/1815	Siebenjähriger Krieg, napoleonische Kriege (europäische Expansion)
1814/1863 ff.	Wiener System mit *Haager und Genfer Recht*; in den USA: Lieber-Code • *Kombattantenprivileg* • *Schutzpflichten einschließlich der Kollateralopferbegrenzung* • in den Kolonien stattdessen Eroberungs- und Vernichtungskriege
1914–45	Erster und Zweiter Weltkrieg
1945	*San Francisco: Gewaltverbot der UN-Charta (vgl. Briand-Kellogg-Pakt 1928)* • *Ausnahme 1: Selbstverteidigung (Art. 51)* • *Ausnahme 2: Gewaltmaßnahmen im System kollektiver Sicherheit mit Autorisierungsmonopol des Sicherheitsrates (Art. 39 ff.)*
1948	Berlinblockade: Beginn des Kalten Krieges (Konfrontation)
1949	*Genfer Konventionen I-IV*
1973/77	Geordnete Konfrontation: *Genfer Konvention-ZP I-III* und KSZE-OSZE mit Charta von Paris 1991
2007	Rückbau des US-Interventionismus, Beginn

	des russischen Expansionismus, Systemkonkurrenz USA-Volksrepublik China
2022	Bestätigung UN-Charta Art. 51 am 2. 3. 2022 durch die Mehrheit in der UN-Vollversammlung für eine Resolution gegen den Angriff Russlands gegen die Ukraine, Prävention des nuklearen Systemkriegs, NATO-Beitrittsverhandlungen mit Finnland und Schweden und enge Abstimmung, EU-Reform

Jede unhistorische und undialektische Bewertung der Spielräume zum Recht der Staaten auf nationale oder kollektive Verteidigung verbietet sich fortan. Denn warum sollte sich irgendein Staat dieser Erde für einen allein auf Öffentlichkeit und Inklusion gegründeten Staatenkongress erwärmen? Oder am aktuellen Beispiel: Warum sollte sich die Russische Föderation als nukleare Supermacht und ständiges Mitglied im Sicherheitsrat von der mit 77,9 Prozent der Stimmen angenommenen Resolution A/RES/ES-11/1 der UN-Generalversammlung vom 2. März 2022[88] beindrucken lassen? Die Antwort lässt sich mit Kant jetzt sehr einfach formulieren: Der Staatengemeinschaft und einzelnen Staaten steht es frei, diesseits der Naturzustands jederzeit auf die Rückfallpositionen des Übergangsvölkerrechts oder des Völkernaturrechts und deren Legitimationsgründe für den Einsatz bewaffneter Gewalt zurückzugreifen, ohne jedoch hoffentlich bei der sorgsamen Abwägung zu vergessen, dass es sich aktuell um einen nuklear bewaffneten Aggressor handelt. Der UN-Sicherheitsrat, dem laut UN-Charta das Autorisierungsmonopol für den Einsatz von Gewaltmaßnahmen im System kollektiver Sicherheit zukommt, ist durch das Vetorecht eines der Ständigen Mitglieder derzeit erneut blockiert. Das hat die Generalversammlung aber nicht daran gehindert, dann eben die als »peremptorischer Kongress« versammelte Staatengemeinschaft als Quelle der Legitimität von Maßnahmen gegen den Krieg ins Spiel zu bringen; im genannten aktuellen Fall gelingt dies gerade in erstaunlicher Einmütigkeit sehr eindrucksvoll.[89]

Gleichwohl ist nicht nur die Staatengemeinschaft, ist nicht nur jeder Staat, sondern jeder mündige Bürger aufgerufen, die unendliche Aufgabe des »ewigen Friedens« unter realistischer Berücksichtigung auch noch so problematischer Umstände dennoch niemals aus den Augen zu verlieren. Es gibt Fortschritte und Rückschritte, eine geschichtsphilosophische Garantie auf Fortschritte gibt es nicht, Rückfälle in einen normativen Nihilismus sind jederzeit möglich. Aber sie müssen nicht alle Staaten in ihren Bann ziehen.

(3) Nun nach diesem Ausflug in die Systematik, Ethik und Geschichte des Völkerrechts zurück zur Frage nach der Bundeswehr der Zukunft und dem möglichen Bedarf einer Rückkehr zur Wehrpflicht. Nach Ende des Kalten Krieges sowie der Osterweiterung der NATO hatten sich die sicherheitspolitische Lage und mit ihr die Anforderungen an Deutschland und die Bundeswehr schon einmal grundlegend verändert. Anstelle einer Massenarmee aus Wehrpflichtigen wurden spezialisierte und flexible kleinere Einheiten professionell ausgebildeter Berufssoldaten für internationale Interventionen im Rahmen definierter Bündnispflichten benötigt. Die Wehrpflichttradition erwies sich lange Zeit sogar als Hemmschuh für notwendige Militär-

reformen. Die Aussetzung der Wehrpflicht im Jahr 2011 ließ sich schließlich nicht mehr vermeiden, nachdem aufgrund eines fehlenden Bedarfs große Teile der Wehrpflichtigen nicht mehr eingezogen wurden und es keine Wehrgerechtigkeit mehr gab. Diese Lage könnte sich im Zuge der »Zeitenwende« und der Rückkehr zur Landes- und Bündnisverteidigung erneut geändert haben.

Aktuell dienen in der Bundeswehr ca. 183.000 Berufssoldaten, Zeitsoldaten und Freiwillig Wehrdienstleistende.[90] Die derzeitige Planung geht davon aus, dass im Jahr 2025 eine voll ausgestattete Division der Bundeswehr einsatzbereit ist, bis 2032 kommen zwei weitere hinzu. Um die NATO-Anforderungen zu erfüllen, werden die Divisionen zudem über Kampf,- Einsatz- und Führungsunterstützungskräfte sowie Sanitätseinheiten verfügen müssen. Für die erste der drei Divisionen soll dies aus bundeswehrinternen Umgliederungen erreicht werden. Im Blick auf das Jahr 2032 wird dieser Ansatz nicht ausreichen. Bis 2024 wird mit 198.000 und bis 2032 sogar mit 203.000 Soldaten geplant. Einem Aufwuchs um ca. 15.000 Soldaten schon im nächsten Jahr soll also noch einmal einer um weitere 5.000 Soldaten innerhalb eines Jahrzehnts folgen. Diese Zahlen für das Heer sind um weitere, allerdings eher geringfügige Zahlen für die übrigen Teilstreitkräfte zu ergänzen.[91] Insgesamt dürften angesichts der allgemeinen Lage auf dem Arbeitsmarkt die Möglichkeiten der freiwilligen Rekrutierung mit diesen Planungen ausgereizt sein, wenn sie nicht sogar stark überschätzt werden. Und der Personalbedarf für eine im Verteidigungs- und Bündnisfall erforderliche Reserve und für die Heimatschutzregimenter ist damit noch nicht erfasst.

Für die Bundeswehr gilt spätestens seit dem Februar 2022, dass die Truppe neben Ausrüstung und Material dringend Personal benötigt, und zwar ganz konkret aufgrund von steigenden NATO-Anforderungen und auf Grundlage der Zusagen Deutschlands an das Verteidigungsbündnis. Wenn es einst richtig war, im Bündnis eine sowohl konventionell als auch nuklear glaubwürdige militärische Abschreckung gegen eine Sowjetunion zu organisieren, die immerhin kalkulierbar war und nicht mehr als den Status quo von 1945 absichern wollte, um wie viel mehr ist die Abschreckung heute an der Aggressivität einer Russischen Föderation auszurichten, die nicht den Status quo sichern will, sondern Anspruch auf einen angeblich historisch verbrieften russischen »Großraum« erhebt.

Ohne eine sehr sorgfältige und gründliche Analyse der veränderten Sicherheitslage kann Deutschland seiner in der Präambel des Grundgesetzes formulierten Selbstverpflichtung, »in einem vereinten Europa dem Frieden der Welt zu dienen«, aktuell nicht gerecht werden. Damit ist allerdings eingestanden, dass die Staaten Europas nach dem vorsichtigen Herantasten und Übertreten der Schwelle zum Friedensvölkerrecht durch den Krieg in der Ukraine wieder zurückgeworfen wurden in den Zustand des Übergangsvölkerrechts, wenn nicht wie im Fall der Ukraine auf die basale Ebene des Völkernaturrechts. Das ist sehr bedrückend und bedeutet eine tiefe Kränkung eines politischen Bewusstseins, das sich jahrzehntelang berechtigterweise ermutigt sehen konnte, im Ost-West-Konflikt auf einen Wandel durch Annäherung zu setzen. Aber das eine kann man tun, ohne das andere zu lassen. Diplomatische Initiativen etwa auf Ebene der UN-Generalversammlung und das Wiedererstarken der NATO sowie insbesondere der Bundeswehr als europäisches Schwergewicht im Bündnis schließen sich gegenseitig so wenig aus wie das Recht auf Selbstverteidigung gemäß Art. 51 UN-Charta und die Verpflichtungen innerhalb von Systemen kollektiver Sicherheit gemäß Art. 39 ff. UN-Charta.

Die Wehrbeauftragte des Deutschen Bundstages sagt angesichts der ernüchternden Lagebeurteilung und der ebenfalls ungeschönten Befunde über die Einsatzbereitschaft der Bundeswehr: »Die Herausforderung beim Personal ist noch größer als beim Material. Das Verteidigungsministerium verfolgt das Ziel, dass die Bundeswehr von aktuell rund 183.000 Soldatinnen und Soldaten auf 203.000 bis zum Jahr 2031 wächst. Ich halte das für nicht erreichbar. Denn im vergangenen Jahr sind die Bewerbungen um elf Prozent zurückgegangen. Die Einstellungen stiegen zwar um zwölf Prozent, aber die Abbrecherquote bei den Rekruten lag bei 21 Prozent. Das ist viel zu hoch.« Würde die Rückkehr zur Wehrpflicht helfen, diesen Mangel zu beheben? »Eine Rückkehr zur Wehrpflicht oder die Einführung eines Gesellschaftsjahres würde die Personalprobleme der Bundeswehr kurzfristig nicht lösen. Es gibt aktuell für Wehrpflichtige keine Kasernen und keine Ausbilder. Das wäre eine langfristige Sache. Aber genau deswegen muss die Debatte jetzt beginnen. In meinen Gesprächen mit der Truppe höre ich, dass die Soldatinnen und Soldaten sich eine Rückkehr zur Wehrpflicht wünschen.«[92]

Ein intuitives Wünschen bietet noch keine solide Grundlage für eine mögliche Rückkehr zur Wehrpflicht. Vielmehr muss die aktuelle Bedrohungslage aufgeklärt werden und wie ihr zu begegnen ist. Noch ist immer noch viel zu wenig bekannt über das Potenzial der russischen Armee. Auch über die militärischen Möglichkeiten der Ukraine gibt es offensichtlich nur unzureichende Informationen. Ein Konsens unter nahezu allen Experten besteht nur darin, sich bis zum Februar 2022 über die Schlagkraft der russischen und der ukrainischen Armee völlig falsche Vorstellungen gemacht zu haben. Niemand hat vorhergesehen, dass der russische Marsch auf Kiew im Frühjahr 2022 so dramatisch scheitern würde und dass noch ein Jahr später, im Frühjahr 2023, um eine kleine Stadt namens Bachmut ein Stellungskrieg mit wochenlangen Artillerieduellen geführt werden würde, der an Bilder aus dem Ersten Weltkrieg in Flandern erinnert. Klar ist also auf jeden Fall, dass die nähere und fernere Zukunft in Mittelosteuropa *unklar* ist. Selbst wenn sich die Erwartungen vieler Beobachter erfüllen, dass der derzeitige Waffengang in einer beidseitigen Erschöpfung enden und damit die Chance zu Waffenstillstandsverhandlungen eröffnen wird, kann niemand sagen, was danach geschieht und ob und wann und in welche Richtung sich diese Lage langfristig entwickeln wird, sie kann auch für Jahrzehnte instabil bleiben. Nachdem das mit dem Helsinki-Prozesses in den 1970er Jahren begonnene epochale und mehrdimensionale Befriedungsprojekt aus Diplomatie, Kulturaustausch, Wirtschaftsverflechtung und Abschreckungskommunikation ganz offensichtlich nicht geleistet hat, was es leisten sollte, nämlich für immer nicht nur den kalten und den hybriden, sondern vor allem den offenen Ost-West-Krieg in Europa zu verhindern, muss dieses Projekt von

Grund auf neu konzipiert werden. Sogar die Abschreckung als *ultima ratio* unterhalb der Schwelle zum bewaffneten Konflikt hat versagt. Denn ganz offensichtlich war auch dem Kreml nicht klar, in welch desolatem Zustand sich die russische Armee und in welch erstaunlich gutem Zustand sich die ukrainische Armee zum Zeitpunkt des 24. Februar 2022 befand. Es ist stark zu vermuten, dass sich das Regime im Kreml einen anderen Kriegsverlauf gewünscht und vorgestellt hat. Und es ist zumindest nicht abwegig zu vermuten, dass die Wahrscheinlichkeit des russischen Überfalls auf die Ukraine erheblich geringer gewesen wäre, wenn der russische Präsident, seine Dienste und Generäle den eindrucksvollen Willen und auch die Fähigkeiten der ukrainischen Bevölkerung vorausgesehen hätten, sich ihnen entgegenzustellen. Die letzte Aussage führt zwar an die Schwelle zur Spekulation, sie macht aber immerhin deutlich, dass auch der weitere Verlauf des Krieges nur sehr schwer bis gar nicht abzuschätzen ist. In einer solchen Situation erscheint es nach dem 24. Februar leider vernünftig, eher von hohen als von geringen Risiken auszugehen. Nie war nach 1945 die Gefahr eines Systemkrieges zwischen Russland und dem Westen größer als jetzt, deshalb gilt das Wort: *Si vis pacem, para pacem – et bellum!* Wer den Frieden sucht, bereite den Frieden vor – schließe aber den Krieg trotzdem nicht aus. Finnland etwa hat dieses Wort seit dem Überfall der Sowjetunion im Winterkrieg 1940 immer beherzigt, das Land stand neutral zwischen Osten und Westen und hatte gleichzeitig eine schlagkräftige Armee und eine allgemeine Wehrpflicht. Sollte dies anderen Ländern in Europa nicht zu denken geben?

Was würde eine Rückkehr zur Wehrpflicht in Deutschland heute erfordern? Nach § 4 des Wehrpflichtgesetzes umfasst der zu leistende Wehrdienst den Grundwehrdienst (§ 5 WPflG), die Wehrübungen (§ 6 WPflG), die besondere Auslandsverwendung (§ 6a WPflG), den freiwilligen zusätzlichen Wehrdienst im Anschluss an den Grundwehrdienst (§ 6b WPflG), die Hilfeleistung im Innern (§ 6c WPflG), die Hilfeleistung im Ausland (§ 6d WPflG), den unbefristeten Wehrdienst im Spannungs- und Verteidigungsfall (§ 4 Nr. 7 WPflG). Entscheidend für eine mögliche künftige vielfältige Ausgestaltung der Wehrpflicht ist die Gewährleistung der Attraktivität des Dienstes sowie der Wehrgerechtigkeit. Eine große Mehrheit der Wehrpflichtigen sollte künftig trotz der Belastungen positiv auf ihre Dienstzeit zurückblicken können. Für den mangelnden gesellschaftlichen Respekt vergangener Jahrzehnte für die Streitkräfte und ihre Angehörigen und die daraus resultierende Vernachlässigung oder gar Verwahrlosung der Dienstkultur – Stichwort: Gammeln fürs Vaterland – darf dann kein Raum mehr sein. Im Gegenteil muss öffentlich und unmissverständlich die Erkenntnis greifen: Je mehr sich ihre Soldaten an die Grundsätze der Inneren Führung und des Völkerrechts halten, desto schlagkräftiger ist die Bundeswehr. Entscheidend wird zudem die Antwort auf die Frage sein, wie der professionelle und hochtechnisierte Teil der Armee auf der einen Seite zu dem Anteil der nur relativ kurz dienenden Wehrpflichtigen auf der anderen Seite ins Verhältnis gesetzt werden soll. Zwischen beiden Teilen sollte es im Interesse der Nachwuchsgewinnung Übergänge geben. Aktuell sichern beispielsweise Objektschutzregimenter der Luftwaffe die Flugplätze der Bundeswehr in den Einsatzgebieten; wenn dort einst das hochtechnologisch gerüstete *Future Combat Air System* (FCAS) starten und landen wird, dann werden dort infanteristisch relativ einfach ausgebildete Objektschützer und mathematisch hochspezialisierte KI-Anwender gemeinsam arbeiten und leben müssen. Und beide Seiten müssen sich aufeinander verlassen können und sich dazu kennen.[93]

Durch die Einbettung der Wehrpflicht in eine allgemeine Dienstpflicht mit einer großen Palette von Einsatzformen und -orten sowie Wahlmöglichkeiten sollte schließlich auch die Dienstgerechtigkeit kein unlösbares Problem mehr sein. Die dauerhaft im Land lebenden Bürger, ob Mann oder Frau, ob jünger oder älter, ob arm oder reich, ob mehr oder weniger gebildet, werden nicht mehr willkürlich »gezogen«, sondern melden sich zu einer wechselseitigen »Musterung«, in der sich sowohl ein Amt ein Bild von einem Bürger als auch ein Bürger sich ein Bild von einem Amt machen kann. Die Dienstpflicht kann vom Bürger über einen längeren biographischen Zeitraum hinweg abgeleistet werden und wird vom Amt mit einer Fülle von Anreizen versehen, die vom Zugang zu Fahrlizenzen bis zur Gewährung von Aufenthaltsrechten reichen kann.

Die im aktuellen Koalitionsvertrag vereinbarte Nationale Sicherheitsstrategie stellt eine völlig neue Chance dar, über solche neuen Formen nachzudenken. Ein solches Dachdokument, das alle sicherheitsrelevanten Gesichtspunkte ressortübergreifend in einer gemeinsamen Perspektive und abgestimmten Lösungsansätzen zu einer Politik aus einem Guss zusammenführt, ist überfällig. Es geht beim Thema »Nationale Sicherheit« schon längst nicht mehr nur um die grobe und kaum noch tragfähige Einteilung in innere und äußere Sicherheit, sondern um Abstimmungen nach innen zwischen Bund, Ländern und Kommunen sowie nach außen in den Bündnissen, um die Minderung der Abhängigkeiten von ausländischen Investoren und Lieferketten, um Cybersicherheit, Energiesicherheit, um Entwicklungszusammenarbeit, Handelspolitik, Menschenrechtspolitik, Migrationssteuerung, ökologische Sicherheit, Waffenlieferungen in Krisengebiete etc. und insgesamt um einen so bisher nie da gewesenen geopolitischen Systemwettbewerb. All das sind Themen, die nicht länger hinreichend in Ad-hoc-Gremien bewältigt werden können, die bei jeder neuen Lage neu erfunden werden und kein institutionelles Gedächtnis entwickeln.

Zusätzlich zu dem neuen Dokument wäre die gegenwärtige Lage – wenn nicht jetzt, wann dann? – auch Anlass und Chance zur Einrichtung eines Nationalen Sicherheitsrats, der dem Kanzleramt und den Ministerien auf Bundes- und Länderebene und vor allem auch dem gesamten Bundestag über die Ressortausschüsse hinaus in all diesen Fragen als Ort für ein gemeinsames Lagebild und einen verstetigten Prozess der Strategieentwicklung unter Einbeziehung wichtiger Erfahrung aus anderen Ländern des Bündnisses dienen könnte. Deutschland ist zwar nicht Amerika, auch die Europäische Union wird kein Amerika werden, aber ihr eigenes Schicksal angesichts des Einflusses unberechenbarer Nachbarregionen wird sie schon selbst gestalten wollen.[94] In einer solchen erweiterten Wahrnehmung sollte künftig auch über eine allgemeine Dienstpflicht gesprochen werden können, die alle Bürger unmittelbar betrifft und nicht nur national, sondern auch unionsweit organsiert und abgeleistet werden könnte: nicht nur *work and travel* bis ans Ende der Welt, sondern *serve and travel* zwischen Norwegen und Spanien, zwischen Estland und Irland.

Insgesamt steht jede Gesellschaft immer wieder vor der Aufgabe, die Streitkräfte in die Gesellschaft zu integrieren und ihre Streitkräfte aus der Gesellschaft heraus personell zu versorgen. Eine Wehrpflicht im Rahmen einer allgemeinen Dienstpflicht stiftet mit einer entschlossenen Orientierung am einzelnen Bürger eine ganz neue Öffentlichkeit, in der die Einsatzfelder der Dienstpflichtigen nicht mehr länger völlig getrennt beschrieben und erlebt werden, sondern sich wechselseitig kritisch wahrnehmen und konstruktiv begleiten. Nicht mehr nur die Soldaten, sondern auch die zivilen Fachkräfte in einem Einsatz bekämen die öffentliche Anerkennung, die sie verdienen, bis hin zu einer gemeinsamen »Veteranenkultur«. Die Bundeswehr hat nach der Abschaffung der Wehrpflicht erfolgreich neue Rekrutierungswege etabliert, aber sie hat gleichwohl Probleme bei der Gewinnung hochqualifizierten Personals, stattdessen muss sie teilweise auf sozialmarginale Gruppen als noch verfügbare Rekrutierungsquellen zurückgreifen und qualitative Einbußen hinnehmen. Durch eine allgemeine Dienstpflicht könnte sie ihr Reservistenreservoir vergrößern und leichter auch hochqualifizierte Soldaten rekrutieren. Wahrscheinlich würde dies auch die öffentliche Wahrnehmung der Bundeswehr und ihre gesellschaftliche Integration verbessern.[95]

Zusammenfassend soll es bei der Debatte um eine allgemeine Dienstpflicht darum gehen, das gesamte Niveau der Politik rund um Fragen der Sicherheit und des Bevölkerungsschutzes deutlich anzuheben. Wenn in diesem Buch an entscheidenden Stellen immer wieder von »Strategie« die Rede war, dann geht es auch, aber nicht nur um *langfristige* Planungen. Sonst wäre schon jedes Eichhörnchen ein strategisches Wesen. Es geht auch, aber nicht nur um *räumlich erweiterte* Sichtweisen. Im Kern geht es darum, sich sowohl zeitlich als auch räumlich auf erhebliche *Gefahren, Risiken und Widerstände* einzustellen und praktisch vorzubereiten. Es geht nicht nur darum, sicherzustellen, dass möglichst nichts passiert, sondern auch darauf vorbereitet zu sein, dass eben doch etwas passiert. Denn eine frei und selbstbestimmt lebende Bürgerschaft sollte nicht nur mit Widrigkeiten der Natur oder dem Versagen dieser oder jener Technik und ihrer Bediener, sondern auch mit ihren eigenen Schwächen sowie mit erklärten Gegnern und Feinden rechnen, die ihr ihre Rechte und Freiheiten nehmen wollen.

Was eine Dienstpflicht sowohl für die Bundeswehr als auch für den Bevölkerungsschutz und die Katastrophenvorbeugung ganz konkret und praktisch bedeutet, für die lokale und globale Ordnungspolitik, für Frieden und Sicherheit im Inneren und Äußeren von der eigenen Wohnungstür bis zur europäischen Außengrenze, von der örtlichen Feuerwache bis zu den Führungsorganen der NATO, das können wir hier nicht vorwegnehmen. Wir möchten aber einen deutlichen und wirksamen Anstoß geben, diese Debatte aufzunehmen, informiert und qualifiziert weiterzuführen und vor allem nicht am Bürger vorbei zu erörtern. Wir wollen, wie es einer Demokratie gut ansteht, den Bürger nicht als Objekt, sondern als Subjekt politischer Resilienz ansprechen.

4. Sozial- und gesellschaftspolitische Überlegungen

4.1 Sozialpolitik

These 11:

Man sollte sich von der Einführung einer allgemeinen Dienstpflicht keine Lösung des Problems des Fachkräftemangels im Sozialbereich (insbesondere der Pflege) erwarten. Es fehlt in der Pflege weniger an helfenden Händen als an professionellen Kräften. Zunächst würde durch den Betreuungsbedarf der Dienstpflichtigen der Fachkräftemangel sogar möglicherweise noch verstärkt. Mittelfristig ließen sich jedoch wohl positive Effekte im Blick auf die Anzahl professioneller Kräfte erzielen, indem man bestimmte Ausbildungen (z.B. Pflege und Erziehung) als Surrogat zur Erfüllung der Dienstpflicht anerkennen und dadurch entsprechende Anreize setzen würde. Die sozialen Trägerverbände lehnen das Konzept einer allgemeinen Dienstpflicht ab, weil ihnen die Personalressourcen zur Betreuung fehlen und weil sie eher auf eine Förderung von Freiwilligendiensten setzen (dies muss sich nicht ausschließen, wenn man Freiwilligendienste als Surrogatdienste anerkennt und den Trägern entsprechende Ressourcen zum Ausbau der Plätze zur Verfügung stellt). Die Befürchtung fehlender Arbeitsmarktneutralität erwies sich bei näherer Betrachtung auch schon beim Zivildienst als weitgehend unbegründet.

Auf den ersten Blick wirkt es in der Debatte um eine allgemeine Dienstpflicht auf manche vielleicht irritierend, dass die Sozialverbände sich dazu immer wieder kritisch äußern. Beklagen genau die sich denn nicht schon lange über Fachkräftemangel im Sozialbereich, vor allem in der Pflege? Und würde die Einführung einer allgemeinen Dienstplicht dieses Problem denn nicht entscheidend reduzieren und müsste darum für die Sozialverbände ein Grund zum Jubel sein? Tatsächlich liegt hier ein verbreitetes Missverständnis vor. Man sollte sich von der Einführung einer allgemeinen Dienstpflicht keine Lösung des Problems des Fachkräftemangels im Sozialbereich (insbesondere der Pflege) erwarten. Denn es fehlt weniger an helfenden Händen als an professionellen Kräften. Schon vor dreißig Jahren wurde die Einführung einer allgemeinen Dienstpflicht mit dem Argument vorgeschlagen, dass diese ein kostengünstiges sozialpolitisches Instrument zur Lösung des sogenannten Pflegenotstands darstelle. Auch schon damals war dieses Argument aus verschiedenen Gründen schlecht. Volkswirtschaftlich ist der Einsatz Dienstpflichtiger im Sozialbereich bei Einrechnung aller Nebeneffekte nicht billiger als die Beschäftigung professioneller Kräfte.[96] Und politisch würde dadurch an den strukturellen Ursachen des Fachkräftemangels, nämlich der demographischen Entwicklung und insbesondere den schlechten Arbeitsbedingungen im Sozial- und Pflegebereich, nichts geändert.

Vor allem aber ist die dahinterstehende irrige Annahme zurückzuweisen, dass die meisten Tätigkeiten im Bereich sozialer bzw. pflegerischer Arbeit von einfach jedem adäquat zu bewältigen seien, sogar von nicht oder nur kurz angelernten Personen. Dies impliziert eine Abwertung solcher beruflichen Tätigkeiten und untergräbt die professionelle Identität des entsprechenden Fachpersonals.[97] Wenn Laien die Arbeit überlasteter Fachkräfte übernehmen, werden die Laien überfordert, die Fachkräfte verlieren an Ansehen und Arbeitszufriedenheit (Reduzierung auf administrative Tätigkeiten), und die unterstützungsbedürftigen Menschen müssen sich mit schlechterer Qualität abfinden, es sei denn, sie haben genug Geld für den privaten Zukauf professioneller Dienstleistungen. Insofern verfolgt der politische Vorschlag einer allgemeinen Dienstpflicht nicht den Anspruch, das Problem des Fachkräftemangels zu lösen, vielmehr ist das entscheidende Kriterium für Tätigkeiten, die im Rahmen einer allgemeinen Dienstpflicht in Frage kommen, das Kriterium der Zusätzlichkeit. Es geht um zusätzliche, unterstützende, arbeitsmarktneutrale Tätigkeiten – genauso wie bei Freiwilligendiensten oder wie damals beim Zivildienst.

Ein näherer Blick auf den Zivildienst kann im Rahmen unserer Untersuchung nicht ausbleiben, da das Zivildienstsystem von Befürwortern der allgemeinen Dienstpflicht als ein bereits realisiertes, gelungenes Beispiel eines Pflichtdienstes und von Kritikern der allgemeinen Dienstpflicht als abschreckendes Beispiel ins Feld geführt wird. Die Geschichte des Zivildienstes begann im Jahr 1960 mit dem Gesetz über den zivilen Ersatzdienst, auf das sich zunächst nur zwei- bis fünftausend junge Männer pro Jahr beriefen, die dafür mit gesellschaftlicher Stigmatisierung als »Drückeberger« rechnen mussten. Erst in den siebziger Jahren wurden durch den Aufbau einer Zivildienstverwaltung und eine

Vereinfachung des Antragsverfahrens die Voraussetzungen für einen Ausbau des Zivildienstes geschaffen. In den achtziger Jahren stabilisierten sich die Verweigererzahlen auf einem hohen Niveau (etwa 90.000 pro Jahr), und der Zivildienst konnte nun als etablierte Alternative zum Wehrdienst bezeichnet werden. »Zivis« wurden zu einer relevanten Mitarbeitergruppe innerhalb der expandierenden Wohlfahrtsverbände und genossen zunehmend ein positives Image als »gute Seelen« sozialer Einrichtungen.[98] In den neunziger Jahren wurde angesichts der wegen des Endes des Kalten Krieges verbesserten Sicherheitslage die Dauer des Wehr- und damit auch des Zivildienstes verkürzt, gleichzeitig explodierten die Verweigererzahlen aufgrund des Golfkrieges (150.000 bis 170.000 pro Jahr), und die Politik begann, die Zahl der Einberufungen unter sozial- und finanzpolitischen Gesichtspunkten zu limitieren. Wegen der hohen Zahl an Zivildienstleistenden und zunehmender Debatten über eine mögliche Aussetzung der Wehrpflicht wurde nun die Frage nach den arbeitsmarktpolitischen Effekten des Zivildienstes sowie seiner Relevanz für die Aufrechterhaltung sozialstaatlicher Angebote intensiv diskutiert. Entsprechende Studien ergaben jedoch entgegen verbreiteten Vorwürfen und Befürchtungen, dass der Einsatz von Zivildienstleistenden – bis auf bestimmte Ausnahmen (beispielsweise Rettungsdienst) – insgesamt weitgehend arbeitsmarktneutral erfolgte. Das heißt, dass die Zivis wie vorgesehen ergänzende Tätigkeiten übernahmen, für die keine anderen Finanzierungsmöglichkeiten zur Verfügung standen, so dass bei einem Wegfall keine neuen Stellen geschaffen werden konnten oder mussten.[99]

Insofern kam es nach dem Ende des Zivildienstes infolge der Aussetzung der Wehrpflicht im Jahr 2011 auch nicht zu einem Zusammenbruch sozialer Infrastruktur. Gegner einer allgemeinen Dienstpflicht können sich also nicht auf den Zivildienst als vermeintliches warnendes Beispiel für die massenhafte Ersetzung professioneller Fachkräfte durch unqualifizierte Billiglohnkräfte beziehen. Das heißt nicht, dass hier keine Wachsamkeit geboten wäre. Die Arbeitsmarktneutralität von Tätigkeiten im Rahmen einer Dienstpflicht müsste – ebenso wie bei Tätigkeiten im Rahmen der Freiwilligendienste – regelmäßig unter Beteiligung der Betriebs- und Personalräte sowie der Mitarbeitendenvertretung überprüft werden. Auf der anderen Seite können Befürworter einer allgemeinen Dienstpflicht durchaus am Beispiel des Zivildienstes auf empirisch belegbare positive Effekte eines sozialen Pflichtdienstes im Blick auf die Qualitätssteigerung durch eine Ermöglichung zusätzlicher Angebote, auf positive soziale Lerneffekte bei den Dienstpflichtigen sowie auf erhöhte Rekrutierungschancen künftiger Haupt- und Ehrenamtlicher im Sozialbereich verweisen. So gab beispielsweise das DRK in Rheinland-Pfalz an, dass im Rettungsdienst rund 80 Prozent der ehrenamtlich bzw. im Rahmen geringfügiger Beschäftigungsverhältnisse erbrachten Stunden von ehemaligen Zivildienstleistenden erbracht werden.[100] Ähnliches gilt heute für die Freiwilligendienste: Fast 90 Prozent der Einsatzstellen sehen einen großen Nutzen für die berufliche Nachwuchsgewinnung.[101] Auch wenn die allgemeine Dienstpflicht nicht den Anspruch erhebt, das Problem des Fachkräftemangels im Sozialbereich zu lösen, und auch wenn durch den im Kontext einer allgemeinen Dienstpflicht entstehenden Betreuungsbedarf der Fachkräftemangel sogar kurzfristig verstärkt werden könnte, sind die langfristigen Effekte auf die Personalsituation erwartbar positiv. Neben dem nicht zu verachtendem Rekrutierungseffekt könnten bei der konkreten Ausgestaltung einer allgemeinen Dienstpflicht Anreize gesetzt werden, die sich förderlich auch auf die Anzahl professioneller Kräfte und damit auf die Professionalisierung der entsprechenden Arbeitsfelder auswirken. So könnten beispielsweise bestimmte Ausbildungen, wie Pflege und Erziehung, als Surrogat zur Erfüllung der Dienstpflicht anerkannt werden, was die Besetzung offener Ausbildungsplätze (vielleicht sogar die politisch ohnehin angestrebte Schaffung zusätzlicher Ausbildungsplätze) erleichtern dürfte.

Neben dem (wie beschrieben unhaltbaren) Verdacht negativer Effekte auf den Arbeitsmarkt sowie die Professionalisierung – damals gegenüber dem Zivildienst, heute gegenüber einer allgemeinen Dienstpflicht – wurde und wird auch immer wieder der Vorwurf einer Instrumentalisierung zur Verschleierung sozialpolitischer Missstände argumentativ ins Spiel gebracht. So hätten beispielsweise die von Zivildienstleistenden erbrachten zusätzlichen Betreuungsleistungen in der Pflege von den damaligen strukturellen Problemen innerhalb der Pflegefinanzierung (einseitige Fokussierung auf Sachleistungen) abgelenkt. Solche Wirkungen lassen sich natürlich nie ganz ausschließen, aber sie dürfen auch nicht überschätzt werden. Es ist ja nicht so, als würde das Thema Pflege in der Politik totgeschwiegen oder ausgesessen. Vielmehr ist es zur sozialpolitischen Dauerbaustelle geworden, bei der parteiübergreifend händeringend nach Lösungen gesucht und permanent nachgebessert wird. So sorgten die drei Pflegestärkungsgesetze (2015–2017) und die Pflegereformen 2021/22 unter anderem für mehr individuelle Wahlmöglichkeiten bei den Leistungen, zusätzliche Betreuungsleistungen und Betreuungskräfte sowie Verbesserungen in der Ausbildungsstruktur und bei den Löhnen. Angesichts des immer weiter steigenden Bedarfs wäre der Ruf nach einer endgültigen politischen Lösung wohl auch realitätsfern. Aber selbst vor dem Hintergrund der besten und großzügigsten sozialpolitischen Entscheidungen wird es immer noch Möglichkeiten für sinnvolle Zusatzangebote neben den refinanzierten Leistungen geben. Insofern muss die Forderung nach einem Verzicht auf zusätzliche Leistungen durch Dienstpflichtige, um sozialpolitische Defizite (auf Kosten der Pflegebedürftigen und anderer Nutzer sozialer Angebote) sichtbarer zu machen, als zynisch bezeichnet werden.

Die Sozialverbände sprechen sich seit langem immer wieder gegen die Einführung einer allgemeinen Dienstpflicht aus. In den neunziger Jahren war das Bild noch heterogener. So gab es beispielsweise innerhalb der Diakonie auch eine starke Minderheit von Landesverbänden (wie die Pfalz oder die ostdeutschen Organisationen), die sich für eine Dienstpflicht aussprachen (vor allem aufgrund der erwarteten positiven pädagogischen Effekte), während heute die ablehnende Haltung nahezu einheitlich ist. Der Vorschlag einer allgemeinen Dienstpflicht wird »sowohl aus grundsätzlichen als auch aus finanziellen, rechtlichen und jugendpolitischen Erwägungen«[102] zurückgewiesen. Neben der generellen Ablehnung von Zwang im pädagogischen Kontext (mit der wir uns in These 17 näher beschäftigen), befürchten die Verbände eine kapazitive Überforderung (insbesondere im Blick auf erforderliches Betreuungspersonal) und eine Korrumpierung bzw. Schwächung der Freiwilligendienste, deren Ausbau man als alternativen Ansatz zum Pflichtdienst vorantreiben möchte. Die Forderung der Verbände nach einer stärkeren finanziellen Förderung und einer Erhöhung der Anzahl der Plätze der Freiwilligendienste[103] muss jedoch gar nicht im Widerspruch zum Vorschlag einer allgemeinen Dienstpflicht stehen. Würde man im Rahmen der konkreten Ausgestaltung der Dienstpflicht (in gut subsidiärer Tradition) die vorhandenen Freiwilligendienste als Surrogatdienste anerkennen und den Trägern entsprechende Ressourcen zum Ausbau der Plätze zur Verfügung stellen, könnten künftig alle, die einen Freiwilligendienst leisten möchten, dies auch tun, wodurch eine langjährige Forderung der Verbände erfüllt würde.

Die gleiche Befürchtung, die von den Verbänden heute im Zusammenhang einer allgemeinen Dienstpflicht geäußert wird, haben diese auch schon zur Sprache gebracht, als die Freiwilligendienste nach dem Wegfall des Zivildienstes im Jahr 2011 massiv ausgebaut wurden und als der Bundesfreiwilligendienst zusätzlich eingeführt wurde. Bei aller berechtigten Kritik an möglicherweise unnötigen Doppelstrukturen – die Befürchtung einer staatlichen Vereinnahmung und dadurch erfolgenden inneren Korrumpierung der Freiwilligendienste erwies sich letztlich glücklicherweise als unbegründet.

*

4.2 Gesellschaftspolitik

These 12:

Ohne das gesellschaftliche Engagement vieler (gerade auch junger) Menschen zu relativieren, lassen sich dennoch eine Zunahme von Vereinzelung, Intoleranz gegenüber Menschen mit anderen Lebensentwürfen und Ansichten (Blasen-Phänomen), Unzufriedenheit mit dem Funktionieren der Demokratie und insgesamt eine Erosion des gesellschaftlichen Zusammenhalts feststellen (vgl. Kommunitarismusdebatte). Es fehlen Orte der Erfahrung eines persönlichen Opfers für die Gemeinschaft, des Einübens eines Umgangs mit Unterschieden sowie eines demokratischen Staates und Gemeinwesens, mit dem man sich aktiv identifizieren kann. Die Ursachen dieser gesellschaftlichen Probleme liegen zwar nicht speziell bei der Jugend, aber aus entwicklungspsychologischen Gründen bietet es sich an, bei ihrer Bearbeitung pädagogisch bei der Jugend anzusetzen.

Während es nach dem Zweiten Weltkrieg zunächst so aussah, als würden gesellschaftliche Unterschiede zunehmend eingeebnet (nivellierte Mittelstandsgesellschaft anstelle einer Klassengesellschaft), haben die Spaltungen innerhalb der letzten dreißig Jahre wieder stetig zugenommen. Nicht nur die Spaltung zwischen Arm und Reich bzw. Globalisierungsgewinnern und Globalisierungsverlierern, sondern auch die Spaltung zwischen Angehörigen verschiedener Milieus, Ethnien, Religionen, geschlechtlicher Identitäten, politischer und ethischer Positionen, Alterskohorten usw.

Dieser Trend einer gesellschaftlichen Fragmentierung hat seit etwa zehn Jahren noch an Dynamik gewonnen und wird durch Ökonomisierungsphänomene ebenso befördert wie durch Politisierungs- und Moralisierungsphänomene. Insbesondere identitätspolitische Ansätze von links und rechts forcieren eine Zersplitterung der Gesellschaft in viele Subkulturen und selbstgewählte Nischen, die sich voneinander abschotten, sich gegenseitig verteufeln und so eine Erosion des gesellschaftlichen Zusammenhalts bewirken. Neue technische Möglichkeiten, wie die automatische Ausfilterung von Informationen, die dem eigenen Weltbild widersprechen, durch individualisierte Suchmaschinen-Algorithmen (Filterblasen-Effekt) oder die Ausgrenzung von Personen, die das eigene Weltbild nicht bestätigen, per Mausklick aus virtuellen sozialen Netzwerken (Echokammer-Effekt), verstärken diese destruktive gesellschaftliche Fragmentierung weiter.

Nach einer Umfrage des Meinungsforschungsinstituts Allensbach von 2022 steht es im Blick auf die für eine Demokratie unverzichtbare Bürgertugend Toleranz gegenwärtig nicht zum Besten: Rund drei Viertel der Deutschen halten mittlerweile die Gesellschaft, in der sie leben, für nicht tolerant. Nur noch 37 Prozent tauschen sich gerne mit Andersdenkenden aus. 42 Prozent sehen in Meinungsverschiedenheiten ein Hindernis für Freundschaften.[104] Selbst die Kirche trägt mitunter zur Stigmatisierung anderer ethischer Positionen bei, wie das Impulspapier »Konsens und Konflikt: Politik braucht Auseinandersetzung« der Kammer für Öffentliche Verantwortung der EKD selbstkritisch feststellt.[105] Auch die Zustimmung zum System der Demokratie insgesamt nimmt ab. Weniger als die Hälfte der Befragten ist gemäß einer 2019 durchgeführten Umfrage mit dem Funktionieren der Demokratie zufrieden.[106]

Bereits lange vor diesen genannten Entwicklungen spielten in der Debatte zur allgemeinen Dienstpflicht die oft wiederholten gesellschaftlichen Diagnosen zunehmender Vereinzelung und Entsolidarisierung eine Rolle, denen es durch eine Dienstpflicht entgegenzuwirken gelte. Und ebenso lange fordern einige Diskursteilnehmer eine differenziertere Bewertung der entsprechenden Phänomene – nicht zuletzt zur Ehrenrettung der Jugend. Während früher ein großer Teil der Jugendlichen arbeitete, besuchen heute fast alle die Schule als einen Ort individualistischer Leistungsmoral, der wenige Solidaritätserfahrungen ermöglicht. Während sich früher Jugendliche am Lebensweg ihrer Eltern und Großeltern orientieren konnten und traditionelle Einbindungen Sicherheit versprachen, sind sie heute auf sich selbst zurückgeworfen bei der Wahl zwischen unüberschaubar vielen möglichen Lebensmustern in einer Welt hoher sozialer und geographischer Mobilität. Die notwendige Anpassung an diese Rahmenbedingungen sollte nicht als Ausdruck eines mutwilligen Egoismus und Hedonismus interpretiert werden. Außerdem müsse der allzu bequemen Versuchung widerstanden werden, gesellschaftliche Probleme zu Problemen der Jugend umzudefinieren, die sich durch ein erzieherisches Pflichtprogramm beheben ließen.[107] Dies sind berechtigte Argumente. Doch auch wenn man darauf verzichtet, der Jugend gesellschaftliche Entwicklungen vorzuwerfen, wenn man anerkennt, dass bestimmte gesellschaftliche Probleme (wie die wachsende Kluft zwischen Arm und

Reich) nicht erzieherisch zu lösen sind, wenn man wertschätzt, dass sich beinahe die Hälfte der heutigen Jugend freiwillig engagiert (und damit sogar etwas mehr als der Durchschnitt der Bevölkerung), und wenn man ernst nimmt, dass die Jugend unter den mit der Covid-19-Pandemie verbundenen Einschränkungen besonders zu leiden hatte (was gelegentlich als Argument gegen eine allgemeine Dienstpflicht angeführt wird) – so ändert dies alles nichts daran, dass es in einer Gesellschaft Orte geben muss, an denen Gemeinsinn eingeübt wird, umso dringlicher, wenn ein radikaler Individualismus die Gesellschaft prägt und die Fragmentierung bereits fortgeschritten ist.

In der Aufklärungszeit entwickelte sich die Weltanschauung eines individualistischen Liberalismus, welche die Freiheit und die Handlungsrechte von Individuen gegenüber den Ansprüchen kollektiver Ordnungen betont. Jeder Mensch soll sich danach auf seine einzigartige Weise selbst verwirklichen, losgelöst von gesellschaftlichen Grenzen, die als unzulässige Einschränkungen der Selbstbestimmung bewertet werden. Die ursprüngliche politische Stoßrichtung lag im Schutz der persönlichen Freiheit des Einzelnen gegen Übergriffe des Staates. Diese Weltanschauung setzte sich endgültig in der zweiten Hälfte des 20. Jahrhunderts in einer radikal-einseitigen Variante durch, nach der das Individuum seine (ggf. auch hedonistischen und egoistischen) Zwecke beliebig setzen kann, ohne vor einem übergeordneten Ganzen darüber Rechenschaft ablegen zu müssen oder eine kritische Befragung auch nur in Betracht zu ziehen. Man kann einen solchen Liberalismus als »humanistische Religion« (Yuval Harari) der Selbsterlösung betrachten, die auf einem atomistischen Menschenbild basiert und an einer Dekonstruktion und Auflösung aller Strukturen, Institutionen sowie kollektiver Identitäten arbeitet, die das Individuum in ein größeres Ganzes einbinden. In einer solchen »Gesellschaft der Singularitäten« (Andreas Reckwitz) entsteht das Dilemma, dass es ohne einen sozialen Hintergrund, von dem sich das Individuum abgrenzt, keine Individualisierung geben kann. Kommunitaristen betonen gegen radikal individualistische Ansätze, dass Menschen nicht nur Individuen, sondern stets auch Mitglieder von Gemeinschaften sind, dass individuelles Handeln funktionierende Gemeinschaften voraussetzt und dass das Individuum folglich eine Verantwortung gegenüber seinem Gemeinwesen hat. Der Einzelne ist eingebunden in gemeinsame Sinnbezüge, die Politik erst möglich machen.[108]

Werte wie Solidarität und die Fähigkeit sowie Bereitschaft zur Übernahme sozialer Verantwortung können nicht theoretisch doziert oder in Büchern gelesen und dann übernommen, sondern müssen praktisch angeeignet werden. Für solche Bildungsprozesse, durch die Menschen erst Zugänge zur gesellschaftlichen Teilnahme eröffnet werden, müssen soziale Lernorte geschaffen werden, da solche nicht (mehr) automatisch zur Verfügung stehen. Es geht um Orte, in denen Menschen aus verschiedenen sozialen und kulturellen Milieus sich begegnen und durch gemeinsame Tätigkeiten, durch die Entdeckung von Gemeinsamkeiten und durch die Klärung von Differenzen die Erfahrung machen, dass Verschiedenheit nicht bedrohlich, sondern bereichernd ist. Es geht um Orte, an denen Menschen erfahren, dass Engagement für andere und das Eingebundensein in überpersönliche Verpflichtungen Spaß machen und innere Befriedigung verschaffen. Ohne solche sozialen Lernorte, die von der Mehrheit der Bevölkerung als selbstverständliche Gelegenheiten des aktiven Erfahrungserwerbs betrachtet werden, pflanzen sich unter den Bedingungen einer nachreligiöspartikularen Gesellschaft Gemeinsinn, Bürgertugend sowie der Wille und die Fähigkeit zur aktiven Kooperation über die Generationen, Kulturen und Milieus hinweg schlichtweg nicht fort.[109] Hier liegt die große Chance sozialer Pflichtdienste.

An eine in der Regel durch und durch institutionalisierte Kindheit und Jugend, in der soziale Erfahrungen marginalisiert, ein großer Teil der Lebensrealität (Armut, Krankheit, Behinderung, Einschränkungen, Tod usw.) ausgeblendet und Kontakte auf das eigene Milieu beschränkt wurden, sollte sich nicht bruchlos die (allzu) lange Ausbildung bzw. das Studium (immer häufiger unter Rückgriff auf den Schonraum »Hotel Mama«) anschließen. Stattdessen wäre eine Konfrontation mit der ganzen Lebenswirklichkeit nach der Schulzeit, wie sie ein sozialer Pflichtdienst verspricht, ein Gewinn sowohl für den Einzelnen als auch für die Gesellschaft. Auch wenn Jugendliche nicht stärker als andere Gruppen für problematische gesellschaftliche Entwicklungen verantwortlich sind (ganz im Gegenteil), so ist es doch naheliegend, Prozesse der Nachsozialisation bzw. Lernorte der gesellschaftlichen Teilnahme (aus pragmatischen und entwicklungspsychologischen Gründen) primär für junge Menschen und nicht für Berufstätige oder Senioren zu schaffen, was im Blick auf entsprechende Vorschläge in der Debatte zur allgemeinen Dienstpflicht anzumerken ist. Die eigenständige Lebensphase der jungen Erwachsenen, deren Besonderheit die Zeit zwischen 18 und 25 Jahren prägt, ist vor allem durch Orientierungsunsicherheit in dem Übergang von Schule bzw. Ausbildung und Berufsleben gekennzeichnet.[110] Die Altersspanne einer allgemeinen Dienstpflicht sollte derjenigen des Freiwilligen Sozialen Jahres entsprechen, also 16 bis 27 Jahre, und zwar gleichermaßen mit der Begründung der intendierten Persönlichkeitsentwicklung. Dies schließt natürlich eine zusätzliche Förderung freiwilligen Engagements in allen Altersgruppen nicht aus.

Traditionell spielte die Wehrpflicht als sozialer Lernort eine wichtige Rolle. Für die männliche Hälfte der Bürger der europäischen Länder stellten die Erfahrung des persönlichen Opfers für die nationale Gemeinschaft und die Erfahrung eines intensiven Gemeinschaftslebens bis vor kurzem wichtige Faktoren für den Erwerb sozialer Werte dar.[111] In der Debatte um die Einführung der Wehrpflicht in Preußen zu Beginn des 19. Jahrhunderts spielte der Aspekt eines Lernraums für Tugenden eine zentrale Rolle. Dabei ging es einerseits um »männliche« und andererseits um staatsbürgerliche Tugenden. Noch die Denkschrift der Bundesregierung »Warum brauchen wir die Wehrpflicht?« von 1956 betonte, dass durch die Wehrpflicht neben sicherheitspolitischen Zielen auch die Vermittlung menschlicher Werte, das Erwachsenwerden und die staatsbürgerliche Erziehung gefördert würden. Später wurde bei der Verteidigung der Wehrpflicht dann eher das Argument herausgestellt, dass die Verteidigung des Staates und seiner freiheitlich-demokratischen Werteordnung eine gemeinsame Aufgabe aller Bürger sei und nicht egoistisch anderen überlassen werden dürfe.[112] Das Argument, dass die Wehrpflicht die Demokratie schütze, wurde von anderer Seite mit dem Hinweis darauf infrage gestellt, dass sie auch unter anderen Regierungsformen staatstragend (und zudem militarisierend) wirke. Das Argument, dass eine Wehrpflicht notwendig sei, um eine Verselbständigung des Militärs und ein Entgleiten der parlamentarischen Kontrolle (wie in der Weimarer Republik) zu verhindern, wurde zunehmend als historisch überholt bewertet. Dennoch war die Wehrpflicht lange Zeit ein Bestandteil der politischen Kultur der Bundesrepublik, und man hielt länger als andere europäische Länder daran fest.

Der Zivildienst erfüllte noch offensichtlicher die Funktion eines sozialen Lernortes, an dem eine große Anzahl junger Männer einen sichtbaren und verbindlichen Dienst für ihr Gemeinwesen erbrachten. Im Unterschied zur heilen Welt der Schule wurde man hier mit Themen wie Hilfebedürftigkeit oder Sterben konfrontiert. Und im Unterschied zur Schule bot der Zivildienst Erfahrungen von Verantwortung, des Eingebundenseins und des Gebrauchtwerdens.[113] Auch wenn es sich um einen Pflichtdienst handelte, stand der Zivildienst der zivilgesellschaftlichen Sphäre näher als die Bundeswehr, da er hauptsächlich in Organisationen des Dritten Sektors geleistet wurde und da er mit Elementen der freien Wahl sowie der Freiwilligkeit auf spezifische Weise verknüpft war. Nachdem Freiwilligendienste seit dem Jahr 2002 als Surrogatdienste für den Zivildienst anerkannt waren, rückte der Zivildienst ein weiteres Stück in Richtung des zivilgesellschaftlichen Pols. Angesichts des Erfolgs und der vorbildlichen Durchführung der Freiwilligendienste müssten diese bei Einführung einer allgemeinen Dienstpflicht unbedingt als Surrogatdienste anerkannt werden.

Nachdem die Wehrpflicht nach dem Ersten Weltkrieg ausgesetzt worden war, wurde von vielen die Einführung eines Arbeitsdienstes für Jugendliche gefordert, damit es wieder einen sozialen Lernort gebe, an dem ein verbindlicher Dienst für die Gemeinschaft geleistet wird. Dabei konnte man argumentativ auch an einflussreiche Denker aus anderen Ländern anknüpfen, wie den amerikanischen Philosophen und Psychologen William James. Obwohl James Pazifist war, hielt er die Vermittlung bestimmter Werte, die früher über das Militär geschah, wie Unerschrockenheit oder die Relativierung privater Interessen, für notwendig und plädierte daher für einen Arbeitsdienst mit pädagogischen Implikationen. In der Weimarer Republik forderten insbesondere Reformpädagogen einen Arbeitsdienst für junge Menschen als Ausgleich für eine einseitig vergeistigte Schul- und Universitätsbildung sowie als Ermöglichung der Erfahrung einer milieuübergreifenden Gemeinschaft. Dieselben Reformpädagogen, die während der Herrschaft der Nationalsozialisten verfolgt worden waren, wiederholten ihre Vorschläge nach dem Ende des Zweiten Weltkriegs. So betonte beispielsweise Hermann Nohl, dass in einem Arbeitsdienst als sozialem Lernort zwischen Schule und Erwachsenenleben die Chance liege, dass Jugendliche durch gemeinnützige Arbeit den Sinn ihres Lebens erkennen und bewusst zu einem tätigen Mitglied der Gesellschaft heranreifen könnten.[114] Andere lehnen heute staatlich verordnete Arbeitsdienste, und damit auch eine allgemeine Dienstpflicht, ab, da sie durch deren Instrumentalisierung durch das nationalsozialistische Regime diskreditiert seien oder weil das Recht des Staates, individuelle Freiheiten einzuschränken, grundsätzlich infrage gestellt wird.

So befindet sich der moderne Staat insgesamt in einer Legitimationskrise. Schon manche Aufklärungsphilosophen hatten die wichtigste Aufgabe des Staates in der Sicherstellung der Freiheitsrechte des Individuums gesehen, und anarchistische Denker im 19. Jahrhundert behaupteten eine Unvereinbarkeit von individueller Freiheit und staatlicher Herrschaft. Heute liegt der Staat aus verschiedenen Richtungen unter Beschuss. Libertäre und Marktradikale fordern eine deutliche Reduktion staatlicher Befugnisse und Zuständigkeiten. Aus libertärer Sicht verletzt jeder Staat, der in seinen Ansprüchen und Tätigkeiten über den Minimalstaat hinausgeht, Grundrechte des Individuums. Anstelle einer Ausbalancierung verschiedener Werte ersetzt der Egoismus reziproke Verpflichtungen, und das »Ich« ersetzt das »Wir«. Marktradikale befürchten durch staatliches Handeln wohlfahrtsmindernde Effekte und werben für eine Steuerung durch Marktmechanismen in möglichst vielen Gesellschaftsbereichen. Sie lehnen vor allem den Sozialstaat ab oder wollen ihn auf ein Minimum reduzieren. Sowohl marktradikale als auch linksliberale Apologeten der Globalisierung belächeln den Staat als überholt und gestrig. Jeder Mensch trage heute die ganze Welt in seiner Hosentasche. Die globalisierte Wirtschaft halte sich nicht an Staatsgrenzen. Die großen umwelt- und migrationspolitischen Herausforderungen ließen sich nicht von einem einzelnen Staat allein bewältigen. Doch auch wenn internationale Gremien und Kooperationen an Bedeutung gewinnen und die Souveränität von Staaten eingeschränkt wird (indem sie zu Standortkonkurrenten gemacht werden), folgt daraus kein Ende des Staates. Mit der Staatlichkeit untrennbar verbunden sind nach wie vor eine demokratische Legitimation, (Menschen-)Rechtsdurchsetzung sowie nachhaltige Sozialsysteme.[115]

Die Juristin und Soziologin Sibylle Tönnies plädierte für eine allgemeine Dienstpflicht, um damit den Staat in die Pflicht zu nehmen. Der Staat sollte dadurch jungen Menschen das Gefühl vermitteln, dass die Gemeinschaft sie brauche. Dass es engagementwillige Jugendliche gebe, die keinen Platz in einem Freiwilligendienst bekämen, sei skandalös. Nach Einführung einer Dienstpflicht müsse der Staat sich um entsprechende Plätze und deren Finanzierung kümmern. Außerdem würde das Gefühl von Staatspräsenz Geborgenheit vermitteln (»so wahr der Staat dich in die Pflicht nimmt, so wahr wird er notfalls auch für dich da sein«). Junge Menschen würden gegenwärtig in ihrer Suche nach Orientierung und Sicherheit allein gelassen. Sie bräuchten eine überfamiliäre Instanz, die um sie besorgt sei, die Gewissheit, dass über den egoistischen Kräften eine Institution schwebe, die das allgemeine und damit auch ihr persönliche Wohl im Auge habe. Der Verzicht auf einen fühlbaren Staat führe zu unerträglicher Vereinzelung und Haltlosigkeit.[116] Eine solche positive Sicht auf den Staat entspricht einem christlichen Wirklichkeitsverständnis eher als ein radikaler Individualismus. Christliche Menschenbilder betonen die Relationalität des Menschen, der immer schon in einem Beziehungsgefüge existiert (zu Gott, zu seinen Mitmenschen und Mitgeschöpfen sowie zu sich selbst) und der dazu bestimmt ist, Beziehungen wahrzunehmen, zu erkennen und verantwortlich zu gestalten.

*

These 13:

Die Zivilgesellschaft (mit dem sozialen Kapital, das sie erarbeitet) ist das Fundament einer funktionierenden Demokratie, und eine solidarische Gemeinschaft mit einem ausgewogenen Verhältnis von Rechten und Pflichten der einzelnen Mitglieder ist das Fundament der Zivilgesellschaft. Darum sind die Förderung und Einübung individuellen Engagements und gegenseitiger Verantwortungsübernahme wichtig (worin eine Chance der Dienstpflicht besteht). Die Gesellschaft braucht (insbesondere für junge Menschen) mehr Lern- und Erfahrungsräume für bürgerschaftliches Engagement, das als sozialer Kitt die Gesellschaft zusammenhält (die Dienstpflicht wäre kein freiwilliges Engagement, aber dieses könnte dadurch gelernt werden).

Der ehemalige Bundeskanzler Helmut Schmidt, ein erklärter Befürworter der allgemeinen Dienstpflicht, formulierte einmal pointiert: »Bürgern, die nur an sich selbst denken, braucht kein Machthaber ihre politischen Rechte vorzuenthalten oder zu schmälern. Denn sie geben sie freiwillig preis. […] Die im Grundgesetz der Bundesrepublik gewährleisteten Rechte und Freiheiten sollen […] dem Bürger die Möglichkeit geben, im Gefüge des Staates Herr seiner selbst zu sein. Wie kann aber jemand Herr seiner selbst bleiben, der darauf verzichtet, den Staat mitzuformen, in dem er lebt.

[…] So wird uns deutlich, dass das Staatsbürger-Sein grundsätzlich unteilbar ist: es umschließt Freiheiten und Pflichten gleichermaßen.«[117] Hinter solchen Worten steht das Ideal einer starken Bürgergesellschaft bzw. Zivilgesellschaft. Dieses Ideal wird aus unterschiedlichen Motiven sowohl von Vertretern einer liberal-individualistischen Weltsicht als auch von Vertretern einer republikanisch-kommunitaristischen Weltsicht hochgehalten. Es geht dabei um die Vision einer politischen Gemeinschaft, in der nicht allein der Staat und seine Institutionen für alles zuständig sind und die Verantwortung tragen, sondern ebenso auch selbstbewusste und selbstverantwortliche Bürger. Im liberal-individualistischen Diskurs bilden die Freiheitsrechte des Einzelnen zur Abwehr eines übergriffigen Staats die Grundlage des zivilgesellschaftlichen Engagements, im republikanisch-kommunitaristischen Diskurs ist es der auf das Gemeinwohl verpflichtete Bürgersinn, der ggf. auch vom Staat eingefordert werden darf.[118] Letztere Sichtweise liegt in der Regel Argumentationen für eine allgemeine Dienstpflicht zugrunde.

Der Begriff der Zivilgesellschaft bezeichnet die in verschiedenen Bereichen der Gesellschaft praktizierte Idee, dass Bürger die Mitgestaltung der Gesellschaft zu ihrem eigenen Anliegen machen und sich zu diesem Zweck in Vereinen und Netzwerken organisieren. Zivilgesellschaft entfaltet sich insbesondere dort, wo sowohl der Staat als auch der Markt an ihre Grenzen stoßen. Darum werden zivilgesellschaftliche Einrichtungen und Organisationen unter dem Begriff des sogenannten Dritten Sektors zusammengefasst. Somit verweist die Rede von der Zivilgesellschaft auf die Erfahrung, dass ein demokratischer Staat und ein gut geregelter Markt allein noch kein wohlgeordnetes Gemeinwesen garantieren. Es gibt eine dritte Dimension, ohne die eine Gesellschaft nicht gedeihen kann. Daher ist eine aktive Zivilgesellschaft ein Indikator für eine funktionierende Gesellschaft. Die gemeinnützigen Organisationen des Dritten Sektors (z. B. diakonisches Pflegeheim oder Sportverein) liefern den strukturellen Rahmen für bürgerschaftliches Engagement. In den neunziger Jahren wurde die Bedeutung des bürgerschaftlichen Engagements nicht nur in Deutschland, sondern auch in vielen anderen Ländern wiederentdeckt. Diese »Rückkehr der Bürger« (Will Kymlicka und Wayne Will) hatte verschiedene Ursachen, wie ein wachsendes Bewusstsein um die Grenzen staatlichen Handelns (insbesondere im Blick auf eine weitere Ausweitung des Sozialstaats und auf die Grenzen des Wachstums), eine Kritik an staatlicher Überreglementierung sowie den Wunsch nach verstärkten Einflussmöglichkeiten der Bürger auf das politische Geschehen (partizipatorische Revolution).[119]

Der Zivilgesellschaft wird häufig eine besondere Bedeutung als »Nährboden der Demokratie«[120] zugesprochen. Zum einen sichere sie die Freiheit, ohne die Demokratie nicht denkbar sei. Nach Ralf Dahrendorf ist die Zivilgesellschaft »die Atemluft der Freiheit. Wenn man in einer freien Gesellschaft leben will, dann lebt man in einer Gesellschaft, die die Bürger selber gestalten.«[121] Zum anderen stärke sie die Demokratie, indem sie die Einübung einer demokratischen und kooperativen Lebensweise ermögliche und Verbindungen zwischen Vereinzelten schaffe. Nach John Dewey setzt eine demokratische Kultur voraus, dass die Glieder einer pluralen Gesellschaft mit Personen aus anderen Lebenswelten kommunizieren und auf der Grundlage gemeinsamer Interessen interagieren.[122] Schließlich erarbeite die Zivilgesellschaft das soziale Kapital (in Form gemeinsamer Normen- und Netzwerkbildung und Problemlösungspotenziale sowie einer Atmosphäre der Solidarität, der Zugehörigkeit, des gegenseitigen Vertrauens und der Gerechtigkeit), ohne das eine demokratische Gesellschaft verkümmern würde. Nach Robert Putnam ist ein demokratisches System umso robuster, je stärker die Zivilgesellschaft ist.[123] Mitunter werden allerdings auch Einschränkungen dieser Sichtweise vertreten. So könne die Zivilgesellschaft nur begrenzt gesellschaftlichen Zusammenhalt organisieren, habe in der Weimarer Republik sogar teilweise demokratieschwächend gewirkt, und vor allem zivilgesellschaftliche Gruppen mit politischem Anspruch wirkten heute weniger integrierend, sondern verstärkten die gesellschaftliche Fragmentierung vielmehr.[124]

Das Fundament der Zivilgesellschaft ist bürgerschaftliches Engagement. Darunter versteht man individuelles Handeln im öffentlichen Raum, das durch Freiwilligkeit, eine Gemeinwohl-Orientierung sowie fehlende persönliche materielle Gewinnabsicht geprägt ist. Durch ihr bürgerschaftliches Engagement erneuern die aktiven Menschen jeden Tag die Bindekräfte der Gesellschaft. Darum ist dieses Engagement »der soziale Kitt, der unsere Gesellschaft zusammenhält«,[125] bzw. das »Herz der Zivilgesellschaft«.[126] Es hat eine lange Tradition und spielt schon in den politischen Konzepten der griechisch-römischen Antike eine wichtige Rolle. In Deutschland erlebte es insbesondere seit dem 19. Jahrhundert eine Blüte, als das selbstbewusst gewordene

Bürgertum in der Kommunalverwaltung ehrenamtliche Verantwortung übernahm und viele (insbesondere wohltätige) Vereine gründete. Seit dem Zweiten Weltkrieg bis heute ist das Engagement stetig weitergewachsen. Der ehemalige Bundespräsident Johannes Rau fasste die Bedeutung des bürgerschaftlichen Engagements in folgenden einprägsamen Worten zusammen: »Es gibt Dienste, die die Dienstleistungsgesellschaft weder kaufen noch bezahlen kann, die aber geleistet werden müssen, wenn unsere Gesellschaft nicht erfrieren soll.«[127]

Wenn die Zukunft unserer demokratischen Gesellschaft von der Zivilgesellschaft abhängig ist und die Zivilgesellschaft von bürgerschaftlichem Engagement, dann läuft offenbar alles auf die Frage zu, wie Menschen zu engagierten Bürgern werden. Umso überraschender ist es, dass man im zivilgesellschaftlichen Diskurs meistens vom fertigen Bürger ausgeht und das Thema, wie Jugendliche und junge Erwachsene zu diesem Status kommen können, einfach ausblendet.[128] Zwar haben Menschen normalerweise ein psychisches Bedürfnis nach sinnstiftenden Tätigkeiten, aber dies mündet keineswegs automatisch in zivilgesellschaftlicher Partizipation bzw. bürgerschaftlichem Engagement. Es müssen Gelegenheiten geschaffen werden, bei denen gemeinwohlorientierte Tätigkeiten als sinnstiftend und bereichernd erfahren werden können. Diese Sinnerfahrung, die weder angelesen noch verordnet werden kann, sich aber in der Regel bei entsprechendem Handeln als Teil der Lernerfahrung einstellt, setzt dann wiederum weitere Energie und Motivation frei, sich weiterhin für andere Menschen zu engagieren. In diesem Sinne müssen Menschen erst dazu befähigt werden, nicht nur für sich selbst, sondern auch für andere da zu sein. Darum hat Engagementförderung für eine zukunftsorientierte Politik eine hohe Bedeutung. Sie umfasst die Schaffung engagementförderlicher Rahmenbedingungen, Gelegenheitsstrukturen sowie Lern- und Erfahrungsräume, um zivilgesellschaftliche Kompetenzen zu erwerben und bürgerschaftliches Engagement einzuüben – soziale Trainingsorte der Mitverantwortung, die häufig in Familie und Schule nicht gegeben sind. Man kann davon ausgehen, dass Menschen, die sich schon in ihrer Jugend engagieren, dies mit höherer Wahrscheinlichkeit auch später tun. Darum bietet die Engagementförderung in Kindheit und Jugend besondere Chancen. Frühe Engagementförderung sollte idealerweise bereits in Familien, Kindertagesstätten und Schulen erfolgen. Dabei können beispielsweise soziale Praktika, sozialräumliche Aktivitäten, die Eröffnung von Zugängen, die Qualifizierung sowie die öffentliche Wertschätzung von Engagement eine Rolle spielen.[129] Leider ist die strukturelle Umsetzung solcher Impulse an diesen Stellen erfahrungsgemäß besonders schwierig. Realistischer erscheint der Ansatz bei jungen Erwachsenen. Das schließt natürlich zusätzliche politische Bemühungen im Blick auf Engagementförderung in Kindertagesstätten und Schulen nicht aus.

Wichtige zivilgesellschaftliche Akteure im Bereich der Engagementförderung sind die Wohlfahrtsverbände als Träger sozialer Einrichtungen, in denen Menschen vielfältige Möglichkeiten zum sinnvollen und begleiteten freiwilligen Engagement angeboten werden und in denen insbesondere auch viele Plätze für Freiwilligendienste, wie das Freiwillige

Soziale Jahr, zur Verfügung gestellt werden (früher auch Zivildienstplätze). Diese Engagementförderung oder gesellschaftliche Solidaritätsstiftung stellt einen wesentlichen Bestandteil des Selbstverständnisses der Verbände dar, die mehr als nur soziale Dienstleister sein wollen. So können sie ihr zivilgesellschaftliches Profil schärfen und ihre zivilgesellschaftliche Relevanz erhöhen, indem sie zur gesellschaftlichen Integration sowie zur Vertiefung und Weiterentwicklung der Demokratie beitragen. Freiwilligendienste, wie das Freiwillige Soziale Jahr, spielen eine wichtige Rolle in der Debatte um eine Stärkung der Zivilgesellschaft als Lernorte für gesellschaftliche Partizipation und bürgerschaftliches Engagement. Darum wird auch bereits seit längerer Zeit politisch das Programm einer Aufwertung und Ausweitung der Freiwilligendienste verfolgt. Es handelt sich bei ihnen um eine besondere – öffentlich geförderte und vertraglich geregelte – Form bürgerschaftlichen Engagements, die sich (vor allem im Blick auf die Jugendfreiwilligendienste) besonders gut für den Erwerb bürgerschaftlicher Haltungen und sozialer Kompetenzen eignet und Lust auf Engagement im weiteren Leben macht. Dies wird auch in den gesetzlichen Grundlagen zum Ausdruck gebracht, wenn der Auftrag der Freiwilligendienste nicht zuletzt darin gesehen wird, »Verantwortungsbewusstsein für das Gemeinwohl zu stärken« (§ 3 und 4 JFDG und § 4 BFDG). Untersuchungen belegen, dass in Freiwilligendiensten soziale Kompetenzen erworben werden, die für bürgerschaftliches Engagement wichtig sind, wie die Sensibilisierung für gesellschaftliche Probleme, die Bereitschaft zur Verantwortungsübernahme, Zuverlässigkeit oder der Umgang mit hilfebedürftigen Menschen. Zwar erhöht sich in den Untersuchungen die Engagementbereitschaft nach einem Freiwilligen Sozialen Jahr kaum, aber das liegt daran, dass die Engagementbereitschaft bei den Personen, die sich für einen solchen Dienst entscheiden, sowieso schon ausgesprochen hoch ist und anschließend hoch bleibt. Hier wird das große Potenzial einer allgemeinen Dienstpflicht deutlich, bei der nicht nur diejenigen jungen Menschen in den Genuss eines solchen Lernorts kämen, die ihn am wenigsten benötigen.[130]

Wehrdienst und Zivildienst erfüllten früher auch die Funktion eines Lernortes staatsbürgerlicher und demokratischer Tugenden, ermöglichten die Erfahrung von Eingebundensein, Verantwortungsübernahme und Nützlichkeit und förderten die Begegnung von Menschen unterschiedlicher Milieus. Insbesondere der Zivildienst bot einen Ort der Verknüpfung von sozialer Aktion, sozialer Bildung und Reflexion, wodurch bei jungen Erwachsenen zivilgesellschaftliche Interessen geweckt werden konnten. Trotz des Zwangscharakters des Dienstes war die überwiegende Mehrheit motiviert und zeigte große soziale Lernerfolge (beispielsweise im Blick auf Kommunikationsfähigkeit, Selbstvertrauen, Teamfähigkeit und soziales Engagement). Messbare zivilgesellschaftliche Effekte durch den Zivildienst ließen sich zwar nicht eindeutig quantitativ und kurzfristig im Blick auf bürgerschaftliches Engagement nachweisen, aber dafür im Blick auf den veränderten Umgang mit anderen Menschen, auf das stärkere Eintreten für die Rechte anderer und auf das Übertragen von im Zivildienst gelernten Werten in das eigene berufliche Umfeld.[131]

Gesellschaften müssen, wenn sie Bestand haben und sich weiterentwickeln wollen, immer wieder Lösungen für das grundlegende Problem finden, wie sie den sozialen Zusammenhalt stärken und sichern, wie sie die Mehrheit der Bürger dazu bringen, gemeinwohlorientiert zu handeln. Durch den Wegfall der zuletzt genannten sozialen Lernorte werden die Chancen, die in der Einführung einer allgemeinen Dienstpflicht liegen, umso deutlicher. Die Bereitschaft zu bürgerschaftlichem Engagement entsteht nicht mehr aus traditionellen Diensten, Bindungen und Normen, sondern es bedarf spezifischer (neuer) Ermöglichungsstrukturen und Motivationsimpulse, vorzugsweise solcher, die möglichst vielen Personen Gelegenheit zu praktischen Erfahrungen im Blick auf gemeinwohlbezogene Aktivitäten bieten. Dadurch können Solidaritätspotenziale geweckt werden, die in sinnstiftendes und gemeinsinnförderndes Handeln münden. Kritiker einer allgemeinen Dienstpflicht argumentieren häufig, dass staatliche Zwangsmaßnahmen nicht der richtige Weg sein könnten, um eine funktionierende Zivilgesellschaft zu fördern. Insbesondere Jugendliche und junge Erwachsene würden durch von oben verordnete Solidarität eher abgeschreckt als motiviert. Jedoch relativieren die Erfahrungen, die mehrheitlich von und mit Zivildienstleistenden gemacht wurden, diese Befürchtungen. Zudem wäre eine allgemeine Dienstpflicht gerechter als Wehr- und Zivildienst, die nur für (einen Teil der) jungen Männer galten, gerechter als der momentane Zustand, in dem »die einen soziale Zeit für das Gemeinwesen geben, derweil die anderen diese Zeit privat nutzen, um sich einen Vorsprung in der Karriere zu sichern«,[132] und möglicherweise auch gerechter als jede wie auch immer gestaltete Einziehung von Steuern: Hier »zahlen tatsächlich alle gleich mit einem gleichen Stück Lebenszeit«.[133]

Die Alternativen lauten entweder fragmentierte Gesellschaft, in der jeder nur an sich denkt und tut, was ihm Spaß macht (Spaßgesellschaft), oder solidarische Gesellschaft, lebendige Zivilgesellschaft, in der Rechte und begründete wechselseitige Verpflichtungen, ein Geben und Nehmen zwischen allen Teilen der Gesellschaft in einem ausgewogenen Verhältnis stehen. Wenn der Staat jungen Menschen den Eindruck vermittelt, sie hätten nur Rechte, aber keine Pflichten, und dass er von ihnen nichts (mehr) für das Gemeinwesen erwartet, dann macht er sich billig: »Ein Staat, der sich derart billig macht, darf sich nicht wundern, wenn ihn die jungen Menschen dann auch so behandeln.«[134] Die allgemeine Dienstpflicht wäre zwar selbst kein Ort für freiwilliges Engagement, aber ein wichtiger Lernort, um soziales Engagement kennenzulernen und einzuüben, und damit eine Quelle für bürgerschaftliches Engagement als Grundlage der Zivilgesellschaft und des gesellschaftlichen Zusammenhalts.

*

These 14:

Die Forderung nach Gemeinsinn und bürgerschaftlichem Engagement ist ambivalent, wenn sie zur Legitimation von Sozialabbau und zur Kaschierung sozialpolitischen Versagens instrumentalisiert wird. Auch eine Dienstpflicht darf nicht unter der Hand einen »Community-Kapitalismus« in diesem Sinne befördern (und muss gegen diesen Verdacht ihren pädagogischen Schwerpunkt glaubhaft machen). Bei einem Pflichtdienst ist die Berücksichtigung politischer Interessen durch den Staat allerdings nicht prinzipiell fragwürdig (wie bei Freiwilligendiensten).

In der öffentlichen Debatte erscheint freiwilliges Engagement für gemeinwohldienliche Zwecke normalerweise als über jede Kritik erhaben. Ist es nicht etwas offensichtlich Gutes, das anderen hilft, für das man einfach nur dankbar sein kann? Für viele mag es auf den ersten Blick überraschend sein, dass in der sozial- und geisteswissenschaftlichen Diskussion durchaus auch andere Positionen vertreten werden. Beispielhaft soll die kritische Deutung vieler heutiger Formen zivilgesellschaftlichen Engagements kurz dargestellt werden, die Silke van Dyk und Tine Haubner vorschlagen. Danach sei in den letzten Jahren die Konstellation eines so genannten Community-Kapitalismus entstanden als problematische, obwohl mehrheitsfähige Antwort auf aktuelle Krisendynamiken des Kapitalismus. Grundgedanken hinter diesem Phänomen seien eine (fragwürdige) Verantwortungsübertragung der Bearbeitung sozialer Probleme vom Staat auf die Zivilgesellschaft (Verzivilgesellschaftlichung der sozialen Frage) sowie eine politische Instrumentalisierung ehrenamtlicher Arbeit und gemeinschaftsorientierter ethischer Theorien, wie des in diesem Band bereits mehrfach erwähnten Kommunitarismus.[135] Der Staat fördere diese Entwicklung durch Kampagnen und Rahmenbedingungen zur Aufwertung freiwilligen Engagements bzw. unbezahlter Arbeit sowie »durch eine Politik des Unterlassens, die Lücken der Infrastruktur und Daseinsvorsorge erzeugt, die selbsttätig von engagierten Bürger*innen geschlossen werden«.[136] Indem freiwillig Engagierte zunehmend die Verantwortung für Aufgaben der sozialen Daseinsvorsorge, Infrastruktur und Bildung übernähmen (z. B. Förderunterricht für Kinder mit Lernschwierigkeiten oder Beratung und Betreuung von Geflüchteten), würden die Angebote nicht nur unverbindlicher und unprofessioneller erbracht, sondern es würden auch negative sozial- und arbeitsmarktpolitische Effekte erzeugt sowie sozialpolitische Missstände einer notwendigen Kritik entzogen (da freiwilliges Engagement positiv besetzt sei).[137] Freiwillige Dienstleistungen zeichneten sich (im Anschluss an Lester M. Salomon) im Unterschied zu wohlfahrtsstaatlichen Angeboten durch *philantropic insufficiency* (erhöhte Abhängigkeit der Adressaten von den Freiwilligen, die ihr Engagement jederzeit beenden können, anstelle sozialer Rechte), *philantropic particularism* (verstärktes Problem von Diskriminierungen, beispielsweise durch die Unterscheidung zwischen vermeintlich würdigen und unwürdigen Armen), *philanthropic paternalism* (Freiwillige nutzen ihre Machtposition gegenüber den Adressaten, um ihre Wertvorstellungen durchzusetzen) und *philantropic amateurism* (Unterlaufung von Professionsstandards, qualifikatorische Grenzüberschreitungen) aus.[138]

Den Autorinnen ist bewusst, dass sie mit ihren Thesen provozieren. Darum betonen sie, dass es ihnen nicht um eine generelle Infragestellung von freiwilligem Engagement insgesamt (oder gar um eine Kritik an Engagierten) gehe, sondern um eine Kritik an der gesellschaftlichen Entwicklung und an bestimmten Formen des Engagements, die politisch zur Rechtfertigung sozialpolitischer Sparmaßnahmen und zur Ersetzung professioneller durch laienhafte soziale Arbeit instrumentalisiert würden (auch wenn sich die Freiwilligen persönlich nicht instrumentalisiert fühlten).[139] Diese kritischen Anfragen müssen ernst genommen werden. Wenn Politiker parteiübergreifend lautstark mehr Gemeinsinn und bürgerschaftliches Engagement fordern, während sie gleichzeitig einen Abbau sozialer Infrastruktur in einigen Bereichen aus finanziellen Gründen als notwendig bezeichnen und aus Sicht einiger Kritiker steuerpolitische Geschenke an Wohlhabende machen, liegt die Gefahr einer politischen Instrumentalisierung solcher gut klingenden Vokabeln zumindest nicht völlig fern. Unverzichtbare Leistungen der Daseinsvorsorge dürfen nicht von freiwilligem Engagement abhängen und sollten auch nicht von Dienstpflichtigen abhängen. Aber was genau sind unverzichtbare Leistungen der Daseinsvorsorge?

Der etwas altmodisch klingende Begriff Daseinsvorsorge besagt, dass Kommunen dafür verantwortlich sind, eine basale wirtschaftliche, soziale und kulturelle Infrastruktur für alle Bürger bereitzustellen, damit diese ein normales Leben (nach den Standards einer modernen Gesellschaft) führen können. Der Begriff ist nicht gesetzlich definiert. Was genau zur Daseinsvorsorge gehört und was nicht, ist politisch umstritten. Grundsätzlich wird zwischen Pflichtleistungen (beispielsweise Abwasserbeseitigung) und freiwilligen Leistungen (beispielsweise Schwimmbäder) unterschieden. Während Pflichtleistungen gesetzlich vorgegeben sind, bestehen bei freiwilligen Leistungen Spielräume im Blick auf unterschiedliche Schwerpunktsetzungen. »Freiwillig« bedeutet allerdings nicht, dass alle freiwilligen Leistungen jederzeit ersatzlos gestrichen werden könnten. Vielmehr muss die Verwaltung auch bei der Gestaltung freiwilliger Leistungen sicherstellen, dass im Bedarfsfall sozialgesetzliche Rechtsansprüche im Blick auf das Gesamtpaket der Angebote gewährleistet sind, dass die grundrechtlich garantierte soziale Teilhabe für die Bürger ermöglicht wird und dass gleichwertige Lebensverhältnisse in allen Regionen herrschen. So gehören beispielsweise Schwimmbäder zwar zu den freiwilligen Leistungen, aber trotzdem zu den unverzichtbaren Leistungen der kommunalen Daseinsvorsorge (im Blick auf schulischen Schwimmunterricht und öffentliche Gesundheitsfürsorge). Daraus folgt wiederum nicht, dass jede Gemeinde ein eigenes Schwimmbad haben muss, und es schließt auch nicht aus, dass eine Gemeinde gezwungen sein kann, ein Schwimmbad zu schließen. Die Grenze im Blick auf unverzichtbare Leistungen der Daseinsvorsorge sind also fließend, aber darum dennoch nicht beliebig.

Unverzichtbare Leistungen der Daseinsvorsorge müssen öffentlich finanziert und hauptamtlich und professionell erbracht werden. Würden die entsprechenden Hauptamtlichen durch freiwillig Engagierte, beispielsweise im Rahmen eines Freiwillige Sozialen Jahrs, ersetzt, läge eine problematische politische Instrumentalisierung des freiwilligen Engagements vor. Ebenso wäre eine Ersetzung durch Dienstpflichtige im Rahmen einer allgemeinen Dienstpflicht fragwürdig. Die Politik darf sich ihrer Verantwortung, in solchen Fällen nach anderen, besseren Lösungen zu suchen, nicht entziehen. Notwendige strukturelle politische Veränderungen können nicht durch die Förderung gesellschaftlichen Zusammenhalts ersetzt werden, hier liegt tatsächlich ein blinder Fleck kommunitaristischer Ansätze. Wie bereits in These 11 betont wurde, geht es sowohl beim freiwilligen Engagement als auch bei einer Dienstpflicht ausschließlich um zusätzliche, unterstützende und arbeitsmarktneutrale Tätigkeiten, wie beispielsweise die Verschönerung der Schwimmbadmauer oder den Vorlesenachmittag in der Bibliothek. Für den Zivildienst ließ sich die weitgehende Umsetzung dieses Anspruchs wie bereits erwähnt durch Studien belegen. Anders als beim freiwilligen Engagement, wo der Staat den zivilgesellschaftlichen Trägern keine inhaltlichen Vorgaben machen und sich grundsätzlich so weit wie möglich heraushalten sollte, kann der Staat jedoch bei Tätigkeiten, die er Dienstpflichtigen aufträgt (natürlich auch weiterhin nicht bei Freiwilligendiensten, auch wenn diese als Surrogatdienste anerkannt sind) durchaus auch politische Interessen berücksichtigen, solange es nicht um unverzichtbare Leistungen der Daseinsvorsorge geht und solange es sich um zusätzliche, unterstützende und arbeitsmarktneutrale Tätigkeiten handelt. Dies ist jedoch von einer politischen Instrumentalisierung zur Legitimation von Sozialabbau und zur Kaschierung sozialpolitischen Versagens zu unterscheiden. Die Befürchtung einer möglichen politischen Instrumentalisierung sowohl bürgerschaftlichen Engagements als auch einer allgemeinen Dienstpflicht ist nicht unbegründet. Beide dürfen nicht zum Lückenfüller für sozialstaatliche Aufgaben werden. Angesichts zunehmender Finanzknappheit darf die Versuchung für den Staat an dieser Stelle nicht unterschätzt werden. Manche glauben bereits seit Jahren eine entsprechende Engagementpolitik zu beobachten, wobei – wenn dem so wäre – die zivilgesellschaftlichen Träger dem durchaus erfolgreich entgegengesteuert hätten, so dass insbesondere im Blick auf das Freiwillige Soziale Jahr kein ernsthafter Zweifel an dessen Eigensinn oder Bildungscharakter aufkommen kann.

Eine weitere (damit in Zusammenhang stehende) häufig formulierte Befürchtung lautet, dass derzeit – verstärkt durch staatlich geförderte Freiwilligendienste und zusätzlich bedroht durch den Gedanken einer allgemeinen Dienstpflicht – eine Monetarisierung des freiwilligen Engagements im Gange sei, die den Grundgedanken des freiwilligen Engagements korrumpiere, zu einer Zerstörung der intrinsischen Motivation der Engagierten führe und eine Zunahme prekärer Beschäftigung befördere. In diesem Sinne betonte schon die Enquete-Kommission »Zukunft des bürgerschaftlichen Engagements« des Deutschen Bundestages in ihrem Abschlussbericht von 2002: »Die ureigenste Natur des Ehrenamts liegt in der Unentgeltlichkeit.«[140] Es geht in der Diskussion einerseits um direkte oder indirekte Geldzahlungen an freiwillig Engagierte (beispielsweise Übungsleiterpauschalen) und andererseits um die Zunahme von Tätigkeitsformen in der Grauzone zwischen freiwilligem Engagement und Erwerbsarbeit. Empirische Daten sprechen demgegenüber dafür, dass die vermuteten Gefahren einer Monetarisierung des freiwilligen Engagements sowohl in quantitativer als auch qualitativer Hinsicht regelmäßig überschätzt werden. Gemäß dem Deutschen Freiwilligensurvey von 2014 erhalten nur 14,5 Prozent der freiwillig Engagierten (meist niedrige) zugewinnorientierte Geldzahlungen oder Kostenerstattungen (mit abnehmender Tendenz bei allen Alters- und Bildungsgruppen), obwohl knapp der Hälfte der Engagierten bei ihrem Engagement Kosten entstehen. Bei etwa 93 Prozent der Freiwilligen spielt das Motiv, sich etwas dazuzuverdienen, für ihr Engagement gar keine Rolle. Trotz sinkender Geldzahlungen und obwohl die meisten auf ihren Kosten sitzenbleiben, steigt der Anteil der Engagierten. Ein Monetarisierungstrend liegt also offenbar nicht vor. Im Gegenteil dazu ist es eher ein ethisches Problem, dass ein Verzicht auf angemessene Kostenerstattungen von Armut betroffene Engagementwillige ausgrenzt. Die niedrige FSJ-Vergütung ist vermutlich ein Hauptgrund dafür, dass junge Menschen aus prekären Lebenssituationen diese Möglichkeit kaum nutzen. Insofern hat die verbreitete und rituell wiederholte Position, dass freiwilliges Engagement auf keinen Fall irgendetwas mit Geld zu tun haben dürfe, durchaus auch ideologische Züge. Realer als bei Aufwandsentschädigungen ist die Gefahr einer Verwischung der Grenze zwischen freiwilligem Engagement und Erwerbsarbeit im Blick auf geringfügig entlohnte und geförderte Beschäftigungsverhältnisse in Nonprofit-Organisationen, hier sind fließende Übergänge an der Tagesordnung. Der problematische Beitrag solcher Beschäftigungsverhältnisse zur Prekarisierung des Arbeitsmarktes muss benannt werden. Besonders fragwürdig sind solche Arrangements, wenn es um unverzichtbare Leistungen der Daseinsvorsorge geht, was jedoch aus oben genannten Gründen weder für Tätigkeiten der Freiwilligendienste noch für Tätigkeiten im Rahmen einer allgemeinen Dienstpflicht zutrifft. Wachsamkeit ist an dieser Stelle jedoch durchaus zu begrüßen.[141]

Um den Verdacht zu entkräften, dass der Vorschlag einer allgemeinen Dienstpflicht letztlich doch nur formuliert werde, um das politische Bedürfnis nach billigen Arbeitskräften zu befriedigen, muss neben der Begründung in der staatlichen Sicherheitsvorsorge auch der pädagogische Schwerpunkt einer solchen Dienstpflicht betont und durch die Gestaltung der Rahmenbedingungen auch glaubhaft umgesetzt werden. So argumentieren Gegner der Dienstpflicht immer wieder damit, dass beim Zivildienst damals der Personalmangel im Alltag gute pädagogische Ansätze häufig im Keim erstickt habe. Auch wenn dieses Urteil zu pauschal ist, da die Mehrheit der Zivildienstleistenden sich gut betreut fühlte und viel gelernt hat,[142] so war sicherlich bei der pädagogischen Begleitung der Zivildienstleistenden vielerorts noch Luft nach oben. Insofern sollten sich die Rahmenbedingungen zur pädagogischen Begleitung im Rahmen der allgemeinen Dienstpflicht auch weniger am Zivildienst als am Freiwilligen Sozialen Jahr orientieren. Die dafür notwendigen finanziellen Mittel müssen eingeplant werden. Es sollte keinesfalls zu einer Situation kommen wie in der Einführungsphase des Bundesfreiwilligendienstes, als die Mittel für die pädagogische Begleitung gekürzt wurden. Auf den Einwand, dass die gewünschten pädagogischen Effekte sich grundsätzlich nur unter Bedingungen der Freiwilligkeit und daher nicht bei Dienstpflichtigen erzielen ließen, wird in These 17 näher eingegangen. Freiwilliges Engagement und eine allgemeine Dienstpflicht sind deshalb großartig, weil sie Menschen weiterbringen, Gutes leisten und den gesellschaftlichen Zusammenhalt stärken, nicht weil sie den Staatshaushalt vermeintlich entlasten würden. Vor allem in den USA wurde früher für bürgerschaftliches Engagement als Alternative zu einem Ausbau des Sozialstaats geworben. Aber es stellte sich heraus, dass diese Logik nicht funktionierte. Es gilt nämlich nicht: je weniger Staat, desto mehr bürgerschaftliches Engagement und umgekehrt. Vielmehr zeigt die Entwicklung sowohl bei uns als auch in anderen Ländern, dass, wenn der Staat in den Sozialbereich investiert, gleichzeitig auch das bürgerschaftliche Engagement wächst.[143] In diesem Sinne resümiert die Enquete-Kommission »Zukunft des Bürgerschaftlichen Engagements«: »Bürgerengagement braucht Förderung und Infrastruktur, die nur der Staat leisten kann. [...] Der rechtsstaatliche Rahmen und das sozialstaatliche Fundament bleiben die entscheidenden Voraussetzungen für eine Entfaltung bürgergesellschaftlicher Subsidiarität.«[144]

*

These 15:

Eine allgemeine Dienstpflicht könnte integrative Nebeneffekte entfalten. Freiwilligendienste stellen derzeit eine Nische für (meist weibliche) Jugendeliten dar (das hat auch mit der schlechten Bezahlung zu tun). Migranten und junge Menschen ohne Abitur werden trotz großer Bemühungen kaum erreicht. Dieses Problem würde durch eine allgemeine Dienstpflicht überwunden. Migranten und jungen Menschen ohne Abitur würden die Bildungs- und Teilhabechancen nicht länger vorenthalten, die in einem praktischen sozialen Bildungsjahr liegen. Die Integration von Zuwanderern mit dauerndem Bleiberecht könnte entscheidend verbessert wer-

den, indem durch die Dienstpflicht gemeinschaftlicher Zusammenhalt in einer zunehmend heterogenen Gesellschaft gestärkt würde und staatsbürgerliche Teilhabe ein sichtbares Symbol erhielte. Als weiteren (demographischen) Nebeneffekt einer allgemeinen Dienstpflicht könnte man jungen Menschen Anreize zur Familiengründung geben (und Erziehungstätigkeit aufwerten), indem man vergleichbare Erziehungsleistungen als Surrogat zur Erfüllung der Dienstpflicht bzw. als Freistellungsgrund anerkennt.

Früher waren junge Männer verpflichtet, Wehrdienst oder Zivildienst zu leisten. Eine Ausweitung der Verpflichtung auf junge Frauen wurde meist mit dem Argument abgelehnt, dass Frauen ihrer gesellschaftlichen Verpflichtung ja an anderer Stelle nachkämen, indem sie sich um die Betreuung ihrer Kinder und um die Pflege von Angehörigen kümmerten. War diese gesellschaftliche Arbeitsteilung also durch dieses Arrangement gerechtfertigt bzw. hatten Frauen dann sogar so etwas wie eine moralische Pflicht, diese ihnen zugeschriebenen Aufgaben auch zu übernehmen? Oder handelte es sich bei solchen Argumenten nicht eher um eine problematische Stabilisierung überholter und frauenfeindlicher gesellschaftlicher Konventionen? Die Soziologin Uta Klein identifizierte dahinter alte Mythen bzw. Geschlechterstereotypen vom wehrfähigen und wehrverpflichteten Mann (der durch den Wehrdienst Männlichkeit erlangt) im dichotomischen Gegenüber zur von Natur aus friedfertigen, für den Dienst an der Waffe (und andere ernsthafte Bereiche) ungeeigneten, auf die Verteidigung durch Männer angewiesenen Frau.[145] Der Ausschluss der Frauen vom Militärdienst korrespondierte im 19. Jahrhundert mit einem Ausschluss aus der öffentlichen Sphäre sowie einem Ausschluss vom Bürgerstatus und diente somit einer Zementierung der männlichen Vormachtstellung. Das ursprüngliche grundgesetzliche Verbot des Waffendienstes für Frauen festigte die Geschlechterdifferenzierung der westdeutschen Gesellschaft der fünfziger und sechziger Jahre.[146] Seit 1975 durften Frauen in militärischen Randaufgaben (Sanitätsdienst, Militärmusikdienst) mitarbeiten, aber erst im Jahr 2000 führte ein EuGH-Urteil zur breiten Öffnung der Bundeswehr für Frauen (auf freiwilliger Basis) und zur entsprechenden Neufassung des Art. 12a des Grundgesetzes. Gleichwohl entschied das Bundesverwaltungsgericht noch im Jahr 2006, dass die größere familiäre Belastung von Frauen eine Entbindung von einer Dienstverpflichtung rechtfertige. Zukunftsweisender war wohl das Urteil des Bundesverfassungsgerichts gegen die Beschränkung der Feuerwehrdienstpflicht auf Männer neun Jahre zuvor, das feststellte, dass ein Nachteilsausgleich für besondere familiäre Belastungen besser durch geschlechtsunabhängige Freistellungsregelungen erfolgen könnte.[147] In diesem Sinne könnten bei einer allgemeinen Dienstpflicht, die – bei einem Verzicht auf überkommene Rollenzuschreibungen – selbstverständlich nur geschlechtsübergreifend gedacht werden kann, individuell erbrachte vergleichbare Erziehungs- oder Pflegeleistungen unabhängig vom Geschlecht als Surrogat zur Erfüllung der Dienstpflicht bzw. als Freistellungsgrund anerkannt werden. Dies hätte die familienpolitischen Nebeneffekte, dass jungen Menschen Anreize zur Familiengründung gesetzt würden und Erziehungstätigkeit aufgewertet würde.

Während der Zivildienst früher jungen Männern vorbehalten war, entschieden sich engagementwillige junge Frauen häufig für einen Freiwilligendienst, wie das Freiwillige Soziale Jahr. Auch nach der Aussetzung der Wehrpflicht sind die Personen, die Freiwilligendienste leisten, überwiegend weiblich. Es stellt sich die Frage, wie auch junge Männer vermehrt dafür gewonnen werden könnten. Dies wäre insbesondere vor dem Hintergrund der Erfahrungen mit dem Zivildienst wünschenswert, nach denen Zivildienstleistende häufig Arbeiten kennenlernten, die sonst vorrangig von Frauen ausgeführt werden, was zur Relativierung traditioneller männlicher Geschlechterorientierungen positiv beitrug. Doch die an Freiwilligendiensten Teilnehmenden bilden auch noch im Blick auf andere soziographische Merkmale keineswegs die Bevölkerung ab. Es handelt sich in der Regel um junge Frauen mit Abitur und ohne Migrationshintergrund. Man könnte also bei den Freiwilligendiensten in der derzeitigen Form kritisch von einer Art von Mittelstandsförderung sprechen, die sich delegitimierend auf eine dauerhafte öffentliche Förderung dieser Dienste auswirken könnte.[148] Sie stellen eine »Nische für Jugendeliten [dar], die sich bereits auf dem Weg gelingender Identitätsbildung befinden«.[149] Für junge Menschen aus bildungsfernen Schichten oder sogar mit Armutshintergrund böte ein sozialer Dienst in besonderer Weise Teilhabe- und Bildungschancen. Es würden ihnen dadurch Möglichkeiten eröffnet, Anerkennung zu erhalten, Erfahrungen von Selbstwirksamkeit zu machen und Unterstützung im Blick auf persönliche Entwicklung, Selbstentfaltung und Orientierung zu erleben.

Ein Grund dafür, warum Freiwilligendienste für Menschen mit Armutshintergrund derzeit nicht in Frage kommen, sind die finanziellen Rahmenbedingungen. Wer einen Freiwilligendienst leistet, hat, im Unterschied zum früheren Wehr- und Zivildienst, keinen Rechtsanspruch auf Unterkunft, Verpflegung oder entsprechende geldwerte Leistungen. Eine von der Sicherung des eigenen Lebensunterhalts befreite Phase der persönlichen Entwicklung und Orientierung ist ein Luxus, den sich schlicht nur die oberen Schichten für ihre Kinder leisten können.[150] Wenn sich die Rahmenbedingen einer allgemeinen Dienstplicht jedoch am Wehr- und Zivildienst orientieren, wäre dieses Problem gelöst. Weitere Gründe für die fehlende Attraktivität von Freiwilligendiensten für Menschen aus bildungsfernen Schichten sind das Spektrum der Tätigkeiten und die pädagogischen Formen. Die möglichen Tätigkeiten müssten ausgeweitet werden, beispielsweise auf solche eher handwerklicher Art oder auf Engagement im Sportbereich. Die Konzeption der Einsatzfelder sollte sich stärker an den individuellen Bedürfnissen der jungen Menschen und an ihrem Sozialraum orientieren. Die sozialpädagogische Begleitung und Betreuung müssten bei dieser Zielgruppe deutlich intensiviert und formal angepasst werden, da sie derzeit eher auf Teilnehmende mit höherem Bildungsabschluss zugeschnitten ist (was auch damit zusammenhängt, dass soziale Einrichtungen verstärkt an Freiwilligen mit entsprechender Qualifikation interessiert sind). Es bedarf eines erweiterten sozialpädagogischen Konzepts mit einer spezifischen Vermischung von Arbeit und Lernen. Aufgrund der bei entsprechenden Jugendlichen verbreiteten Schulmüdigkeit sind alle schulähnlichen Lernformen zu vermeiden.[151]

Auch die Frage, wie es gelingen könnte, mehr junge Menschen mit Migrationshintergrund für die Freiwilligendienste und freiwilliges Engagement insgesamt zu gewinnen, wird seit Jahrzehnten intensiv diskutiert. Man erhofft sich davon eine Erhöhung der Integrationschancen dieser Menschen sowie eine Förderung der aktiven Teilnahme am gesellschaftlichen Miteinander und des sozialen Zusammenhalts.[152] Nicht erst seit der Zuwanderung einer großen Anzahl von Geflüchteten in den letzten Jahren, aber seitdem noch verstärkt, sind integrationspolitische Herausforderungen unübersehbar. In der Integrationspolitik verläuft der Trend dabei aktuell von einer Fokussierung auf die Defizite der Migranten hin zu einer Stärkung ihrer Potenziale. Erfahrungen zeigen, dass junge Migranten, die sich engagieren, häufig mehr Ideen und Kompetenzen mitbringen, als vielfach angenommen wird. Insbesondere wenn sie die Möglichkeit zur Mitgestaltung erhalten, zeigen sie oft viel Freude an der Sache, eine hohe Hilfsbereitschaft und breit gefächerte Kompetenzen und entwickeln die Bereitschaft zu weiterem künftigem Engagement.[153] Früher leistete auch der Zivildienst einen wertvollen Beitrag im Hinblick auf die Integration von jungen Männern mit Migrationshintergrund.[154]

Studien belegen, dass es nicht an der fehlenden Bereitschaft zum freiwilligen Engagement liegt, dass das vorhandene hohe Engagementpotenzial von Migranten und jungen Menschen ohne Abitur nur von wenigen in die Tat umgesetzt wird, sondern an den Rahmenbedingungen.[155] Es gibt seit

Jahrzenten immer wieder gezielte Versuche, diese Zielgruppen durch Modellprojekte und Maßnahmen der Jugendberufshilfe zu erreichen (beispielsweise das Freiwillige Soziale Trainingsjahr), um benachteiligten jungen Menschen durch Engagementerfahrungen neue Chancen zu eröffnen. Diese Versuche waren jedoch letztlich, wenn man auf die Statistik schaut, nicht erfolgreich. Darum liegt hier eine große Chance der allgemeinen Dienstpflicht, durch die es endlich gelingen würde, diese Personengruppen zu erreichen. Migranten und jungen Menschen ohne Abitur würden die Bildungs- und Teilhabechancen nicht länger vorenthalten, die in einem praktischen sozialen Bildungsjahr liegen. So wie im 19. Jahrhundert der Wehrdienst die gesellschaftliche Integration und Partizipation jüdischer Männer beförderte, zum Abbau antijüdischer Vorurteile beitrug und die Koppelung der Bürgerrechte an die Wehrpflicht eben auch die Bürgerrechte von Juden im allgemeinen Bewusstsein legitimierte,[156] so könnte eine allgemeine Dienstpflicht heute einen wichtigen Beitrag zur Verbesserung der Integration von Zuwanderern mit dauerndem Bleiberecht leisten, indem durch die Dienstpflicht gemeinschaftlicher Zusammenhalt in einer zunehmend heterogenen Gesellschaft gestärkt würde und staatsbürgerliche Teilhabe ein sichtbares Symbol erhielte. Durch eine bessere soziale Vermischung der Dienstleistenden im Rahmen einer allgemeinen Dienstpflicht würden zudem die erwünschten pädagogischen Wirkungen (beispielsweise Respekt und Toleranz einüben im Miteinander verschiedener Milieus) deutlich verstärkt.

*

4.3 Pädagogische Ziele und Menschenbild

These 16:

Der Mensch ist erziehungsbedürftig. Pädagogische Praxis setzt stets bestimmte Menschenbilder voraus. Reformpädagogische Ansätze idealisieren (in Abgrenzung zur christlichen Anthropologie, welche die Erlösungsbedürftigkeit des Menschen ernst nimmt) das Kind und betonen zu einseitig dessen Selbstbestimmung, erkennen jedoch andererseits die Potenziale praktischer Erfahrungen und praktischer Selbsttätigkeit für Bildungsprozesse, die im Regelschulbetrieb zu wenig genutzt werden (wohl aber im Rahmen einer Dienstpflicht).

Kann der Mensch überhaupt erzogen werden? Falls ja, warum soll er erzogen werden und wozu soll er erzogen werden? Pädagogik ist angewandte Anthropologie und angewandte Ethik. Sie basiert immer schon – bewusst oder unbewusst – auf bestimmten Überzeugungen bezüglich des Wesens und der Bestimmung des Menschen sowie auf bestimmten Werten. Indem die Pädagogik die Frage nach ihrem Menschenbild zu reflektieren begann, entstand die pädagogische Anthropologie als eigenständige Wissenschaft. In der Regel betonen pädagogische Menschenbilder die Lernmotivation und die Entwicklungsmöglichkeiten der Schüler, es handelt sich also eher um optimistische Menschenbilder. Jedoch ist der Mensch nicht nur erziehungsfähig, sondern auch erziehungsbedürftig. Immanuel Kant formulierte in der Aufklärungszeit (vielleicht etwas zu) pointiert: »Der Mensch ist das einzige Geschöpf, das erzogen werden muss. [...] Der Mensch kann nur Mensch werden durch Erziehung. Er ist nichts, als was die Erziehung aus ihm macht.«[157] Den philosophischen und empirischen Hintergrund für die Annahme einer Erziehungsbedürftigkeit und -fähigkeit des Menschen lieferten vor allem Max Scheler und Arnold Gehlen. Nach Scheler ist der Mensch ein weltoffenes, nicht festgelegtes, unfertiges Wesen. Er muss lernen, sich seine Welt anzueignen und sich immer wieder in der ständigen Auseinandersetzung mit der Welt selbst zu schaffen. Nach Gehlen ist der Mensch ein instinktarmes Mängelwesen, das lernen muss, seine Mängel durch seine geistigen Fähigkeiten und seine handelnde Beeinflussung der Umwelt auszugleichen.[158] Schließt man sich dem Urteil an, dass der Mensch erziehungsfähig und erziehungsbedürftig ist, stellt sich die Frage nach den angemessenen Erziehungsinhalten: Zu welchem irgendwie als höher oder vollkommener bewerteten Zustand soll der Schüler hingeführt werden? Die Antwort hängt vom jeweiligen Menschenbild und von den dazu passenden Prinzipien, Gütern, Fähigkeiten und Werten ab. Darum können pädagogische Theorien und pädagogisches Handeln nicht wertneutral sein, sondern implizieren immer bestimmte Menschenbilder und Wertvorstellungen, die transparent gemacht werden sollten, damit man sie kritisch reflektieren kann. Eine wertungsfreie pädagogische Theorie könnte nicht zwischen guter Erziehung und beliebiger Manipulation unterscheiden. Aber natürlich muss es sich bei diesen unverzichtbaren Hintergrundannahmen nicht um ausgereifte und detaillierte philosophische Menschenbilder und Ethiken handeln. So betont der Erziehungswissenschaftler Jörg Zirfas, dass die pädagogische Anthropologie sich inhaltlich möglichst bescheiden und pluralistisch aufstellen sollte.[159]

Unterschiedliche Menschenbilder und Wertvorstellungen führen zu unterschiedlichen pädagogischen Ansätzen. Nach der Bildungstheorie der Aufklärung muss sich Erziehung am Ideal der selbständigen und mündigen Person ausrichten. Die humanistische Bildungstheorie orientiert sich an der Vorstellung einer Bestimmung des Menschen zu einem Leben in (wahrer menschlicher) Würde und zur Selbstverwirklichung. Bildung soll hier zur Persönlichkeitsentwicklung beitragen und darf auf keinen Fall für äußere Zwecke instrumentalisiert werden. Die idealistische Bildungstheorie zielt auf eine Aneignung von Allgemeinwissen und auf gesellschaftliche Integration. Die kritische Pädagogik möchte zu einer Bewusstseinsbildung beitragen, die eine Umgestaltung der Gesellschaft nach emanzipatorischen Gesichtspunkten befördert. Und die aktuelle Bildungspraxis versucht, wirtschaftlicher Logik folgend und auf der Grundlage von Verfahren mit empirisch belegter Effektivität, in standardisierten Bildungsgängen Kompetenzen zu vermitteln, um die Adressaten für einen flexiblen Einsatz auf dem Arbeitsmarkt tauglich zu machen. Besonders interessant im Blick auf die Diskussion um eine allgemeine Dienstpflicht ist die Beschäftigung mit reformpädagogischen Ansätzen, weil in diesen sowohl das Thema Pädagogik und Zwang als auch das Thema alternative Bildungsorte und -methoden eine wichtige Rolle spielen. Unter dem Begriff »reformpädagogische Ansätze« werden vielfältige innovative pädagogische Konzepte im späten 19. und frühen 20. Jahrhundert zusammengefasst, die (oft unter Rückgriff auf entsprechende Vordenker aus der Aufklärungszeit) programmatisch vom Kind her bzw. vom Lernenden her denken.

Die Kindheit wird von den Reformpädagogen nicht mehr – wie im Rationalismus – als ein möglichst schnell zu überwindender Zustand des Mangels an geistigen Fähigkeiten, als Durchgangsstadium zum erwachsenen, eigentlichen Menschen betrachtet, sondern als eine in sich selbst sinnvolle und zu würdigende Phase des Menschseins. Darum kann man nun in der Pädagogik speziell vom Kind (nicht mehr nur allgemein vom Menschen) ausgehen. Das Kind wird zudem nun idealisiert und romantisiert, indem es in den Kontext von Natürlichkeit gestellt wird. Was das Kind tut, geschieht vermeintlich nach alten Naturgesetzen und muss daher ursprünglich gut sein. Der Pädagoge soll es wie eine Pflanze wachsen lassen (»Kindergarten«), so wie es von selber wachsen möchte, und darf es nicht dabei behindern. Das Kind erhält eine quasireligiöse Mittler- bzw. Erlöserrolle, die beispielsweise biologistisch (Kind als Chance zur evolutionären Weiterentwicklung der Menschheit hin zu Frieden und Gerechtigkeit), spirituell (im Kind zeigt uns die Weltseele den Weg zu den Ursprüngen) oder mit der Projektion kulturkritischer Hoffnungen (Wiederherstellung der – aktuell entarteten – natürlichen Verhältnisse durch die Bewahrung kindlicher Integrität) begründet werden kann.[160] Aus der mythisierten kindlichen Natürlichkeit und Güte, deren Integrität nicht durch pädagogisches Handeln beeinträchtigt werden darf, folgt eine subjektorientierte pädagogische Orientierung, die an den Erfahrungen, Bedürfnissen und Interessen der Adressaten ansetzt und selbstbestimmte Lernprozesse sowie Entwicklungsfreiheit ermöglicht. Selbstbestimmung und Freiheit werden dabei jedoch – als Folge des eindimensionalen Menschenbildes – tendenziell zu einseitig betont. Auf die daraus mitunter folgende grundsätzliche Ablehnung von Zwang in der Pädagogik, die bei einigen Gegenargumenten zur allgemeinen Dienstpflicht durchscheint, wird in These 17 näher eingegangen.

Die reformpädagogische Idealisierung des Kindes grenzt sich nicht nur von philosophisch-rationalistischen Menschenbildern ab, sondern impliziert von Anfang an auch eine Schlagseite gegen christliche Menschenbilder. Diese betonen neben der Würde des Menschen, seiner Gottebenbildlichkeit und seiner guten gottgegebenen Bestimmung nämlich immer auch seine Begrenztheit, seine Verstrickung in Schuldzusammenhänge, seine radikale Erlösungsbedürftigkeit und seinen Hang, sich Anerkennung und Liebe nicht schenken zu lassen, sondern erzwingen zu wollen. Dazu verwendet die Theologie den traditionellen Begriff der Sünde oder Erbsünde, der leider häufig moralisierend missverstanden oder trivialisiert wird, aber in seiner ursprünglichen Bedeutung eine unverzichtbare Erkenntnis über die Existenzbedingungen des Menschen transportiert. Die Erfahrung, dass es Formen innerer Unfreiheit sowie äußerer Strukturen mit lebenszerstörerischen Wirkungen gibt, die ausnahmslos alle Menschen (selbst Kinder) betreffen und aus denen man nicht aus eigener Kraft ausbrechen kann, macht vielleicht jeder irgendwann. Dass diese Phänomene etwas mit unserem fehlenden Vertrauen auf Gott, der die Liebe ist, zu tun haben und dass die Gewissheit, trotzdem von Gott angenommen zu sein, Trost spendet, ist demgegenüber wohl nur aus der Erfahrung bedingungsloser Liebe bzw. der Perspektive des Glaubens plausibel. Insofern reformpädagogische Menschenbilder diese Seite des Menschen und auch des Kindes nicht ernst nehmen bzw. ausblenden, werden sie aus christlicher Sicht ideologieanfällig. Die Idee von der guten Natur des Kindes stammt aus der spätantiken heidnischen Popularphilosophie. In der gnostischen Lehre etwa fungierte das Kind als Vorbild und Erlöser des Erwachsenen, weil sich seine Seele noch nicht völlig von ihrem geistigen Ursprung abgelöst und mit der Materie verbunden und dadurch noch etwas von der ursprünglichen Einheit und Vollkommenheit der All-Seele in sich bewahrt habe.[161] In der Reformpädagogik gewinnt der Kampf für die Idee des absoluten, in unentfremdeter Ursprünglichkeit lebenden (also christlich gesprochen sündlosen, nicht erlösungsbedürftigen, sondern heilsbringenden) Kindes wieder religiöse Züge, wenn beispielsweise Maria Montessori fordert, dass sich der Lehrer nur mit »wahrhaft religiöser Verehrung«[162] dem Kind nähern solle. Der Erziehungswissenschaftler Heiner Ullrich resümiert, dass »die romantische Vorstellung vom Kind [...] nicht etwa empirisch aus dem erzieherischen Umgang mit Kindern gewonnen [worden sei], sondern den spekulativen Köpfen kulturkritischer Philosophen, Poeten und Künstler entsprungen [...] [sei und trotzdem] wie kaum ein anderer Topos im pädagogischen Denken der Moderne [...] Schule gemacht«[163] habe – mit problematischen pädagogischen Folgen.

Während die quasireligiöse Idealisierung und die daraus folgende einseitige Betonung der Selbstbestimmung des Kindes als Schwäche reformpädagogischer Ansätze angesehen werden müssen, liegt andererseits in der Entdeckung der Potenziale praktischer Erfahrungen und praktischer Selbsttätigkeit für Bildungsprozesse (die auch im Blick auf die Diskussion zur allgemeinen Dienstpflicht relevant sind) eine große Stärke. Als man sich intensiver mit den spezifischen Lern- und Entwicklungsbedingungen junger Menschen beschäftigte, wurde deutlich, dass Buchwissen weniger nachhaltig ist als durch eigene Tätigkeit erworbenes Erfahrungswissen. Entsprechend wurde die praktische Selbsttätigkeit des Lernenden zum wichtigsten methodischen Unterrichtsprinzip der unterschiedlichen Ansätze (»Hilf mir, es selbst zu tun«). So forderte beispielsweise der deutsche Reformpädagoge Carl Götze eine kreativitätsfördernde Kunsterziehung anstelle der reinen »Paukschule«. Der französische Reformpädagoge Célestin Freinet plädierte für eine Arbeitsschule, in der die Kinder durch frei gewählte, sinnvolle Arbeiten Befriedigung und Selbstverwirklichung erfahren (»Aus dem Leben – für das Leben – durch die Arbeit«). Und der amerikanische Reformpädagoge und Philosoph John Dewey trat für erfahrungsbasiertes Lernen durch die Übernahme praktischer gesellschaftlicher Verantwortung im Rahmen von Bildungsprozessen ein (*Learning by Doing*). Erst die Auseinandersetzung mit am eigenen Leib erfahrenen Handlungskonflikten und den damit verbundenen Emotionen ermöglicht nach Dewey wirkliche Persönlichkeitsentwicklung.

Von Dewey wurde auch der Ansatz des *Service Learning* (»Lernen durch Engagement«) inspiriert, der gegenwärtig im Hochschulbereich an Bedeutung gewinnt. In den USA hat das *Service Learning* schon eine etwa fünfzigjährige Tradition, an deutschen Hochschulen entstehen erst punktuell in den letzten Jahren entsprechende Angebote, teilweise im

Rahmen von Lehrplänen, teilweise ergänzend. Das *Service Learning* gehört zu den Ansätzen der *experiential education*, die Erfahrungen der Studierenden stehen also im Mittelpunkt. Bei dieser Form des erfahrungsbasierten Lernens engagieren sich Studierende zeitlich begrenzt mit einer vorgegebenen Zielsetzung im sozialen Bereich. Während sie relevante gesellschaftliche Verantwortung übernehmen, sollen sie andere Menschen und deren Lebenswirklichkeiten kennenlernen und dadurch ihre Perspektive erweitern. Zum Konzept gehören verbindlich erstens die Schaffung von Reflexionsmöglichkeiten und zweitens ein Umgang mit den Adressaten auf Augenhöhe (*Empowerment* statt *Charity*). Empirische Untersuchungen bestätigen positive Effekte des Ansatzes auf die Teilnehmenden.[164]

Vor einiger Zeit fand im Bildungsbereich ein Perspektivenwechsel vom Qualifikations- zum Kompetenzbegriff statt. Angesichts der ständigen Veränderungen bei benötigten Qualifikationen im Arbeitsleben wird die Entwicklung der Persönlichkeit sowie von Kompetenzen, die ein lebenslanges Lernen erleichtern, immer wichtiger. Diese Kompetenzen werden nicht nur in den traditionellen Bildungseinrichtungen, sondern in der Arbeits- und Lebenswelt an diversen Lernorten erworben. Daher gewinnen neue Lern- und Bildungsorte an Bedeutung, die sich hinsichtlich institutioneller Rahmenbedingungen, Organisationsgrade und pädagogischer Prinzipien stark unterscheiden. Im Blick auf diese Bildungsorte wird differenziert zwischen formaler Bildung, informellem Lernen und non-formaler Bildung, die einander im Rahmen der neuen Lernkultur ergänzen. Formale Bildung bezeichnet die klassischen Bildungsgänge in

Schulen und Hochschulen mit entsprechenden Qualifikationsnachweisen. Informelles Lernen bedeutet ungeplante und nicht beabsichtigte oder gesteuerte Lernprozesse, die sich – außerhalb formalisierter Bildungsinstitutionen und Lernveranstaltungen – im Alltag und aus den alltäglichen Handlungsvollzügen heraus ergeben. Non-formale Bildung bezeichnet Lernprozesse außerhalb der etablierten Lernorte und ohne feste Lehrpläne, gleichwohl in organisierter Form und in Anwesenheit von Pädagogen. Es geht in der non-formalen Bildung um die Eröffnung von Lerngelegenheiten im Alltag, anknüpfend an die Lebenswelt, die Erfahrungen und die Interessen der Adressaten und verknüpft mit gesellschaftlichem Engagement.[165]

Soziale Dienste, wie Zivildienst, Freiwilligendienste oder Tätigkeiten im Rahmen einer allgemeinen Dienstpflicht, können als Lernorte non-formaler Bildung mit zusätzlichen Gelegenheiten für informelles Lernen angesehen werden. Im Blick auf den früheren Zivildienst wurden Lernerfahrungen und -effekte empirisch untersucht. Vor allem die tägliche praktische Arbeit wurde von den meisten Zivildienstleistenden als lernintensiv erlebt. Die ergänzenden Seminare wurden als weniger bereichernd empfunden. Die Befragten gaben an, durch den Kontakt mit Menschen, durch das Kennenlernen neuer Lebens- und Sichtweisen sowie neuer Strukturen am Arbeitsplatz und durch die Konfrontation mit Lebensproblemen und praktischen Herausforderungen sehr viel gelernt zu haben. Dies bestätigte sich auch bei der detaillierten Erhebung von Daten zur Entwicklung der Persönlichkeit sowie von Schlüsselqualifikationen.[166] Auch im Blick auf die Jugendfreiwilligendienste wurden Lernerfahrungen und -effekte empirisch untersucht. Hier beruht der sichtbare hohe Bildungserfolg hauptsächlich auf der Kombination von verantwortungsvoller Tätigkeit mit Ernstcharakter und pädagogisch begleiteter Reflexionsmöglichkeit.[167]

Diese pädagogischen Einsichten und Erfahrungen unterstreichen die großen Chancen für die Persönlichkeitsbildung, die in einer allgemeinen Dienstpflicht liegen. Zur pädagogischen Vermittlung von Wertvorstellungen, Vorbildern und Idealen, auf die der Mensch als erziehungsbedürftiges Wesen angewiesen ist, bedarf es des Angebots von Handlungsfeldern. Im praktischen Handeln setzt sich der Mensch mit sich selbst und seiner Umwelt auseinander, kann sich darin selbst verwirklichen und erfährt erst dadurch, wer er ist. Der Mensch lernt nichts ohne Übung. Die Gesellschaft muss Übungsfelder zur Entwicklung von Menschlichkeit zur Verfügung stellen.[168] Schulen reichen zur Vermittlung dieser Kompetenzen nicht aus. Gemeinwesenorientierte Bildung muss im Alltag stattfinden durch Beteiligung an dem, was in der Gesellschaft geschieht. Paul Goodman drückt diesen Zusammenhang so aus: »Im Idealfall besorgt das Leben der Polis selbst die Erziehung. Eine gute Gemeinde ist geradezu definiert durch anziehende und wichtige Anlässe, etwas Sinnvolles zu tun, durch Aufgaben, in die man hineinwachsen möchte und in die hineinzuwachsen es sich lohnt.«[169] Die wichtige Flankierung durch pädagogisch begleitete Angebote zur Selbstreflexion muss bei der Gestaltung der Rahmenbedingungen einer allgemeinen Dienstpflicht berücksichtigt werden.

*

These 17:

Der Freiheitsbegriff muss in philosophischer und theologischer Perspektive differenziert gefüllt werden. Die (im humanistischen Bildungsideal zu Recht geforderte) Kultivierung von Freiheit schließt (entgegen der Behauptung antiautoritärer und anarchistischer pädagogischer Ansätze) in der pädagogischen Praxis Zwang und Autorität nicht aus, was nicht nur an der Schulpflicht sowie negativen Bildungsergebnissen zwangloser Pädagogik, sondern auch an den empirisch nachgewiesenen sozialen Bildungserfolgen im Rahmen des Zivildienstes als Pflichtdienst deutlich wird.

Viele Gegner des Vorschlags einer allgemeinen Dienstpflicht – gerade auch solche aus dem Bereich von Kirche und Diakonie – argumentieren damit, dass die Ausübung von Zwang grundsätzlich weder aus politisch-rechtlicher noch aus ethischer noch aus pädagogischer Sicht akzeptabel sei. Dass auch ein freiheitlicher Staat gar nicht umhin kommt, Zwang auf seine Bürger auszuüben (beispielsweise Steuererhebung oder Aufrechterhaltung von Recht und Ordnung), ist evident. Natürlich ist die Regierung in einer Demokratie an das Recht gebunden. Für eine Einschränkung bürgerlicher Freiheitsrechte bedarf es legitimer Gründe – aber die kann es geben. Es muss demokratisch ausgehandelt werden, welches Maß an Zwang eine Gesellschaft aus welchen Gründen und im Hinblick auf welche Ziele als legitim erachtet. Entsprechend werden die gesetzlichen Rahmenbedingungen festgelegt. Die juristischen Aspekte im Blick auf die allgemeine Dienstpflicht wurden in den Thesen 6 und 7 behandelt. Hier soll es nun um eine Auseinandersetzung mit den Begriffen Freiheit und Zwang in ethischer und pädagogischer Perspektive gehen. Haben die Kritiker Recht, wenn sie behaupten, dass sich im Rahmen eines sozialen Pflichtdienstes Solidarität und Gemeinsinn nicht entwickeln könnten, da Freiwilligkeit eine unabdingbare Voraussetzung für solche Bildungsprozesse darstelle?[170]

Im Hintergrund der radikalen Ablehnung jeglichen Zwangs in der Pädagogik stehen reformpädagogische, antiautoritäre und anarchistische pädagogische Konzepte bzw. die ihnen zugrundeliegenden Menschenbilder und Weltanschauungen. Die quasireligiöse Idealisierung und die daraus folgende einseitige Betonung der Selbstbestimmung des Kindes in der Reformpädagogik wurde bereits im Rahmen der vorangegangenen These kritisch herausgearbeitet. In der Debatte um die allgemeine Dienstpflicht werden die entsprechenden pädagogischen Forderungen ungeachtet des ursprünglichen Argumentationszusammenhangs auf junge Erwachsene übertragen. Bei vielen Reformpädagogen, besonders deutlich bei Maria Montessori, verband sich die Romantisierung des Kindes mit biologistischen Vorstellungen, die den ideologischen Charakter der Ansätze und damit letztlich auch der Ablehnung von Zwang in der Pädagogik besonders deutlich machen: Die biologische Vorwärtsentwicklung der menschlichen Gattung setze die ungehinderte und kulturell unverfälschte Entwicklung des Kindes mit seiner einmaligen genetischen Individualität als Chance für den Evolutionsprozess voraus. Damit wurden Freiheit und Zwanglosigkeit als pädagogische Grundprinzipien begründet.[171] Die spezifischen ideologischen Begründungen des Freiheitsbegriffs in der Waldorfpädagogik wurden bereits seit den achtziger Jahren vielfach wissenschaftlich beschrieben.[172]

Parallel zu den klassischen reformpädagogischen Ansätzen entwickelten sich auch anarchistische pädagogische Konzepte. Der Anarchismus sieht in der Pädagogik ebenso wie in der Polizei, dem Militär oder der Rechtsprechung Instrumente zur Aufrechterhaltung eines bürgerlich-kapitalistisch-etatistischen Herrschaftsapparats. Vor diesem Hintergrund fordert anarchistische Pädagogik einerseits eine Abschaffung staatlicher Schulen sowie der Schulpflicht und andererseits pädagogische Methoden, die auf Zwang (verstanden als Tradierung bürgerlicher Herrschaftsverhältnisse) verzichten und Freiheit (verstanden als individualistische Selbstbestimmung sowie Herrschafts- und Hierarchielosigkeit) befördern. In den siebziger Jahren erhielt die anarchistische Pädagogik neue Aufmerksamkeit in Form der so genannten Antipädagogik und der Kinderrechtsbewegung. Hier wurde erzieherische Machtausübung unter den Generalverdacht gestellt, Kinder (die wesenhaft gut seien und einen Anspruch darauf hätten, für sich selbst Verantwortung zu übernehmen) nur beherrschen und manipulieren zu wollen und dadurch gegen die Menschenrechte zu verstoßen (der Status von Kindern wurde verglichen mit dem von Sklaven in der Antike). Die seit dem Ende der sechziger Jahre zunehmend einflussreiche antiautoritäre Pädagogik sozialistischer und liberaler Prägung ist von der anarchistischen Pädagogik zu unterscheiden, aber es gibt Schnittmengen.[173]

Die antiautoritäre Pädagogik hat sich zwar aus politischen Gründen von der Reformpädagogik abgegrenzt, war jedoch stark von ihr beeinflusst, insbesondere im Blick auf ihr Menschenbild (von Natur aus gutes Kind, dessen freie Entwicklung nicht behindert werden dürfe). Es handelt sich um eine umfassende Erziehungsphilosophie, die um einer möglichst umfassenden Entwicklungsautonomie des Kindes willen pädagogische Zwänge ablehnt. Im Hintergrund standen außerdem die These der Frankfurter Schule, dass autoritäre Erziehung faschistische Menschen hervorbringe (während man sich von antiautoritärer Erziehung die Hervorbringung sozialistisch-revolutionärer Menschen erhoffte), sowie die These des Psychoanalytikers Wilhelm Reich, dass eine Befreiung der kindlichen Sexualität Neurosen verhindere (wodurch vermutlich Rahmenbedingungen für sexuelle Gewalt gegen Kinder befördert wurden). Insofern wäre es zwar verkürzend, das Theoriegebäude der antiautoritären Pädagogik einfach nur mit einem Laissez-faire-Erziehungsstil gleichzusetzen, gleichwohl war die Entwicklung zur Vorherrschaft eines solchen permissiven Erziehungsstils wohl die nachhaltigste gesellschaftliche Wirkung dieses pädagogischen Ansatzes. Sehr viele Eltern verzichten heute bewusst auf Wertevermittlung und verwöhnen »ihre Kinder bis hin zur völligen Führungslosigkeit, ja sogar bis hin zum bewussten Vorsatz, nicht mehr erziehen zu wollen, da dies, wie sie fürchten, per se autoritär sei«.[174] Dies hat dann im Ergebnis wenig mit dem ursprünglich guten Ziel einer pädagogischen Förderung von Selbstbestimmung, Emanzipation und Selbstverwirklichung zu tun. Die Lernkultur in Bildungseinrichtungen ist dabei, sich grundlegend zu wandeln. Wir erleben derzeit einen Paradigmenwechsel in der Didaktik hin zu einer so genannten Ermöglichungsdidaktik. Selbstgesteuertes Lernen ist zur Leitidee im pädagogischen Diskurs geworden. Die Methode der Freiarbeit setzt sich zunehmend durch – ungeachtet einzelner kritischer Stimmen. So sehen manche einen Zusammenhang zwischen dem kontinuierlich (zuletzt dramatisch) sinkenden Bildungs- und Kompetenzniveau der Schüler in Deutschland[175] und der vorherrschenden Pädagogik. Andere verweisen darauf, dass der offene Unterricht dem Bedürfnis der Schüler nach Orientierung und Bindung zuwiderlaufe. Die Grundschullehrer müssen damit umgehen, dass sie als Folge des ausschließlich freien Spiels in manchen Kindertagesstätten nicht mehr selbstverständlich davon ausgehen können, dass beispielsweise alle Kinder gelernt haben, wie man einen Stift hält. Auch im Bereich sozialpädagogischer Angebote sind die Erfahrungen ambivalent: Die Angebotsideologie habe teilweise zu »einer völligen Lähmung der Arbeit [ge]führt. Wer will, kann Schach spielen, wer will, kann töpfern und so weiter. Tatsächlich passiert – nichts. Die Jugendlichen von heute werden überschätzt, wenn man sie sich selbst überlässt.«[176] Manche Psychotherapeuten warnen, dass der Verzicht auf Führung, Fordern und Grenzen-Setzen in der Erziehung aggressive und egozentrische Kinder ohne die Fähigkeit zu Gemeinwohldenken hervorbringe.[177]

Das Argument der Freiheit erfreut sich in ethischen Debatten zu nahezu jedem Thema größter Beliebtheit. Aber was genau besagt eigentlich der Begriff »Freiheit«, mit dem sich scheinbar auch sehr unterschiedliche Positionen begründen lassen? Der Freiheitsbegriff muss in philosophischer und theologischer Perspektive differenziert gefüllt werden. Verschiedene Vorstellungen von Freiheit setzen unterschiedliche Überzeugungen von der Bestimmung des Menschen sowie den wesentlichen Bedingungen menschlichen Daseins voraus, insofern handelt es sich letztlich um weltanschauliche bzw. religiöse Konzepte. So strebt beispielsweise der Liberalismus individuelle Handlungsfreiheit, Freiheit von äußeren Zwängen und eine Organisation des Wirtschaftslebens durch den freien, unregulierten Markt an. Demgegenüber möchte der Kommunismus nach seinem Selbstverständnis kollektive Freiheit von kapitalistischer Ausbeutung, Freiheit zu solidarischem Miteinander und einem menschenwürdigen Leben erreichen. Und christlich-evangelische Ansätze sprechen von innerer Freiheit zu einem verantwortlichen Leben mit Liebescharakter, die dem Menschen aufgrund seiner eingeschränkten Willensfreiheit von Gott geschenkt werden muss. Schon diese kurzen Schlaglichter zeigen grundlegenden begrifflichen Differenzierungsbedarf (Handlungsfreiheit und Willensfreiheit, negative und positive Freiheit, individuelle und kollektive Freiheit, äußere und innere Freiheit) sowie inhaltlichen Klärungsbedarf (beispielsweise Bestimmung des Menschen, optimistisches oder pessimistisches Menschenbild, wirtschaftsethische Grundentscheidungen), wenn man sich dem komplexen Freiheitsbegriff sinnvoll annähern möchte. Viel mehr als dieser grundsätzliche Hinweis, der freilich immerhin deutlich macht, dass ein allgemeiner Freiheitsappell als Argument gegen eine allgemeine Dienstpflicht nicht ausreichen kann, ist an dieser Stelle gar nicht leistbar. Gerade im Bereich der Pädagogik kann Freiheit sinnvollerweise nicht radikal individualistisch, als absolute Unabhängigkeit vom Erzieher und der Gesellschaft, interpretiert werden.

Vielmehr wird in pädagogischen Prozessen der grundlegende Beziehungscharakter menschlichen Lebens, das Angewiesensein auf ein Gegenüber, die Abhängigkeit von vorhandenen gesellschaftlichen Rahmenbedingungen und vom Erziehungshandeln, das befreiende Bildungserfahrungen erst möglich macht, besonders deutlich.

Ein Name, der im Kontext einer philosophischen Auseinandersetzung mit dem Freiheitsbegriff regelmäßig genannt wird, ist Immanuel Kant. Auf seine Forderung nach Autonomie beziehen sich viele Menschen, die in ethischen Debatten, wie der Debatte zur allgemeinen Dienstpflicht, das vermeintliche Recht jedes Individuums auf absolute Unabhängigkeit und uneingeschränkte Handlungsfreiheit betonen. Tatsächlich verstand Kant unter Autonomie etwas ganz anderes, nämlich den Willen und das Vermögen, sich selbst ein Gesetz zu geben, im Sinne der Fähigkeit, sich freiwillig der wichtigsten ethischen Grundregel (Verallgemeinerbarkeit des eigenen Handlungsmaßstabs auf alle Menschen) zu unterwerfen. Im Unterschied zu radikal individualistischen Weltanschauungen (und Autonomie-Definitionen) betonte Kant also stets das Eingebundensein menschlicher Handlungen in ein gesellschaftliches Ganzes, die Bezogenheit der eigenen Freiheit auf die Freiheit der anderen und die Verantwortung des Einzelnen für seine Mitmenschen. Der Mensch ist nie absolut unabhängig, sondern sein Leben lang auf andere Menschen und bestimmte Rahmenbedingungen angewiesen. Selbstb*estimmung* kann der Mensch grundsätzlich nur beschränkt erleben – in bestimmten Bereichen, in bestimmten Hinsichten und unter bestimmten Voraussetzungen. Gerade auch theologische Ethik unterstreicht, dass einerseits Selbstbestimmung ein wichtiges Postulat darstellt (da es unter normalen Umständen zum menschlichen Leben gehört, Entscheidungen zu treffen und für diese Entscheidungen verantwortlich zu sein), aber dass andererseits Selbstbestimmung und Fürsorge nicht als Gegensätze verstanden werden dürfen. Ob im Bereich der Medizin oder der Pädagogik, die Respektierung und Ermöglichung von Selbstbestimmung ist ein Ausdruck von Fürsorge. Selbstbestimmung setzt Fürsorge voraus und muss durch sie ermöglicht werden, sei es durch ärztliche Beratung oder durch die pädagogische Förderung von Persönlichkeitsentwicklung. Ein Verständnis von Selbstbestimmung, das die Lebensbedingungen des Menschen ernst nimmt, integriert die verantwortliche Gestaltung von Abhängigkeit bzw. besteht geradezu in deren Anerkennung.[178] Die Kategorie der »bewusst angenommenen Abhängigkeit« beschreibt nach Andreas Kruse »die Fähigkeit des Menschen, die in seiner Lebenssituation notwendigen Hilfen anzunehmen und die Abhängigkeit als ein natürliches Phänomen des Menschseins zu deuten. [...] Die bewusst angenommene Abhängigkeit [...] bildet damit eine Voraussetzung für das gelingende Leben.«[179] Nach theologischem Verständnis ist derjenige (innerlich) frei, der eine Lebensplanung entwerfen und verwirklichen kann, die seiner Bestimmung (zu einem Leben in Gemeinschaft und Beziehung) entspricht. Der Kern der christlichen Botschaft (die auch für Kinder gilt) ist das Geschenk Gottes einer umfassenden »Freiheit, die einen Menschen von der Bezogenheit auf sich selbst erlöst: Ich bin nicht mehr auf mich selbst bezogen, sondern frei für die Nächsten und die Gemeinschaft.«[180] Insofern ist die Kritik an der allgemeinen Dienstpflicht durch Kirche und Diakonie mit dem Argument, dass sie der Freiheit widerspreche, theologisch oberflächlich, wenn nicht sogar fragwürdig.[181]

Ein subjektorientierter pädagogischer Ansatz, der Freiheit kultivieren möchte, schließt in der pädagogischen Praxis Autorität und Zwang keineswegs aus. Kant formulierte bereits vor über 200 Jahren in seiner Vorlesung »Über Pädagogik«: »Eines der größten Probleme der Erziehung ist, wie man die Unterwerfung unter den gesetzlichen Zwang mit der Fähigkeit, sich seiner Freiheit zu bedienen, vereinigen könne. Denn Zwang ist nötig! Wie kultiviere ich die Freiheit bei dem Zwange?«[182] Seitdem stellt das Verhältnis von Freiheit und Zwang eines der zentralen Probleme der Pädagogik dar. Kant löst das Dilemma mit der Forderung, den Selbstzweckcharakter der Lernenden zu respektieren, indem der Pädagoge für Zwangsmaßnahmen stets gute Gründe haben und diese den Lernenden verständlich erklären müsse. Auf diese Weise könnten die Zwangsmaßnahmen (bzw. deren Verständlichmachung) einen Beitrag zur Entwicklung recht verstandener Autonomie bei den Lernenden leisten. In diesem Sinne müsste die Einführung einer allgemeinen Dienstpflicht von einer entsprechenden gesellschaftlichen Debatte, in der die guten Gründe dafür deutlich werden, begleitet werden. Der pädagogische Zwang ist dadurch gerechtfertigt, dass es ohne ihn nicht zu bestimmten Bildungsprozessen kommen kann, deren Ziel wiederum die selbstbestimmte Persönlichkeit des Lernenden darstellt. Zwangsmaßnahmen, durch die Menschen pädagogisch und ethisch zur Selbstbestimmung befähigt werden, sind positiv zu bewerten, und Zwangsmaßnahmen, die Bildung und Selbstbestimmung beeinträchtigen oder verhindern, beispielsweise manche Formen von Kontrolle und Disziplinierung, die auf Anpassung und Nützlichkeit zielen, sind zu kritisieren (dies träfe jedoch nicht auf eine allgemeine Dienstpflicht zu).[183] Die Spannung zwischen Freiheit und Zwang in der Pädagogik darf nicht einseitig aufgelöst werden, wenn den Lernenden nicht die Chance vorenthalten werden soll, sich selbständig als Person mit einem Wertesystem zu entwickeln: »Erziehung allein als Wachsenlassen hebt sich selbst auf, Erziehung allein als Führen schafft keine Mündigkeit und wird totalitär.«[184] Natürlich können einzelne Zwangsmaßnahmen in Schulen punktuell auch die Form von seelischem Sadismus annehmen, dies sollte jedoch nicht verallgemeinert werden, und darum kann damit auch nicht die Forderung nach einem absoluten pädagogischen Verzicht auf Zwang und erst recht nicht eine Absage an die allgemeine Dienstpflicht begründet werden. Wer mit dem Argument, dass Zwang in der Pädagogik grundsätzlich abzulehnen sei, die allgemeine Dienstpflicht verwirft, müsste konsequenterweise auch für die Abschaffung der Schulpflicht votieren. Selbst Maria Montessori, deren Pädagogik die Freiheit des Kindes in den Mittelpunkt stellte, erkannte, dass das Kind Freiheit nicht dadurch lerne und erringe, dass man es einfach tun lasse, was es will, sondern dass eine verantwortlich vorbereitete Umgebung sowie behutsames Grenzen-Setzen unabdingbar seien.[185] Die pädagogische Wirkung kann natürlich nie hergestellt oder erzwungen werden. Aber der Pädagoge muss für gute Rahmenbedingungen für Lernprozesse mit hoher gesellschaftlicher Dringlichkeit sorgen – genau darum geht es bei der allgemeinen Dienstpflicht.

Auch in Freiwilligendiensten stellt sich die Aufgabe, bei der pädagogischen Gestaltung der Rahmenbedingungen Freiheit und Zwang auszutarieren. So gibt es hier die Pflicht zur Teilnahme an einer Mindestzahl von Seminartagen. Die Inhalte werden zwar von den Freiwilligen mitbestimmt, sind aber im Blick auf ethische und politische Vorgaben keineswegs beliebig. Wünsche von Freiwilligen nach einer vermehrten Vermittlung von beruflichem Fachwissen können begründet zurückgewiesen werden. Die Entscheidung für einen Freiwilligendienst und eine bestimmte Einsatzstelle erfolgt zwar freiwillig, hat jedoch auch Pflichten und Verbindlichkeiten zur Folge, die vertraglich festgeschrieben werden.[186] Freiwillige sind in der Regel stark intrinsisch motiviert. Extrinsische Motivationsfaktoren müssen dazu jedoch nicht im Gegensatz stehen. Vielmehr stellt die Internalisierung extrinsischer Motivation einen natürlichen Prozess dar (wenn zum Beispiel ein Kind zunächst durch Belohnung und Strafe dazu gebracht wird, sein Zimmer aufzuräumen, aber irgendwann einsieht, dass das Aufräumen sinnvoll ist und es dies dann freiwillig tut). Dieser Prozess kann durch gute Rahmenbedingungen (beispielsweise Vermittlung eines Ziels als wertvoll, gute menschliche Beziehungen oder Förderung von Kreativität) erleichtert und durch schlechte Rahmenbedingungen (beispielsweise unangemessene Kontrolle oder das Verbot, eine eigene Position zu vertreten) erschwert werden. Identifizierte Regulation wird dann als selbstbestimmt erlebt.[187] So lässt sich beispielsweise auch das Phänomen erklären, dass damals etwa die Hälfte der Rekrutierungen für die Bundeswehr über die Wehrpflicht erfolgte. Offensichtlich entstand im Zuge der praktischen Erfahrung bei vielen aus der zunächst extrinsischen Motivation eine intrinsische Motivation.

Ein weiteres positives Beispiel für dieses Phänomen, das sich mutmaßlich auch auf eine allgemeine Dienstpflicht übertragen lässt, stellt der frühere Zivildienst dar. Kurz vor der Aussetzung der Wehrpflicht und damit auch dem Ende des Zivildienstes in Deutschland wurde im Auftrag des Bundesministeriums für Familie, Senioren, Frauen und Jugend eine umfangreiche Studie zu den Bildungseffekten bei Zivildienstleistenden durchgeführt. Darin wurde deutlich, dass die meisten jungen Männer trotz des verpflichtenden Charakters des Dienstes positiv mit der Situation umgingen. Sie entschieden sich aus verschiedenen Motiven bewusst für den Zivildienst anstelle des Wehrdienstes (flexible Arbeitszeiten, selbständiges Handeln, Arbeit am Heimatort, Erwerb einer gewünschten beruflichen Qualifikation) und suchten sich in über 99 Prozent der Fälle ihre Dienststelle selbst aus. Die überwiegende Mehrheit zeigte eine aktive, lernoffene Einstellung. Etwa 80 Prozent der Zivildienstleistenden fühlten sich im Team integriert, bei Problemen unterstützt und erlebten Anerkennung. Drei Viertel sagten rückblickend, dass sie durch die Arbeit viel oder sehr viel gelernt hätten, und die überwiegende Mehrheit empfand den Zivildienst als schöne Zeit – und dies alles trotz des »Zwangs«.[188] Die Zivildienstleistenden erlebten durch ihre Tätigkeit Kompetenzzuwächse in allen relevanten personalen und sozialen Schlüsselkompetenzen, insbesondere Organisationsfähigkeit, Selbständigkeit, Zuverlässigkeit, Kooperationsfähigkeit, Kommunikationsfähigkeit, Umgang mit unterschiedlichen Menschen, Einfühlungsvermögen und Konfliktfähigkeit. Es ließ sich bei ihnen eine deutliche Persönlichkeitsentwicklung beobachten, speziell im Blick auf die Bereitschaft, auf alte, kranke und behinderte Menschen zuzugehen und ihnen zu helfen, die Anregung zur Reflexion gesellschaftlicher Verhältnisse und ihrer eigenen Bezüge darin sowie den Rückgang von Vorurteilen (zum Beispiel gegenüber Menschen mit Behinderung, älteren Menschen und Frauen). Besonders bemerkenswert ist die Tatsache, dass selbst diejenigen Zivildienstleistenden, die unmotiviert und mit ablehnender und passiver Haltung ihren Dienst leisten mussten, nachweislich Kompetenzzuwächse und Persönlichkeitsentwicklung (beispielsweise wachsendes soziales Verständnis) erfuhren, also vom Zivildienst profitierten (wenn auch in einem geringeren Ausmaß als die aktiven und motivierten Dienstpflichtigen). Während der Dienstzeit wurde das Verhältnis zum Dienst auch bei dieser Gruppe positiver. Rückblickend bewerteten Kriegsdienstverweigerer, die zum Zivildienst herangezogen wurden, also tatsächlich Erfahrungen damit machten, diesen insgesamt positiver und weniger als Eingriff in die Persönlichkeit als Kriegsdienstverweigerer, die nicht zum Zivildienst herangezogen wurden. Die Studie resümiert also eindeutig, dass der Zivildienst trotz seines Zwangscharakters als gelungene Instanz der persönlichen und sozialen Entwicklung junger Menschen eingeschätzt werden kann.[189] Untersuchungen zum Zivildienst in Österreich, der nach wie vor besteht, kommen zu ähnlich positiven Ergebnissen. Hier gaben sogar fast zwei Drittel der ehemaligen Zivildienstleistenden an, dass der Zivildienst sie motiviert habe, sich freiwillig zu engagieren, und 87 Prozent der Zivildienstleistenden sprachen sich gegen eine Abschaffung des Dienstes aus.[190]

Beim Vergleich von Freiwilligendiensten mit dem Zivildienst als sozialem Pflichtdienst ist zunächst die Zufriedenheit der Einsatzstellen mit den Dienstleistenden ähnlich hoch. Der Zivildienst hatte jedoch für die Dienststellen Vorteile im Blick auf Verlässlichkeit und Planungssicherheit (keine vorzeitigen Dienstabbrüche, während das Phänomen vorzeitiger Beendigungen bei Freiwilligendiensten – bei gleichzeitig höherem Betreuungs- sowie Rekrutierungsaufwand – häufig vorkommt).[191] Insofern entstand beim Wegfall des Zivildienstes die verständliche Frage, ob Freiwillige die entsprechenden Arbeiten ähnlich gut erledigen könnten. Die in der momentanen Debatte zur allgemeinen Dienstpflicht häufig auftauchende Argumentation, dass Dienstpflichtige aufgrund des Zwangscharakters weniger motiviert und darum mutmaßlich schlechtere Mitarbeitende wären als Freiwillige und zudem bei ihnen keine positiven pädagogischen Effekte zu erwarten seien, wirkt vor dem Hintergrund der Erfahrungen mit dem Zivildienst wenig überzeugend. Die Debatte sollte weniger unter der Frage »Zwang oder Freiheit?« geführt werden als unter der Frage: »Was kann ein Gemeinwesen von seinen Bürgern erwarten?«

*

These 18:

Ein Argument für die Einführung einer allgemeinen Dienstpflicht liegt in ihrem pädagogischen Potenzial als einem nonformalen Bildungsort für bürgerschaftliches Engagement.

Seit dem Ausbau der pädagogischen Betreuung 2002 haben sich die Freiwilligendienste schwerpunktmäßig zu einem sozialen Bildungsangebot entwickelt (parallel dazu hat sich damals auch der Zivildienst als Lerndienst weiterentwickelt). Studien belegen, dass sich durch Freiwilligendienste (und ebenso damals durch den Zivildienst) Selbständigkeit, Selbstbewusstsein, Realitätssinn, Toleranz, Verantwortungsbewusstsein, Hilfsbereitschaft, sozialpolitisches Interesse und Engagementbereitschaft erhöhen – Kompetenzen, die für den sozialen Zusammenhalt der Gesellschaft elementar sind. Im Blick auf die Qualitätsstandards der pädagogischen Betreuung kann von den Freiwilligendiensten gelernt werden. Grundsätzlich sollten die Freiwilligendienste als Erfolgsmodell betrachtet und durch die Dienstpflicht nicht eingeschränkt, sondern im Sinne des Subsidiaritätsprinzips eher (als Surrogatdienste) weiter ausgebaut werden (wie es von allen Beteiligten seit langem gefordert wird). Auch wenn evangelische Ethik dem Thema Bildung traditionell sehr positiv gegenübersteht, muss natürlich kritisch reflektiert werden, inwieweit die Erziehung erwachsener Menschen ein legitimes politisches Ziel für einen demokratischen Staat darstellen kann und wo die Grenzen dieses Ansatzes liegen.

Wenn man Gründe für die Einführung einer allgemeinen Dienstpflicht nicht nur in sozialpolitischen oder sicherheitspolitischen Interessen verortet, sondern auch in ihrem pädagogischen Potenzial als einem non-formalen Bildungsort für bürgerschaftliche Haltungen und bürgerschaftliches Engagement, muss man sich auch die Freiwilligendienste näher ansehen, die genau denselben Anspruch erheben, während ihre Träger das Erfolgsmodell durch den Vorschlag einer allgemeinen Dienstpflicht bedroht sehen. Die Geschichte der modernen Freiwilligendienste in Deutschland begann 1954, als Hermann Dietzfelbinger, der damalige Rektor der Diakonissenanstalt Neuendettelsau, unter dem Motto »Diakonisches Jahr« bei jungen evangelischen Christinnen dafür warb, vor dem Hintergrund eines erheblichen Personalmangels in der Diakonie für ein Jahr ihr bisheriges Berufsleben zu unterbrechen, um diakonische Arbeit zu unterstützen. Nachdem in den ersten Jahren immerhin 250 junge Frauen diesem Aufruf gefolgt waren, wurde die Idee in allen evangelischen Landeskirchen und auch in der katholischen Kirche (unter dem Label »Jahr für die Kirche«) übernommen. Angesichts der steigenden Freiwilligenzahlen musste ein gesetzlicher Rahmen für die Freiwilligendienste geschaffen werden. Mit dem »Gesetz zur Förderung eines freiwilligen sozialen Jahres« von 1964 wurden Einsatzmöglichkeiten, Altersgrenze sowie Zulassungsvoraussetzungen für Träger geregelt. Der Dienst war geschlechtsübergreifend geöffnet, wurde aber hauptsächlich von jungen Frauen genutzt, da junge Männer Wehr- bzw. Zivildienst leisten mussten. Im Jahr 1993 wurde das Gesetz erstmals novelliert. Das Angebot eines Freiwilligen Sozialen Jahres (FSJ) wurde nun um das Angebot eines Auslandsjahres ergänzt. Außerdem wurden die von Anfang an vorhandenen pädagogischen Betreuungsanforderungen noch erweitert, was den Bildungscharakter des FSJ verstärkte (soziales Bildungsjahr). Im Jahr 2002 wurden die Freiwilligendienste wiederum ergänzt und flexibler gestaltet. Das Angebot eines Freiwilligen Ökologischen Jahrs (FÖJ) wurde eingeführt. Sowohl FSJ als auch

FÖJ konnten nun sogar anstelle des Zivildienstes geleistet werden. Die Einsatzfelder wurden auf Sport, Kultur und Denkmalpflege erweitert. Und die Dienstdauer kann seitdem auf sechs bis 18 Monate festgelegt werden. Als Folge von Aufstockungen der Fördermittel aus dem Bundeshaushalt verdoppelte sich die Anzahl der Dienstleistenden mehrmals. Im Jahr 2011 entstanden zusätzlich der Internationale Jugendfreiwilligendienst (IJFD) und – zur Kompensation der ausgesetzten Wehrpflicht – der Bundesfreiwilligendienst (BFD) als altersgeöffnete Alternative zum FSJ unter Inkaufnahme von Doppelstrukturen. Die Freiwilligendienste als eine besondere, staatlich geförderte Form bürgerschaftlichen Engagements mit pädagogischem Bildungsanspruch wurden also seit ihren Anfängen permanent weiterentwickelt und ausdifferenziert, ausgeweitet und internationalisiert. Aktuell leisten etwa 100.000 (überwiegend junge) Menschen jährlich einen Freiwilligendienst. Das übertrifft deutlich die Potenzialanalysen noch vor wenigen Jahren. Und das Angebot an Plätzen deckt immer noch bei weitem nicht die Nachfrage (vor allem in urbanen Räumen), obwohl – wie bereits in These 15 ausgeführt wurde – männliche Jugendliche, Jugendliche ohne Abitur und Jugendliche mit Migrationshintergrund noch kaum erreicht werden. Im Koalitionsvertrag der Bundesregierung wurde immerhin die Absicht formuliert, dass die Plätze nachfragegerecht ausgebaut (und die Rahmenbedingungen verbessert) werden sollten. Die Umsetzung ist allerdings nicht abzusehen, stattdessen rechnen die Träger derzeit mit Kürzungen.

Von Anfang an verstanden sich die Freiwilligendienste nicht nur als eine Gelegenheit zu sozialem Engagement, sondern auch zur Bildung und Persönlichkeitsentwicklung. Es handelt sich nicht um formale Bildung wie in der Schule mit Lehrplan und Noten, sondern um non-formale Bildung sowie informelles Lernen. Diese Formen von Bildung sind in den letzten Jahrzehnten stärker in das allgemeine Interesse gerückt. Laut OECD beträgt der Anteil der non-formalen und informellen Bildung an den Entwicklungsprozessen Einzelner bzw. am nachhaltig Gelernten nicht weniger als 60 bis 70 Prozent.[192] Als spezifisches Setting non-formaler Bildung bieten Freiwilligendienste die Chance, nach der langen Phase weitgehend abstrakten Lernens in der Schule nun praktische Erfahrungen zu machen. Im Sinne von Bildung als aktivem Prozess, in dem sich das Subjekt eigenständig und selbsttätig in der Auseinandersetzung mit der sozialen, kulturellen und natürlichen Umwelt bildet, können junge Menschen im Rahmen von Freiwilligendiensten wichtige Kompetenzen entwickeln und Selbstwirksamkeitserfahrungen machen als Grundlage für selbstgesteuerte soziale Verantwortungsübernahme. Mehrere wissenschaftliche Evaluationen diverser Freiwilligendienste belegen, dass die Erfahrungen von Freiwilligen durchaus den hohen pädagogischen Erwartungen gerecht werden: Die Mehrheit der Befragten sieht auch noch Jahre später einen hohen Nutzen ihres Freiwilligendienstes für ihre persönliche und berufliche Entwicklung.[193] Drei Viertel gaben an, dass der Freiwilligendienst in sehr starkem Maß zu ihrer persönlichen Entwicklung beigetragen habe. Über 90 Prozent betonten, dass der Freiwilligendienst ihnen die Gelegenheit gegeben habe, ihre persönlichen Fähigkeiten zu testen. Ebenso viele stimmten der Aussage zu »Was ich hier gelernt habe, kann keine Schule vermitteln«. »Es scheint bei den Befragten ein großes Interesse an in der Schule nicht vorkommenden sozialen und personalen Ernstsituationen zu geben, die sie vor persönliche Herausforderungen stellen und durch die sie alternative Bildungserfahrungen machen können.«[194] Die Freiwilligen erhalten Orientierung in der Übergangsphase zwischen Schule und Beruf, sie lernen Möglichkeiten zur Mitgestaltung der Gesellschaft kennen, und sie machen die Erfahrung, gebraucht zu werden. Durch den Dienst für die Gemeinschaft machen die Jugendlichen selbständig Lern- und Reifungsprozesse durch. In der Zeit ihres Dienstes erhöhen sich nachweislich diverse Kompetenzen, die für den sozialen Zusammenhalt der Gesellschaft elementar sind, insbesondere Selbständigkeit, Selbstbewusstsein, Realitätssinn, Toleranz, Verantwortungsbewusstsein und Sensibilität für soziale Probleme.[195]

Was an dieser Stelle über die pädagogische Wirkung der Freiwilligendienste festgestellt wurde, gilt in ähnlicher Weise – wie bereits in der vorangegangenen These dargelegt – für den früheren Zivildienst, der parallel zu den Freiwilligendiensten seit den neunziger Jahren zunehmend als Lerndienst profiliert wurde. 1989 war das Recht der Zivildienstleistenden auf adäquate Einweisung gesetzlich verankert worden, 1996 hatte eine größere Untersuchung die Bedeutung des Zivildienstes als Lebensschule herausgestellt (praktische Erfahrungen, Erwerb sozialer Kompetenzen, Infragestellung von Geschlechterrollen),[196] und die Koalitionsvereinbarung der Bundesregierung von 2005 bezeichnete den Zivildienst »wegen der Vermittlung von Schlüsselqualifikationen als wichtiges Lernfeld für die jungen Männer

[als] unbedingt erhaltenswert«.[197] Als pädagogisches Geheimrezept der sozialen Dienste, ob Freiwilligendienste oder Zivildienst, wird immer wieder genannt, dass die Dienstleistenden im Rahmen ihrer praktischen Arbeit mit Differenzerfahrungen konfrontiert werden, die im Kontrast zu bisherigen Erfahrungen stehen. Dadurch werden sie an die Grenzen ihrer bisherigen Handlungs- und Wissensstrukturen geführt, was zum Anlass für Lernprozesse wird. Die zentrale Differenzerfahrung stellt dabei die Begegnung und Auseinandersetzung mit Personen aus unterschiedlichen Milieus und Generationen in verschiedenen Krisensituationen dar, die ohne den Dienst nicht erfolgt wäre.[198]

Für die erfolgreiche pädagogische Ausgestaltung der speziellen Verbindung von subjektorientiertem Ansatz und zivilgesellschaftlichem Grundverständnis bedarf es einer professionellen pädagogischen Begleitung der Dienstleistenden durch hauptamtliche, qualifizierte Fachkräfte. Die notwendige pädagogische Begleitung umfasst insbesondere Bildungsmaßnahmen (Seminartage), individuelle Förderung und Unterstützung sowie pädagogische Nachbereitung (Erfahrungen reflektieren). Es geht um die Gestaltung eines persönlichen, ganzheitlichen und partizipatorischen Bildungsprozesses nach den methodischen Ansätzen außerschulischer Jugend- und Erwachsenenbildung. Ohne ein klares pädagogisches Konzept, eine geeignete Methodik und Didaktik sowie die Entwicklung zielgruppenspezifischer Ansätze ließe sich eine Förderung vielfältiger Kompetenzen, politischer Bildung und beruflicher Orientierung ebenso wenig realisieren wie der Anspruch, künftig vermehrt auch junge Menschen aus prekären Milieus einzubeziehen. Die geforderte Betreuungsintensität wächst angesichts zunehmender schwieriger familiärer Hintergründe sowie psychischer und anderer Erkrankungen der Freiwilligen. Daher legen die Träger der Freiwilligendienste (beispielsweise Diakonie, Caritas oder Internationaler Bund) sehr viel Wert auf entsprechende Qualitätsstandards bei der pädagogischen Begleitung (beispielsweise Personalschlüssel).[199] In den vergangenen 25 Jahren gab es im Blick auf die Freiwilligendienste einen erheblichen Zuwachs an Qualitätsmanagementverfahren und -instrumenten. Würde eine allgemeine Dienstpflicht eingeführt, müsste man sich bezüglich der Qualität der pädagogischen Begleitung an den Freiwilligendiensten orientieren. Die Betreuungsqualität müsste durch die Festlegung von Mindeststandards (beispielsweise nicht nur ehrenamtliche Mentoren) sowie die Zertifizierung von Trägern, Einsatzstellen und Diensten gewährleistet werden. Dafür bedarf es entsprechender finanzieller und personeller Ressourcen, also auch Vorlaufzeiten. Grundsätzlich sollten die Freiwilligendienste als Erfolgsmodell betrachtet und durch die Einführung einer allgemeinen Dienstpflicht auf keinen Fall eingeschränkt, sondern (als Surrogatdienste) möglichst weiter ausgebaut werden. Ein solcher Ausbau entspräche nicht nur den seit langem regelmäßig von diversen Verbandsvertretern geäußerten Forderungen[200] und den ebenso zahlreichen politischen Willenserklärungen (vgl. den oben genannten Koalitionsvertrag der Bundesregierung), sondern auch dem recht verstandenen Subsidiaritätsprinzip.

Das neokorporatistische Subsidiaritätsprinzip als spezifisches Organisationsprinzip des deutschen Sozialstaats basiert auf dem Grundgedanken, dass es effizienter und der individuellen Vielfalt und Verantwortung angemessener ist, wenn nicht der Staat als oberste Instanz für die Bewältigung aller Aufgaben zuständig ist, sondern er partnerschaftlich mit anderen zivilgesellschaftlichen Akteuren unter Zusammenlegung aller vorhandenen Ressourcen und Kompetenzen auf Augenhöhe kooperiert. Danach soll der Staat insbesondere mit den Wohlfahrtsverbänden partnerschaftlich zusammenarbeiten, die Erbringung sozialer Dienste nach Möglichkeit diesen überlassen und sie dabei bedarfsgerecht finanziell unterstützen. Maßgeblich formuliert wurde das Prinzip in diesem Sinne im Jugendwohlfahrtsgesetz von 1961 (§5) und im Bundessozialhilfegesetz von 1962 (§93). Als ideengeschichtlicher Hintergrund können insbesondere die lutherische Zwei-Regimente-Lehre, die einerseits die göttliche Beauftragung der weltlichen Obrigkeit und andererseits die Begrenzung der staatlichen Aufgaben betont, die selbstbewusste Tradition konfessioneller sozialer Arbeit sowie die liberale Forderung nach einer Selbstbegrenzung des Staates gelten. Seit einigen Jahrzehnten wird das bewährte neokorporatistische Subsidiaritätsprinzip durch sozialpolitische Finanzierungsreformen und europarechtliche Entwicklungen systematisch immer weiter ausgehöhlt.[201] Auch die Einführung des Bundesfreiwilligendienstes im Jahr 2011 zusätzlich zum bereits vorhandenen Freiwilligen Sozialen Jahr wurde damals von den Wohlfahrtsverbänden als Verletzung des Subsidiaritätsprinzips wahrgenommen. Vor diesem Hintergrund ist bei der Einführung einer allgemeinen Dienstpflicht besonders auf Rahmenbedingungen zu achten, durch die die bewährten Freiwilligendienste in keiner Weise infrage gestellt oder geschwächt, sondern vielmehr bewusst gestärkt werden, beispielsweise indem sie als Surrogatdienste anerkannt werden und indem im Zuge des dadurch erwartbaren steigenden Bedarfs endlich ohne Wenn und Aber ein bedarfsgerechter Ausbau finanziert wird. Die grundsätzliche Befürchtung, dass eine Dienstpflicht das freiwillige Engagement schädigen bzw. unattraktiv machen könnte, erscheint – wie bereits dargestellt – im Blick auf die Wirkungen des Zivildienstes als unbegründet. Ganz im Gegenteil darf eine positive Wirkung auf die Engagementbereitschaft im Anschluss an den sozialen Dienst erwartet werden.

Das Thema Bildung wird in der evangelischen Kirche und der evangelischen Theologie traditionell besonders positiv bewertet. Schon Martin Luther setzte sich für Bildungsteilhabe für möglichst viele Menschen ein, da ein mündiger Glaube Lese- und Sprachfähigkeit voraussetze. Die evangelische Kirche und die Diakonie gehören zu den größten Bildungsanbietern Deutschlands. Damit nimmt die Kirche ihrem Selbstverständnis gemäß eine ihrer Grundaufgaben wahr, denn sie möchte dadurch Menschen Perspektiven eröffnen für ein Leben in Mündigkeit und Verantwortung.[202] In der evangelischen Ethik wird der Bildungsaspekt mitunter so stark in den Vordergrund gestellt, dass dadurch bei manchen Themen (beispielsweise im Blick auf gesellschaftliche Armut) eine problematische individualethische Verengung stattfindet, die von strukturellen Fragen ablenkt, die sich eben nicht durch verstärkte Bildungsbemühungen lösen lassen. Vor diesem bildungsbegeisterten Hintergrund besteht natürlich gerade auch im Blick auf die Diskussion zur allgemeinen Dienstpflicht eine gewisse Gefahr blinder Flecke. Der Verweis auf die großen Bildungspotenziale einer Dienstpflicht allein reicht nicht aus. In der ethischen Debatte muss auch kritisch reflektiert werden, inwieweit die Erziehung erwachsener Menschen überhaupt ein legitimes politisches Ziel für einen demokratischen Staat darstellen kann und wo die Grenzen eines solchen Ansatzes liegen.

In den letzten Jahren lassen sich verstärkt Phänomene beobachten, die unter den Stichworten Moralisierung sowie Politisierung (teilweise hitzig) diskutiert werden: Was macht es mit uns, wenn alle Handlungen in allen Lebensbereichen plötzlich primär unter moralischen und politischen Gesichtspunkten bewertet werden? Wenn die Urlaubsreise als Statement der Ignoranz gegenüber dem Klimawandel interpretiert wird, das Tschaikowsky-Konzert als Unterstützung von Putins Angriffskrieg, das Indianerkostüm zu Fasching als Verweigerung einer kritischen Auseinandersetzung mit Rassismus und Kolonialismus oder die Fußball-Weltmeisterschaft als Chance zur genderpolitischen Profilierung? Ist ein Politiker, der seine Entscheidungen moralisch begründet, besonders glaubwürdig oder besonders kurzsichtig? Wie einseitig darf der öffentlich-rechtliche Rundfunk bestimmte moralische oder politische Positionen vertreten? Dürfen Studierende, die sich weigern, eine gendergerechte Sprache zu verwenden, Punktabzüge erhalten? Angesichts einer wachsenden Sensibilisierung für Fragen dieser Art muss bezüglich der Debatte zur Einführung einer allgemeinen Dienstpflicht auch gefragt werden, inwieweit ein liberaler Staat sich zur moralischen Lehranstalt aufschwingen darf, indem er seine Zwangsmaßnahmen mit guten pädagogischen Absichten begründen zu dürfen glaubt. Vor fast 200 Jahren warnte Arthur Schopenhauer in polemischen Worten: »Die Zwangsanstalt hiezu ist der Staat, dessen alleiniger Zweck ist, die Einzelnen voreinander und das Ganze vor äußeren Feinden zu schützen. Einige deutsche Philosophaster dieses feilen Zeitalters möchten ihn verdrehen zu einer Moralitäts-, Erziehungs- und Erbauungs-Anstalt: wobei im Hintergrunde der Jesuitische Zweck lauert, die persönliche Freiheit und individuelle Entwicklung des Einzelnen aufzuheben, um ihn zum bloßen Rade einer Chinesischen Staats- und Religions-Maschine zu machen.«[203]

Ob junge Erwachsene Adressaten erzieherischen Handelns sein können, hängt zunächst davon ab, wie der Begriff Erziehung verwendet wird. Die Verwendungsweise ist keineswegs einheitlich. Verwendet man den Begriff in einem engen Sinne, als Bemühung, die Persönlichkeitsentwicklung eines Kindes in eine bestimmte Richtung zu lenken, dann endet Erziehung mit etwa zwölf Jahren bzw. mit Beginn der Pubertät. Verwendet man den Begriff jedoch in einem weiten Sinne, als Aspekt von Bildungsprozessen, dann begleitet sie Menschen in unterschiedlicher (zunehmend selbstgesteuerter) Form ein Leben lang. Nach dem berühmten Böckenförde-Diktum lebt der freiheitlich-demokratische, der weltanschaulichen Neutralität verpflichtete Staat von Voraussetzungen, die er selbst nicht herstellen und garantieren kann.[204] Dazu gehört, dass die meisten Menschen sich an bestimmten gemeinsamen Werten orientieren, die der Staat um seines freiheitlichen Charakters willen zwar nicht erzwingen darf, aber deren Vermittlung er beispielsweise durch die Unterstützung entsprechender zivilgesellschaftlicher Akteure sowie durch entsprechende schulische Lehrpläne um des Bestands und Erhalts seines freiheitlichen und demokratischen Charakters willen fördern muss. Die Legitimation des Staates zur Ordnung des Schulwesens ist seit langem weitgehend unbestritten und ruht auf einem soliden rechtlichen Fundament. Eine Reihe von Stellschrauben haben sich bei der staatlichen Schulaufsicht bewährt (Vorgaben von Lehr- und Lernzielen, Fragen der Schulstruktur und des Zugangs, Regelungen zur Ausbildung der Lehrkräfte und Personalaufsicht). Gleichzeitig müssen die staatlichen Eingriffe und Steuerungsschritte sich wiederum durch andere Rechtspositionen (beispielsweise die Grundrechte von Schülern, Eltern und Lehrern) einschränken lassen.[205]

Der Staat fördert idealerweise durch seine Bildungspolitik – sei es im Blick auf den Schulunterricht oder im Blick auf die Schaffung weiterer Lernräume, wie einer allgemeinen Dienstpflicht – die Ausbildung der Orientierungswerte, die für ein friedliches Zusammenleben in Freiheit, Toleranz und gegenseitiger Verantwortung notwendig sind. Dabei ist darauf zu achten, dass das staatliche Handeln gesellschaftlich reflektiert, demokratisch legitimiert und maßvoll geschieht. Bestimmte Orientierungswerte dürfen nicht als vermeintlich alternativlos durchgesetzt oder aufgezwungen werden. Die Gesinnung darf nicht benotet werden. Die Schüler sollen nicht etwas für gut halten, weil die Schule es vorschreibt. Stattdessen sollen die Schüler immer auch zur eigenständigen Wertung des Gelernten befähigt werden. Nach wie vor kann der Beutelsbacher Konsens von 1976 wertvolle Orientierung geben. Danach dürfen Lehrer den Schülern nicht ihre Meinung aufzwingen, sondern sollen sie in die

Lage versetzen, sich eine eigene Meinung zu bilden (Überwältigungsverbot), müssen Inhalte, die in Wissenschaft und Politik kontrovers beurteilt werden, auch kontrovers dargestellt werden (Kontroversitätsgebot) und sollen Schüler in die Lage versetzt werden, sich aktiv am politischen Prozess im Sinne ihrer Interessen zu beteiligen (Schülerorientierungsprinzip).[206]

5. Fazit

These 19:

In der Debatte zur allgemeinen Dienstpflicht sollten insbesondere die Fragen eine Rolle spielen, durch welche Zivilschutzmaßnahmen neuen ökologischen, humanitären und militärischen Krisen begegnet werden kann und wie der bedrohte gesellschaftliche Zusammenhalt wirkungsvoll gestärkt werden kann. Wir verstehen die Idee einer allgemeinen zivilen Dienstpflicht primär als allgemeine Kooperationspflicht der Staatsbürger mit ihrem Staat zur Stärkung der Krisenresilienz. Gleichzeitig könnte sie vielen jungen Menschen wertvolle Bildungserfahrungen ermöglichen und über die Einübung bürgerschaftlichen Engagements sowie eines solidarischen Miteinanders in Vielfalt langfristig zu einem Band werden, das unsere Gesellschaft zusammenhält. Argumente von Kritikern sind abzuwägen (notwendige Gesetzesänderungen, ökonomische Kosten, keine Antwort auf Fachkräftemangel und Krise der Bundeswehr) und in die Gestaltung der Rahmenbedingungen einzubeziehen (Betreuungsstandards, Arbeitsmarktneutralität, schrittweise Einführung). Zur Herstellung eines breiten Konsenses und um die junge Generation mitzunehmen und zu überzeugen ist ein intensiver gesellschaftlicher Diskussionsprozess notwendig, zu dem dieses Buch einen Beitrag leisten möchte.

Auf die Frage, ob wir in Deutschland eine allgemeine Dienstpflicht brauchen, kann derzeit niemand eine sichere und eindeutige Antwort geben. Durch unsere Auseinandersetzung mit dem Thema sehen wir uns allerdings in unserer Vermutung bestärkt, dass unsere Gesellschaft eine allgemeine Dienstpflicht schon bald dringend benötigen könnte, um auch in schweren Zeiten frei, auskömmlich, solidarisch, sicher und friedlich zusammenleben zu können. Denn, um einmal das Pathos des deutschen Amtseids aufzunehmen, jedermann sollte auch in Zeiten großer Not auf dann für ihn geeignete, notwendige und angemessene Fähigkeiten und Erfahrungen, Ressourcen und Befugnisse zurückgreifen können, um sich »dem Wohle des deutschen Volkes [zu] widmen, seinen Nutzen [zu] mehren, Schaden von ihm [zu] wenden, das Grundgesetz und die Gesetze des Bundes [zu] wahren und [zu] verteidigen, seine Pflichten gewissenhaft [zu] erfüllen und Gerechtigkeit gegen jedermann [zu] üben«.

Auch wenn wir einräumen, dass wir derzeit noch nicht sicher und eindeutig sagen können, ob wir eine allgemeine Dienstpflicht brauchen, so können wir doch jetzt schon begründete Anregungen geben, auf welchen argumentativen Grundlagen wir in den nächsten Jahren zu der Gewissheit kommen könnten, diese Frage mit einem vermutlich klaren Ja zu beantworten. Es geht in der Diskussion zur allgemeinen Dienstpflicht nicht um eine Wiederbelebung der früheren Wehrpflicht und des Zivildienstes! Vielmehr erfolgt die Begründung einer allgemeinen Dienstpflicht auf neue und grundsätzliche Weise. Dabei spielen insbesondere die Fragen eine Rolle, durch welche Zivilschutzmaßnahmen neuen ökologischen, humanitären und militärischen Krisen begegnet werden kann und wie der bedrohte gesellschaftliche Zusammenhalt wirkungsvoll gestärkt werden kann. In der Vergangenheit war die Gefahr von Kriegen der primäre Anlassgrund und Standardfall für eine nach Intensität und Dauer außergewöhnliche Inpflichtnahme aller männlichen und wehrfähigen Bürger eines Landes für den Dienst in den Streitkräften. Künftig könnte die zunehmende Gefahr von Notständen durch Krisen und Katastrophen hinzukommen. Das klassische Modell der Wehrpflicht orientiert sich an der Rolle des Staates als Gewaltmonopolist und Träger hoheitlicher militärischer und polizeilicher Aufgaben zur Gewährleistung der inneren und äußeren Sicherheit. Unsere Gesellschaft braucht aber auch eine entsprechende zivile und zivilgesellschaftliche Infrastruktur, um katastrophenresilient zu werden. Durch eine allgemeine Dienstpflicht könnten die Träger des Zivilschutzes (Feuerwehr, THW, Hilfsorganisationen), des Gesundheitswesens und des Heimatschutzes personell gestärkt werden und zudem in der Bevölkerung im Notfall ein besser vorbereitetes Gegenüber vorfinden, damit sowohl der Staat als auch die Gesellschaft im Krisenfall handlungsfähig bleiben. Der Krieg in der Ukraine hat vielen Menschen schmerzlich bewusst gemacht, dass unsere Gesellschaft derzeit weder im Kriegsfall noch im flächendeckenden Katastrophenfall ausreichend robust wäre. Daher ist es kein Zufall, dass die Debatte zur allgemeinen Dienstpflicht gerade jetzt wieder an Intensität gewinnt.

Wir glauben, dass gezielte Begleitforschungen zu Einsätzen des Bevölkerungsschutzes und der Katastrophenvorsorge, -hilfe und -nachsorge zeigen werden, dass gesellschaftlich konstruktive Bewältigungsstrategien betroffener und beteiligter Menschen in Großschadenslagen besser erforscht und dann auch zielführend gestärkt werden können und müssen. Zudem vermuten wir, dass es nicht ausreichen wird, bei der Stärkung gesellschaftlicher Resilienz im Katastrophenfall ausschließlich auf Freiwilligkeit zu setzen. Denn schon jetzt gibt es zum Beispiel bei großflächigen Evakuierungen notorisch Gruppen von Menschen, die sich den erforderlichen Maßnahmen verweigern, sie behindern oder sich ihnen sogar in den Weg stellen. Und oftmals erkennen auch kooperative Teile der Bevölkerung zu spät oder nur unzureichend, was bei drohender schwerer Gefahr zu tun ist, und laufen aus Unkenntnis oder Unerfahrenheit in ihr Verderben oder werden unvermutet von einem Desaster überrascht. In vielen sehr speziellen Fällen des zivilen Lebens wurden im Laufe der letzten Jahrzehnte Verpflichtungen zum Selbst- und Fremdschutz eingeführt, denken wir nur an die Anschnallpflicht in Kraftfahrzeugen. So ist es nicht auszuschließen, ja es ist sogar zu vermuten, dass solche Verpflichtungen angesichts von Großschadensereignissen auch in großem Maßstab sinnvoll und im wahrsten Sinne des Wortes »not-wendig« sein werden.

In sehr speziellen Fällen zeigt sich das schon seit langem. Wird in Deutschland in einem dicht besiedelten Gebiet eine Bombe aus dem Zweiten Weltkrieg im Boden gefunden und muss sie vom Kampfmittelräumdienst vor Ort entschärft werden, dann werden alle Anwohner der betroffenen Risikozone evakuiert, das heißt, sie werden von den Ordnungskräften bei Androhung von Sanktionen aufgefordert, ihnen Folge zu leisten. Notfalls werden Menschen sogar von der Polizei unter Anwendung von Zwangsmitteln aus der Gefahrenzone gebracht. Rechtlich handelt es sich dabei um eine kollektive und standardisierte Erteilung von Platzverweisen, die je nach Rechtsauffassung um der Gewährleistung höherer Rechtsgüter willen einen eng befristeten Eingriff entweder nur in die allgemeine Handlungsfreiheit nach Art. 2 Abs. 1 GG (freie Entfaltung der Persönlichkeit) oder auch in den Schutzbereich der Art. 11 GG und Art. 2 Abs. 2 Satz 2 GG (Freizügigkeit) darstellen. In Gefahrenlagen katastrophischen Ausmaßes, die solche regionalen Dimensionen eventuell sogar weit überschreiten und zudem ad hoc auftreten, können die staatlichen Ordnungskräfte sowie die Hilfsorganisationen so sehr an ihre Grenzen kommen, dass es notwendig sein wird, die Kooperationsbereitschaft und auch die Fähigkeit zur Selbstorganisation in der Bevölkerung schon im Vorfeld signifikant zu stärken und zu steigern. Welche Art von Schulungen und Zivilschutzübungen sich hierbei als zweck- und verhältnismäßig erweisen werden, kann empirisch erforscht werden. Die Ergebnisse können dann in Leitlinien und Standards übersetzt werden, aus denen schließlich auch hervorgehen wird, ob und in welchem Umfang gesetzlich geordnete Verpflichtungen ausgesprochen werden müssen. Wir verstehen die Idee einer allgemeinen zivilen Dienstpflicht also primär als allgemeine Kooperationspflicht der Staatsbürger mit ihrem Staat zur Stärkung der Krisenresilienz.

Zugleich könnte eine allgemeine Dienstpflicht vielen jungen Menschen wertvolle Bildungserfahrungen ermöglichen und über die Einübung bürgerschaftlichen Engagements sowie eines solidarischen Miteinanders in Vielfalt langfristig zu einem Band werden, das unsere Gesellschaft zusammenhält. Gerade auch die Integration von Zuwanderern könnte entscheidend verbessert werden. Das pädagogische Potenzial einer allgemeinen Dienstplicht als non-formalem Bildungsort für bürgerschaftliches Engagement sowie bürgerschaftliche Tugenden und Kompetenzen (die für den sozialen Zusammenhalt der Gesellschaft und für die Zivilgesellschaft als Fundament einer funktionierenden Demokratie elementar sind) stellt ein wichtiges Argument für deren Einführung dar. Daher müssten hohe Qualitätsstandards in der Betreuung garantiert (und entsprechend finanziell ermöglicht) werden. Dabei könnten die Freiwilligendienste als Vorbild dienen, die im Zuge der Einführung einer allgemeinen Dienstpflicht auf keinen Fall eingeschränkt, sondern vielmehr weiter ausgebaut werden sollten. Die mitunter behauptete Unvereinbarkeit freiheitsfördernder Pädagogik mit Elementen des Zwangs erweist sich beim näheren Hinsehen als pädagogisch und anthropologisch einseitig sowie empirisch unzutreffend.

Die Hoffnungen, die sich mit der Einführung einer allgemeinen Dienstpflicht verbinden, werden derzeit von einer deutlichen Mehrheit der Menschen in Deutschland geteilt. Gleichwohl fehlt bisher der parteiübergreifende breite Konsens, der eine (für eine Grundgesetzänderung erforderliche) Zweidrittelmehrheit im Bundestag ermöglichen würde. Eine breite gesellschaftliche Debatte ist insbesondere zu dem Zweck unverzichtbar, die junge Generation mitzunehmen und zu überzeugen (wobei bereits immerhin etwa die Hälfte der jungen Menschen eine allgemeine Dienstpflicht befürworten würde). Es muss deutlich werden, dass es nicht darum geht, dass der Staat gesellschaftliche Probleme durch

Zwang lösen oder die selbstbestimmte Lebensplanung seiner Bürger beschneiden möchte, sondern darum, dass wir erkennen, dass wir selbst »der Staat« sind,[207] dass das Gemeinwesen etwas von uns als Bürgerinnen und Bürgern erwarten kann. Es geht darum, dass der Staat in unser aller Interesse seiner Verantwortung nachkommen muss, gute Rahmenbedingungen für Krisenresilienz, für gesellschaftlichen Zusammenhalt und für Engagement zu schaffen. Es geht um eine Chance zur Persönlichkeitsentwicklung, Orientierung und Sinnerfahrung, die sich die Gesellschaft viel Geld kosten lassen würde, weil sie am Ende allen zugutekommt. Die Interessen der jungen Menschen sind bei der Ausgestaltung der freien Wahlmöglichkeiten attraktiver Einsatzorte möglichst umfänglich zu berücksichtigen (beispielsweise ökologische Aufforstung, Klimaschutz, internationale Einsätze, Flüchtlingshilfe, Katastrophenschutz, Bundeswehr, diverse Vereine, pflegerische oder erzieherische Ausbildungen).

Unsere Reflexionen haben auch verschiedene Einwände gegen eine allgemeine Dienstpflicht bestätigt: Sie würde Gesetzesänderungen erfordern, Geld kosten und weder die aktuellen Probleme der Sozialwirtschaft noch der Bundeswehr lösen. Diese Argumente müssen mit den zu erwartenden Vorteilen abgewogen werden. Aus unserer Sicht überwiegen die positiven Effekte. Gleichwohl müssen die Hinweise der Kritiker ernst genommen und bei der Ausgestaltung der Rahmenbedingungen berücksichtigt werden. So könnte eine allgemeine Dienstpflicht angesichts fehlender Kapazitäten bei der Bundeswehr und bei Sozialverbänden nur schrittweise eingeführt werden. Bei der pädagogischen Begleitung sind hohe Standards zu gewährleisten, eine allgemeine Dienstpflicht funktioniert daher nicht als »Billigmodell«. Das Kriterium der Arbeitsmarktneutralität bei Tätigkeiten im Rahmen der Dienstpflicht ist zweifelsfrei sicherzustellen. Weder dürfen von der Einführung einer allgemeinen Dienstpflicht eine Behebung des Fachkräftemangels erwartet und eine Deprofessionalisierung sozialer Berufe befördert werden, noch darf eine allgemeine Dienstpflicht zur Legitimation von Sozialabbau oder zur Kaschierung sozialpolitischen Versagens instrumentalisiert werden. Um ungerechte Belastungshäufungen zu vermeiden, sind individuell erbrachte vergleichbare Erziehungs- oder Pflegeleistungen (unabhängig vom Geschlecht) als Surrogat zur Erfüllung der Dienstpflicht bzw. als Freistellungsgrund anzuerkennen.

Der Gedanke einer allgemeinen Dienstpflicht darf nicht mit zu vielen und zu hohen Erwartungen überfrachtet werden. Eine allgemeine Dienstpflicht stellt kein Allheilmittel zur Lösung aller (strukturellen) gesellschaftlichen Probleme dar. Aber in ihr liegen viele wichtige Potenziale und Chancen, die ausführlich dargestellt wurden. Wir hoffen, mit diesem Buch inhaltliche Anregungen für weitere Diskussionsprozesse in den kommenden Jahren geliefert zu haben.

Anmerkungen

1 STEINMEIER, Interview.
2 Vgl. SCHAAF/FRANZ, (K)ein Pflichtjahr, 1.
3 Vgl. BORCHARD, Gleichberechtigt.
4 Vgl. HANK, Kein Wundermittel.
5 Vgl. DINTER, Wehrpflicht, 110 ff.
6 Vgl. BMFSFJ, Zivildienst und Arbeitsmarkt, 60 f.
7 MÜNZ, Blick, 162.
8 Vgl. DINTER, Wehrpflicht, 110 und 115.
9 Vgl. WERKNER, Wehrpflicht – Teil der politischen Kultur, 163.
10 Vgl. BERNINGER u. a., Jugend erneuert Gemeinschaft. Manifest, 18.
11 Vgl. GUGGENBERGER, Jugend erneuert Gemeinschaft.
12 EKD, Freiheit und Dienst, 3 und 5.
13 Vgl. DEUTSCHER BUNDESTAG, Einführung einer allgemeinen Dienstpflicht, 4 f.
14 CDU, Sachanträge.
15 KLEIN, Wehrsysteme, 16.
16 Vgl. GESTRICH, Geschichte, 86 ff. und 99.
17 Vgl. a. a. O., 87, 93 ff. und 104.
18 Vgl. a. a. O., 87, 100 f. und 104.
19 Vgl. a. a. O., 102 f. Vgl. STELL, Kontinuität, 116 ff.
20 GESTRICH, Geschichte, 104.
21 Vgl. TÖNNIES, Arbeitsdienst.
22 Vgl. EKD, Freiheit und Dienst, 8.
23 Vgl. MÜNZ, Blick, 163 und 166 f.
24 Vgl. a. a. O., 164 und 172 f.
25 Vgl. a. a. O., 169 ff.

26 Vgl. BELLAIS, Dienstpflicht, 1 f.
27 A. a. O., 2.
28 NIETZSCHE, Morgenröte, 100.
29 KANT, Grundlegung, 440. Auch in dieser Formulierung ist mit »Menschheit« nicht ein Kollektiv, sondern eine Gattung gemeint und mit deren »Fähigkeit« und Merkmal weniger ein messbares Vermögen als vielmehr ihre prinzipielle Bestimmung zur Selbstbestimmung.
30 Die historisch-soziologische Analyse der Wehrpflicht lässt strukturelle Zusammenhänge zwischen Staatsverfassung und Wehrverfassung erkennen, die analog auch für andere staatlich geregelte Verpflichtungen gelten dürften. Für moderne Demokratien vgl. KERNIC, Demokratie, 73 ff. So ergibt sich beispielsweise aus dem deutschen Grundgesetz keine Verpflichtung auf eine bestimmte Wehrverfassung. Die Verfassung stellt es in das Ermessen des Gesetzgebers, ob er eine Wehrpflichtarmee oder eine Freiwilligenarmee für besser geeignet hält, die jeweils aktuellen Anforderungen zu erfüllen, die die Landes- und Bündnisverteidigung und die Einsätze unter Mandat der Vereinten Nationen an die Gesellschaft stellen; vgl. HERZ, Kein Frieden, 183, 202, 219 f.
31 WEBER/RICHTER, Vorhaben, 288; weitgehend in gleicher Richtung: GELINSKY, Pflichtdienst.
32 Zur ökonomischen Theorie öffentlicher Güter vgl. MANKIW/TAYLOR, Grundzüge.
33 WEBER/RICHTER, Vorhaben, Fn. 4, 288.
34 Vgl. RECHSTEINER, Recht.
35 Vgl. ORD, Precipice.
36 Vgl. WIDMAIER, Marke.
37 Vgl. zur Integration einer Dienstpflicht in das Schulsystem WEBER/RICHTER, Vorhaben, Fn. 4, 301 f.
38 Gesetzentwurf der Bundesregierung. Entwurf eines Gesetzes

zur Einführung eines Bundesfreiwilligendienstes vom 17.2.2011, BT-Drs. 17/4803, S.12.

39 BÖCKENFÖRDE, Entstehung des Staates; vgl. BÖCKENFÖRDE, Der säkularisierte Staat; GROSSE KRACHT, Fünfzig Jahre.
40 Vgl. UN-VOLLVERSAMMLUNG, Allgemeine Erklärung.
41 Vgl. zum Folgenden WEBER/RICHTER, Vorhaben, Fn.4, 292ff.
42 Vgl. exemplarisch: PATEL, Soldaten; HUMANN, »Arbeitsschlacht«; RAPHAEL, Imperiale Gewalt; BUGGELN/WILDT, Arbeit; AHRENS, Bündische Jugend.
43 WEBER/RICHTER, Vorhaben, Fn.4, 297. Zum Folgenden a. a. O., 296-300.
44 A. a. O., Fn. 4, 298.
45 Vgl. zum Folgenden a. a. O., Fn.4, 303-317.
46 Vgl. a. a. O., Fn. 3, 317ff.
47 A. a. O., Fn. 3, 320.
48 DEUTSCHER BUNDESTAG, Zur Einführung einer allgemeinen Dienstpflicht unter soziologischen Aspekten, 4f.
49 Vgl. DEUTSCHER FEUERWEHRVERBAND, Statistik.
50 Vgl. TECHNISCHES HILFSWERK, Jahresbericht, 8.
51 Vgl. BMI, Ehrenamt.
52 Vgl. DEUTSCHER BUNDESTAG, Zur Einführung einer allgemeinen Dienstpflicht unter soziologischen Aspekten, Fn.19, 5f.
53 GRAF, Zeitenwende, 12.
54 DEUTSCHER BUNDESTAG, Zur Einführung einer allgemeinen Dienstpflicht unter soziologischen Aspekten, Fn. 19, 5-12.
55 Vgl. SEIDEL/KRAPP, Pädagogische Psychologie.
56 SCHOPP/SCHÜLER/TONDORF/SCHÜLLER, Lagebild, 1071.
57 Vgl. SCHOBER/SPRAJCER/SCHOBER/PERVAN-AL SOQAUER, Der gesellschaftliche und ökonomische Nutzen; KOMPETENZZENTRUM FÜR NONPROFIT-ORGANISATIONEN UND SOCIAL ENTREPRENEURSHIP, Studie.
58 A. a. O., 20.

59 A.a.O., 12.
60 Vgl. Rürup, Irrweg Dienstpflicht, 12.
61 Vgl. Ferris/West, Private versus Public Charity; Mussel/Pätzold, Grundfragen, 48; vgl. für die Situation in Deutschland seit 2011: Bauer/Schmidt, Wehrpflicht.
62 Vgl. Falser, Wiederaufbau; Boin/Brown/Richardson, Managing Hurricane Katrina.
63 Vgl. o. V., Untersuchungsausschuss.
64 Vgl. Horn, Antike Lebenskunst.
65 David/Krüger, Einführung, 11.
66 Konrad, Ethik, 4f.
67 A.a.O., 501.
68 Maikranz/Stamer, Intertext.
69 Vgl. von Schubert, Nieder mit dem Krieg, 148–185, sowie die exegetischen und systematischen Beiträge in: Dietz/Dochhorn/Kunze/ Schwienhorst-Schönberger, Wiederentdeckung.
70 Hentschel, Dienen.
71 Luther, Von der Freiheit, 21.
72 »Der Souverän ist der Kriegsherr. [...] Die Truppen, Offiziere und Soldaten, also alle, mittels derer der Souverän den Krieg führt, sind nur seine Werkzeuge. Sie führen seinen Willen aus und nicht den ihren.« Vattel, Völkerrecht, 369f.
73 Kant, Metaphysik der Sitten, 429. Die im Folgenden wiederholt begegnenden Kant-Zitate provozieren die Frage, ob und warum christliche Ethik nur »kantisch« möglich ist. Kant stellt den Maßstab für jede »moderne« Ethik, also auch für eine moderne Interpretation des christlichen Ethos, und dies aus drei Gründen: Der erste Grund ist die Herausforderung einer transzendentalen Begründung, der zweite die problematische Zentralstellung des Subjektes, der dritte ist der ambitionierte Systemanspruch, der dann bei Kant doch in die selbstkritische Bescheidenheit geschichtlich vermittelter Urteilskraft zurück-

führt. Mit dem Anschluss an diese drei Gründe wird nicht behauptet, Kant selbst werde diesen Herausforderungen in allen Punkten gerecht, sie bleiben vielmehr für jede Ethik eine »unendliche Aufgabe«.

74 BARTH, Theologie, 460.
75 KANT, Grundlegung, 440.
76 KANT, Metaphysik der Sitten, 230.
77 Vgl. GENERALVERSAMMLUNG DER VEREINTEN NATIONEN, Memorandum.
78 Die Übersicht summiert aktuelle journalistische Beiträge (Artikel von M. Ambühl, N. Meier, D. Thürer in der FAZ vom 18.5.22; Interview mit R. v. Fritsch im Tagesspiegel vom 21.5.22; Beitrag von H.-H. Schröder in der FAZ vom 25.1.23; Beitrag von J. Habermas in der SZ vom 14.2.23; Beitrag von G. Schwan in der FAZ vom 27.2.23).
79 Vgl. EBERL/NIESEN, Immanuel Kant, 207-266.
80 KANT, Grundlegung, 440.
81 Vgl. zum Folgenden EBERL/NIESEN, Immanuel Kant, 137-207 und 232-248.
82 Vgl. HINSCH/JANSSEN, Menschenrechte; MAYER, Lehre.
83 Für die europäischen Kriege im 19. und 20. Jahrhundert vgl. LANGEWIESCHE, Der gewaltsame Lehrer; LANGEWIESCHE, Savage War; zu den Folgen und Risiken des westlichen Zivilisationsmodells vgl. THOMPSON, Disorder; zur Debatte um die innere und äußere Stabilität autokratischer Herrschaft vgl. BACKES, Autokratien.
84 KANT, Grundlegung, 429.
85 KANT, Zum ewigen Frieden, 356.
86 Vgl. EBERL/NIESEN, Immanuel Kant, 176-207 und 232-248.
87 KANT, Zum ewigen Frieden, 343.
88 GENERALVERSAMMLUNG DER VEREINTEN NATIONEN, Resolution.
89 IFW, Ukraine Support Tracker.

90 BUNDESWEHR, Personalzahlen.
91 Vgl. RICHTER, Allgemeine Dienstpflicht, 6.
92 HÖGL, Interview.
93 »Vgl. das Pilotprojekt ›Dein Jahr für Deutschland‹ der Bundeswehr sowie die ›Grundbeorderung‹ für Reservisten« und die Wehrpflichtmodelle in Norwegen und Schweden; vgl. WERKNER, Die Bundeswehr im neuen Modus.
94 Vgl. BRAML, Transatlantische Illusion; LINDLEY-FRENCH/ALLEN/HODGES, Future War; HEUSGEN, Führung.
95 Aus der langen Geschichte der Debatte zur Wehrpflicht vgl. BALD, Wehrpflicht; KUHLMANN/LIPPERT, Wehrpflicht ade; KLEIN, Wehrpflicht und Wehrpflichtige; BALD/OPITZ/RÖDIGER, Allgemeine Wehrpflicht; FOERSTER, Wehrpflicht; GROSS/LUTZ, Wehrpflicht ausgedient; SEHMSDORF, Wehrpflicht; GROSS, Armee der Illusionen; MAGENHEIMER, Zur Frage der allgemeinen Wehrpflicht; STEINKAMM/SCHÖSSLER, Wehrhafte Demokratie; VON BREDOW, Demokratie und Streitkräfte, 127–143; GOSE, Wehrpflicht am Ende; THIELE, Wehrpflicht; FREVERT, Kasernierte Nation; PRÜFERT, Hat die allgemeine Wehrpflicht; HERZ, Kein Frieden; WERKNER, Wehrpflicht und ihre Hintergründe; MEYER, Dauerkontroverse; BIRKENFELD, Wehrpflicht; FLEISCHHAUER, Wehrpflichtarmee; AHAMMER/NACHTIGALL, 5 plus 1; BUCH, Wohin mit der Wehrpflicht; BELLAIS, Dienstpflicht; IPSOS, Deutliche Mehrheit; einen Überblick über die aktuell neu anlaufende Debatte liefert https://www.presseportal.de/st/Wehrpflicht (Stand: 04.04.2023).
96 Vgl. BACKHAUS-MAUL/SCHÜTTE/VOGEL, Allgemeine Dienstpflicht, 357.
97 Vgl. BMFSFJ, Zivildienst und Arbeitsmarkt, 233.
98 Vgl. a.a.O., 21, 80 und 95.
99 Vgl. a.a.O., 101, 150 und 576.
100 Vgl. a.a.O., 224 und 478.

101 Vgl. Jakob, Aufwertung, 50.
102 Diakonisches Werk der EKD, Konversion, 11.
103 Vgl. Bundesnetzwerk Bürgerschaftliches Engagement, Pflichtdienst.
104 Vgl. Kissler, Toleranz.
105 EKD, Konsens und Konflikt, 28.
106 Vgl. Hummel/Strachwitz, Zivilgesellschaft, 35.
107 Vgl. Bartjes, Pflichtdienste, 11 ff.
108 Vgl. Dietz, Staatsvergessenheit, 35 f.
109 Vgl. Guggenberger, Wieviel Gemeinschaft, 58 f.
110 Vgl. BMFSFJ, Abschlussbericht, 9.
111 Vgl. Cafario, Rekrutierung, 42.
112 Vgl. Dinter, Wehrpflicht, 119.
113 Vgl. Bartjes, Pflichtdienste, 13 f.
114 Vgl. Gestrich, Geschichte, 90, 94 und 102.
115 Vgl. Dietz, Staatsvergessenheit, 31 ff.
116 Vgl. Tönnies, Freiwillig oder verpflichtend, 446 f.
117 Schmidt, Als Christ, 54 f.
118 Vgl. Deutscher Bundestag, Bericht der Enquete-Kommission, 33 und 36 f.
119 Vgl. a. a. O., 42 f.
120 A. a. O., 59.
121 Dahrendorf, Beitrag, 72.
122 Vgl. Reich, Konstruktivismus, 42 f.
123 Vgl. Putnam, Making Democracy Work.
124 Vgl. Hummel/Strachwitz, Zivilgesellschaft, 37 ff.
125 Deutscher Bundestag, Bericht der Enquete-Kommission, 59.
126 BMFSFJ, Hauptbericht des Freiwilligensurveys, 91.
127 Rau, Rede.
128 Vgl. BMFSFJ, Abschlussbericht, 18.
129 Vgl. Deutscher Bundestag, Bericht der Enquete-Kommission, 99 f.

130 Vgl. Jakob, Aufwertung, 53. Vgl. Eberhard, Essentials, 387 und 398f.
131 Vgl. BMFSFJ, Abschlussbericht, 18, 64f. und 175.
132 Dettling, »Fit for Nothing?«, 443.
133 BMFSFJ, Zivildienst und Arbeitsmarkt, 230.
134 Dettling, »Fit for Nothing?«, 444.
135 Vgl. van Dyk/Haubner, Community-Kapitalismus, 9ff. und 126.
136 A.a.O., 45.
137 Vgl. a.a.O., 58, 99 und 130.
138 Vgl. a.a.O., 98ff.
139 Vgl. a.a.O., 95ff und 130ff.
140 Deutscher Bundestag, Bericht der Enquete-Kommission, 66.
141 Vgl. Dietz/Wegner, Professionalisierung, 48ff.
142 Vgl. BMFSFJ, Abschlussbericht, 72, 74 und 171ff.
143 Vgl. Adloff, Philanthropisches Handeln, 87.
144 Vgl. Deutscher Bundestag, Bericht der Enquete-Kommission, 60.
145 Vgl. Klein, Wehrpflicht von Männern, 131f.
146 Vgl. a.a.O., 134 und 140.
147 Vgl. Weber/Richter, Vorhaben, 297.
148 Vgl. Olk, Freiwilligendienste, 18.
149 Freise, Welchen Stellenwert, 189.
150 Vgl. Gestrich, Geschichte, 85.
151 Vgl. Liebig, Freiwilligendienste, 50ff. und 82ff.
152 Vgl. Fischer/Levenig, Bürgerschaftliches Engagement, 44.
153 Vgl. Liebig, Freiwilligendienste, 58.
154 Vgl. BMFSFJ, Abschlussbericht, 175.
155 Vgl. Gleich, Zukunft, 235. Vgl. Liebig, Freiwilligendienste, 42.
156 Vgl. Frevert, Bürgersoldaten, 55 und 60.
157 Kant, Über Pädagogik, 7 und 11.
158 Vgl. Schilling, Anthropologie, 68 und 200.

159 Vgl. ZIRFAS, Pädagogische Anthropologie, 172.
160 Vgl. LISCHEWSKI, Menschenbilder, 35, 38 und 42 f., sowie ULLRICH, Kindheit, 79 ff.
161 Vgl. ULLRICH, Kindheit, 81.
162 MONTESSORI, Selbsttätige Erziehung, 82.
163 ULLRICH, Kindheit, 86.
164 Vgl. WIRTHERLE, Entwicklungsraum, 27, 100 und 196.
165 Vgl. BONUS/VOGT, Nonformale Bildung, 25 ff.
166 Vgl. BMFSFJ, Abschlussbericht, 72, 81 und 171 ff.
167 Vgl. BONUS/VOGT, Nonformale Bildung, 29.
168 Vgl. SCHILLING, Anthropologie, 145.
169 GOODMAN, Freiheit, 190.
170 Vgl. DEUTSCHER BUNDESTAG, Zur Einführung einer allgemeinen Dienstpflicht unter soziologischen Aspekten, 12. Vgl. EKD, Freiheit und Dienst, 7.
171 Vgl. PÜTZ, Kinder, 91.
172 Vgl. SCHIEREN, Menschenbild der Waldorfpädagogik, 133.
173 Vgl. KLEMM, Einleitung, 13 ff. und 21 ff.
174 NESTOR, Personale Auffassung, 212.
175 Vgl. KUHN, IQB-Bildungstrend.
176 TÖNNIES, Freiwillig oder verpflichtend, 446.
177 Vgl. NESTOR, Personale Auffassung, 210, 216 und 219.
178 Vgl. DIETZ, Gerechte Gesundheitsreform, 81 ff.
179 KRUSE, Das letzte Lebensjahr, 219.
180 EKD, Rechtfertigung und Freiheit, 33.
181 Vgl. EKD, Freiheit und Dienst, 3. Vgl. BEIERLE, Pflichtdienste, 4.
182 KANT, Über Pädagogik, 27.
183 Vgl. ZIRFAS, Pädagogische Anthropologie, 128 f.
184 GUDJONS, Pädagogisches Grundwissen, 172.
185 Vgl. PÜTZ, Kinder, 92 f.
186 Vgl. BONUS/VOGT, Nonformale Bildung, 9, 47 und 54.
187 Vgl. GÜNTERT, Selbstbestimmung, 81 f. und 91.

188 Vgl. BMFSFJ, Abschlussbericht, 7, 18 und 68 ff.
189 Vgl. a. a. O., 85 ff., 133 ff. und 171.
190 Vgl. Czech, Zivildienst.
191 Vgl. Jax, Von der Pflicht, 65 ff.
192 Vgl. Overwien, Internationale Sichtweisen, 51.
193 Vgl. Bonus/Vogt, Nonformale Bildung, 25, 31 und 33.
194 Rauschenbach, Bildung, 218.
195 Vgl. Wüstendörfer/Becker, Das Freiwillige Soziale Jahr, 123, und Rahrbach/Wüstendörfer/Arnold, Untersuchung, 177.
196 Vgl. Bartjes, Zivildienst.
197 Vgl. o. V., Gemeinsam für Deutschland.
198 Vgl. BMFSFJ, Abschlussbericht, 79.
199 Vgl. Bonus/Vogt, Nonformale Bildung, 85 ff., und Diakonie Hessen, Evangelische Freiwilligendienste, 17 ff., und Roth/Baldas, Schluss, 483.
200 Vgl. beispielsweise EKD, Freiheit und Dienst, 16.
201 Vgl. Dietz, Diakonie und Subsidiarität, 43 und 48 f.
202 Vgl. EKD, Kirche und Bildung, 7 ff.
203 Schopenhauer, Preisschrift, 222.
204 Vgl. Böckenförde, Entstehung des Staates, 112.
205 Vgl. Füssel/Roeder, Recht – Erziehung – Staat, 19 ff.
206 Vgl. Kunze, Woraus lebt ein Gemeinwesen, 188 ff. und 197 f.
207 Vgl. Anschütz, Verfassung, 32.

Abkürzungsverzeichnis

AA	Immanuel Kant, Werkausgabe der Preußischen Akademie der Wissenschaften, Berlin 1900 ff. (»Akademieausgabe«)
APuZ	Aus Politik und Zeitgeschichte
BFDG	Bundesfreiwilligendienst
BT-Drs.	Bundestagsdrucksache
BMFSFJ	Bundesministerium für Familie, Senioren, Frauen und Jugend
BMI	Bundesministerium des Innern und für Heimat
EKD	Evangelische Kirche in Deutschland
FEST	Forschungsstätte der Ev. Studiengemeinschaft e. V.
GG	Grundgesetz der Bundesrepublik Deutschland
GIDS	German Institute for Defence and Stratetic Studies
IFSH	Institut für Friedensforschung und Sicherheitspolitik an der Universität Hamburg
IfW	Institut für Weltwirtschaft
JFDG	Jugendfreiwilligendienstegesetz
KSZE	Konferenz für Sicherheit und Zusammenarbeit in Europa
OSZE	Organisation für Sicherheit und Zusammenarbeit in Europa
WA	D. Martin Luthers Werke, Weimar 1883 ff. (»Weimarer Ausgabe«)
WD	Wissenschaftliche Dienste des Deutschen Bundestages
WPflG	Wehrpflichtgesetz
ZMSBW	Zentrum für Militärgeschichte und Sozialwissenschaften der Bundeswehr

Literatur

Adloff, Frank: Philanthropisches Handeln. Eine historische Soziologie des Stiftens in Deutschland und den USA, Frankfurt am Main / New York 2010.

Ahammer, Andreas, u. Stephan Nachtigall: 5 plus 1. Wehrpflicht der Zukunft im Gesellschaftsdienst, Baden-Baden 2009.

Ahrens, Rüdiger: Bündische Jugend. Eine neue Geschichte 1918–1933, Göttingen 2015.

Anschütz, Gerhard: Die Verfassung des Deutschen Reichs vom 11. August 1919, Berlin [14]1933.

Backes, Uwe: Autokratien, Baden-Baden 2022.

Backhaus-Maul, Holger, Christian Schütte u. Dita Vogel: Eine allgemeine Dienstpflicht als Mittel zur Lösung des Pflegenotstands, in: ZSR 37 (1991), 349–355.

Bald, Detlef: Die Wehrpflicht – das legitime Kind der Demokratie? Vom Wehrrecht zur Wehrpflicht in Deutschland, in: Sozialwissenschaftliches Institut der Bundeswehr (Hrsg.): SOWI-Arbeitspapier Nr. 1991/56, München 1991.

Bald, Detlef, Eckardt Opitz u. Frank S. Rödiger (Hrsg.): Allgemeine Wehrpflicht. Geschichte, Probleme, Perspektiven, Bremen 1994.

Barth, Hans-Martin: Die Theologie Martin Luthers. Eine kritische Würdigung, Gütersloh 2009.

Bartjes, Heinz: Pflichtdienste. Ein Lernprogramm für soziale Kompetenz?, in: Diakonisches Werk der EKD (Hrsg.): Dokumentation der Fachtagung Freiwillige Soziale Dienste, Stuttgart 1994, 9–18.

Bartjes, Heinz: Der Zivildienst als Sozialisationsinstanz. Theoretische und empirische Annäherungen, Weinheim 1996.

Bauer, Thomas K., u. Christoph M. Schmidt: Wehrpflicht und Zivildienst a. D. Warum das Ende der Zwangsverpflichtung ein Gewinn für die Gesellschaft ist, Essen 2010.

Beierle, Alfred: Pflichtdienste und diakonisches Selbstverständnis, in: Diakonisches Werk der EKD (Hrsg.): Dokumentation der Fachtagung Freiwillige Soziale Dienste, Stuttgart 1994, 4–8.

Bellais, Renaud: Dienstpflicht statt Wehrdienst. Der service national universel in Frankreich, hrsg. von der Friedrich-Ebert-Stiftung, Berlin 2020, URL: https://library.fes.de/pdf-files/bueros/paris/16366.pdf (Stand: 07.03.2023).

Berninger, Matthias, u. a.: Jugend erneuert Gemeinschaft. Manifest für Freiwilligendienste in Deutschland und Europa, in: Bernd Guggenberger (Hrsg.): Jugend erneuert Gemeinschaft. Freiwilligendiente in Deutschland und Europa. Eine Synopse, Baden-Baden 2000, 18–28.

Birkenfeld, Florian: Die Wehrpflicht in Deutschland. Kosten, Vergleich, Perspektiven, Saarbrücken 2006.

Böckenförde, Ernst-Wolfgang: Die Entstehung des Staates als Vorgang der Säkularisation, in: ders.: Recht, Staat, Freiheit. Studien zur Rechtsphilosophie, Staatstheorie und Verfassungsgeschichte, Frankfurt am Main 1991, 92–114.

Böckenförde, Ernst-Wolfgang: Der säkularisierte Staat. Sein Charakter, seine Rechtfertigung und seine Probleme im 21. Jahrhundert, München 2007.

Boin, Arjen, Christer Brown u. James A. Richardson: Managing Hurricane Katrina: Lessons from a Megacrisis, Baton Rouge 2019.

Bonus, Stefanie, u. Stefanie Vogt: Nonformale Bildung in Freiwilligendiensten. Ergebnisse aus Praxisentwicklung und Praxisforschung in kritisch-emanzipatorischer Perspektive, Baden-Baden 2018.

Borchard, Michael: Gleichberechtigt wollen alle sein – gleich verpflichtet nicht!? Das soziale Pflichtjahr als Baustein einer aktiven Bürgergesellschaft, in: Die politische Meinung Nr. 414, hrsg. von der Konrad Adenauer Stiftung, Berlin 2004, 25–28.

Braml, Josef: Die transatlantische Illusion. Die neue Weltordnung und wie wir uns darin behaupten können, München 2022.

von Bredow, Wilfried: Demokratie und Streitkräfte. Militär, Staat und Gesellschaft in der Bundesrepublik Deutschland, Wiesbaden 2000.

Buch, Detlef: Wohin mit der Wehrpflicht? Weisen die Partner wirklich den richtigen Weg?, Frankfurt am Main 2010.

Buggeln, Marc, u. Michael Wildt (Hrsg.): Arbeit im Nationalsozialismus, München 2014.

Bundesministerium des Innern und für Heimat (BMI) (Hrsg.): Ehrenamt. Motor der Demokratie, URL: https://www.bmi. bund. de/DE/themen/heimat-integration/buergerschaftliches-engagement/buergerschaftliches-engagement-node.html/ (Stand: 22.04.2023).

Bundesministerium für Familie, Senioren, Frauen und Jugend (BMFSFJ) (Hrsg.): Abschlussbericht des Forschungsprojekts »Zivildienst als Sozialisationsinstanz für junge Männer«, Berlin 2011.

Bundesministerium für Familie, Senioren, Frauen und Jugend (BMFSFJ) (Hrsg.): Hauptbericht des Freiwilligensurveys 2009, Berlin 2010, URL: https://www.bmfsfj.de/resource/blob/931 70/73111cb56e58a95dacc6fccf7f8c01dd/3-freiwilligensurvey-hauptbericht-data.pdf (Stand: 09.01.2023).

Bundesministerium für Familie, Senioren, Frauen und Jugend (BMFSFJ) (Hrsg.): Zivildienst und Arbeitsmarkt, Berlin 2002.

Bundesnetzwerk Bürgerschaftliches Engagement: Pflichtdienst – Ja oder Nein? Eine irreführende Debatte zu einem ungünstigen Zeitpunkt, 2022, URL: https://www.b-b-e.de/aktuelles/detail/ stellungnahme-des-bbe-sprecherinnenrates-zur-pflichtzeit?

type=atom%27nvOpzp%3B%20AND%2 01%3D1%20OR%20%28%3C%27%22%3EiKO%29%29%2C (Stand: 23.12.2022).

Bundeswehr: Personalzahlen der Bundeswehr, Stand: 28.02.2023, URL: https://www.bundeswehr.de/de/ueber-die-bundeswehr/zahlen-daten-fakten/personalzahlen-bundeswehr (Stand: 19.04.2023).

Cafario, Giuseppe: Rekrutierung und Ausbildung von Soldaten, in: Ines-Jacqueline Werkner (Hrsg.): Die Wehrpflicht und ihre Hintergründe. Sozialwissenschaftliche Beiträge zur aktuellen Debatte, Wiesbaden 2004, 29–44.

CDU, Sachanträge (C) und Initiativanträge (I). Beschluss des 35. Bundesparteitags der CDU Deutschlands, 2022, URL: https://www.cdu-parteitag.de/reden-berichte (Stand: 01.03.2023).

Czech, Gerald: Zivildienst als wichtige Sozialisationsinstanz oder »Erziehung zur Menschlichkeit«. Eine empirische Studie unter (ehemaligen) Zivildienstleistenden des Österreichischen Roten Kreuzes, 2012, URL: https://blogneu.roteskreuz.at/sociologist/wp-content/uploads/sites/5/2012/11/Zivildienst-als-wichtige-Sozialisationsinstanz_final.pdf (Stand: 04.02.2023).

Dahrendorf, Ralf: Der Beitrag der Bürgergesellschaft an der Gestaltung Europas, in: Eugen Baldas, Helmut Schwalb u. Werner Tzscheetzsch (Hrsg.): Freiwilligentätigkeit gestaltet Europa. Kooperation in Theorie und Praxis, Freiburg 2001, 72–84.

David, Philipp, u. Malte Dominik Krüger: Einführung der Herausgeber, in: Streit-Kultur – Journal für Theologie 01 (2023), 11–16.

Dettling, Warnfried: »Fit for Nothing?« Jugendgemeinschaftsdienste in der Bürgergesellschaft, in: Bernd Guggenberger (Hrsg.): Jugend erneuert Gemeinschaft. Freiwilligendienste in Deutschland und Europa. Eine Synopse, Baden-Baden 2000, 439–444.

Deutscher Bundestag (Hrsg.): Bericht der Enquete-Kommission »Zukunft des Bürgerschaftlichen Engagements«, Berlin 2002.

Deutscher Bundestag (Hrsg.): Einführung einer allgemeinen Dienstpflicht, Berlin 2016.

Deutscher Bundestag (Hrsg.): Zur Einführung einer allgemeinen Dienstpflicht unter soziologischen Aspekten (WD 9 - 3000 - 045/22), Berlin 2022.

Deutscher Feuerwehrverband: Statistik, URL: https://www.feuerwehrverband.de/presse/statistik/ (Stand: 27.03.2023).

Diakonie Hessen (Hrsg.): Evangelische Freiwilligendienste der Diakonie Hessen. Konzeption, Frankfurt 2018.

Diakonisches Werk der EKD (Hrsg.): Die Konversion des Zivildienstes als Chance, gesellschaftliche Verantwortung zu stärken, Stuttgart 2003, URL: https://www.yumpu.com/de/document/read/7433916/stellungnahme-des-diakonischen-werkes-der-ekd-diakonie- (Stand: 23.12.2022).

Dietz, Alexander: Diakonie und Subsidiarität, in: Otto Kempen, u. Gotlind Ulshöfer (Hrsg.), Subsidiarität in Europa. Bürgernähe, Partizipation und effiziente Steuerung, Wiesbaden 2016, 41–57.

Dietz, Alexander: Gerechte Gesundheitsreform? Ressourcenvergabe in der Medizin aus ethischer Perspektive, Frankfurt am Main/New York 2011.

Dietz, Alexander: Staatsvergessenheit als Ausdruck von Sündenvergessenheit? Zur Gefahr des »Schwärmertums« für die evangelische politische Ethik, in: Alexander Dietz, Jan Dochhorn, Axel Bernd Kunze, u. Ludger Schwienhorst-Schönberger: Wiederentdeckung des Staates in der Theologie, Leipzig 2020, 29–65.

Dietz, Alexander, Jan Dochhorn, Axel Bernd Kunze u. Ludger Schwienhorst-Schönberger: Wiederentdeckung des Staates in der Theologie, Leipzig 2020.

Dietz, Alexander, u. Daniel Wegner: Professionalisierung und Kommerzialisierung in der Tafelarbeit?, in: Alexander Dietz, Stefan Jung u. Daniel Wegner (Hrsg.): Zwischen Mitleidsökonomie und Professionalisierung. Tafeln in wirtschaftsethischer Perspektive, Berlin 2021, 19-63.

Dinter, Henrik: Wehrpflicht, Freiwilligenarmee und allgemeine Dienstpflicht. Aktuelle Argumentationslinien, in: Ines-Jacqueline Werkner (Hrsg.): Die Wehrpflicht und ihre Hintergründe. Sozialwissenschaftliche Beiträge zur aktuellen Debatte, Wiesbaden 2004, 109-129.

van Dyk, Silke, u. Tine Haubner: Community-Kapitalismus, Hamburg 2021.

Eberhard, Angela: Essentials aus Studien zu Freiwilligendiensten, in: Eugen Baldas u. Rainer Roth (Hrsg.): Freiwilligendienste haben es in sich. Studien zu Art, Umfang und Ausbaumöglichkeiten von Freiwilligendiensten im kirchlich-sozialen Umfeld, Freiburg 2003, 383-406.

Eberl, Oliver, u. Peter Niesen: Immanuel Kant, Zum ewigen Frieden und Auszüge aus der Rechtslehre, Berlin ²2022, 207-266.

Evangelische Kirche in Deutschland (EKD) (Hrsg.): Freiheit und Dienst. Eine Argumentationshilfe der Evangelischen Kirche in Deutschland zur Frage einer allgemeinen Dienstpflicht und zur Stärkung von Freiwilligendiensten, Hannover 2006.

Evangelische Kirche in Deutschland (EKD) (Hrsg.): Kirche und Bildung. Herausforderungen, Grundsätze und Perspektiven evangelischer Bildungsverantwortung und kirchlichen Bildungshandelns, Gütersloh 2009.

Evangelische Kirche in Deutschland (EKD) (Hrsg.): Konsens und Konflikt: Politik braucht Auseinandersetzung. Zehn Impulse der Kammer für Öffentliche Verantwortung der EKD zu aktuellen Herausforderungen der Demokratie in Deutschland, Hannover 2017.

Evangelische Kirche in Deutschland (EKD) (Hrsg.): Rechtfertigung und Freiheit. 500 Jahre Reformation 2017, Gütersloh ³2014.

Falser, Michael S.: Der Wiederaufbau von New Orleans nach Hurricane Katrina. Gedanken zum Status der Zivilgesellschaft im Kontext von Natur- und Kulturkatastrophen, in: Hans-Rudolf Meier, Michael Petzet u. Thomas Will (Hrsg.): Kulturerbe und Naturkatastrophen / Cultural Heritage and Natural Disasters. Risk Preparedness and the Limits of Prevention, Dresden 2008, 109-122.

Ferris, J. Stephen, u. Edwin G. West: Private versus Public Charity. Reassessing Crowding out from the Supply Side, in: Public Choice 116 (2003), 399-417.

Fischer, Ute, u. Sina-Marie Levenig: Bürgerschaftliches Engagement zwischen individueller Sinnstiftung und Dienst an der Gesellschaft, in: APuZ 13-15 (2021), 42-47.

Fleischhauer, Jens: Wehrpflichtarmee und Wehrgerechtigkeit. Die Verfassungsmäßigkeit der allgemeinen Wehrpflicht im Blickwinkel sicherheitspolitischer, gesellschaftlicher und demographischer Veränderungen, Hamburg 2007.

Foerster, Roland G. (Hrsg.): Die Wehrpflicht. Entstehung, Erscheinungsformen und politisch-militärische Wirkung, München 1994.

Freise, Josef: Welchen Stellenwert haben Freiwilligendienste für Jugendliche und für die Gesellschaft?, in: Bernd Guggenberger (Hrsg.): Jugend erneuert Gemeinschaft. Freiwilligendiente in Deutschland und Europa. Eine Synopse, Baden-Baden 2000, 185-201.

Frevert, Ute: Die kasernierte Nation. Militärdienst und Zivilgesellschaft in Deutschland, München 2001.

Frevert, Ute: Bürgersoldaten – Die allgemeine Wehrpflicht im 19. und 20. Jahrhundert, in: Ines-Jacqueline Werkner (Hrsg.): Die

Wehrpflicht und ihre Hintergründe. Sozialwissenschaftliche Beiträge zur aktuellen Debatte, Wiesbaden 2004, 45–64.

Füssel, Hans-Peter, u. Peter M. Roeder: Recht – Erziehung – Staat, URL: https://www.beltz.de/fileadmin/beltz/leseproben/978 3407411488.pdf (Stand: 11.02.2023).

Gelinsky, Katja: Pflichtdienst für die Gesellschaft? Optionen und Hürden im Verfassungs- und Völkerrecht, in: Konrad Adenauer Stiftung (Hrsg.): Analysen & Argumente, Nr. 316, Berlin 2018.

Generalversammlung der Vereinten Nationen (Hrsg.): Memorandum on Security Assurances in connection with Ukraine's accession to the Treaty on the NPT, UN General Assembly document A/49/765, UN Security Council document S/1994/1399 vom 19.12.1994, URL: https://www.securitycouncilreport.org/un-documents/document/s1994139 9.php (Stand: 04.04.2023).

Generalversammlung der Vereinten Nationen (Hrsg.): Resolution vom 02.03.2022, URL: https://www.un.org/depts/german/gv-notsondert/a-es11-1.pdf (Stand: 27.01.2023).

Gestrich, Andreas: Geschichte der Jugendgemeinschaftsdienste. Eine Bewegung zwischen »Arbeitswehr« und »werktätigem Pazifismus«, in: Bernd Guggenberger (Hrsg.): Jugend erneuert Gemeinschaft. Freiwilligendiente in Deutschland und Europa. Eine Synopse, Baden-Baden 2000, 84–104.

Gleich, Johann Michael: Zukunft der Freiwilligendienste. Einsatzmöglichkeiten in Diensten und Einrichtungen im Verbandsbereich des Deutschen Caritasverbandes, in: Eugen Baldas u. Rainer Roth (Hrsg.): Freiwilligendienste haben es in sich. Studien zu Art, Umfang und Ausbaumöglichkeiten von Freiwilligendiensten im kirchlich-sozialen Umfeld, Freiburg 2003, 213–266.

Goodman, Paul: Freiheit und Lernen, in: Ulrich Klemm (Hrsg.): Bildung ohne Zwang. Texte zur Geschichte der anarchischen Pädagogik, Lich 2010, 185–193.

Gose, Stefan: Wehrpflicht am Ende. Fakten und Argumente zur Abschaffung der allgemeinen Wehrpflicht in der BRD, Berlin 2000.

Graf, Timo: Zeitenwende im sicherheits- und verteidigungspolitischen Meinungsbild. Ergebnisse der ZMSBw-Bevölkerungsbefragung 2022 (Forschungsbericht 133), hrsg. v. Zentrum für Militärgeschichte und Sozialwissenschaften der Bundeswehr, Potsdam 2022.

Groß, Jürgen: Armee der Illusionen. Die Bundeswehr und die allgemeine Wehrpflicht, in: IFSH (Hrsg.): Hamburger Beiträge zur Friedensforschung und Sicherheitspolitik 1997/105, Hamburg 1997.

Groß, Jürgen, u. Dieter S. Lutz: Wehrpflicht ausgedient?, in: IFSH (Hrsg.): Hamburger Beiträge zur Friedensforschung und Sicherheitspolitik 1996/103, Hamburg 1996.

Große Kracht, Hermann-Josef: Fünfzig Jahre Böckenförde-Theorem. Eine bundesrepublikanische Bekenntnisformel im Streit der Interpretationen, in: ders. u. Klaus Große Kracht (Hrsg.): Religion – Recht – Republik. Studien zu Wolfgang-Ernst Böckenförde, Paderborn 2014, 155–183.

Gudjons, Herbert: Pädagogisches Grundwissen, Bad Heilbrunn 1993.

Güntert, Stefan: Selbstbestimmung in der Freiwilligenarbeit, in: Theo Wehner u. Stefan Güntert: Psychologie der Freiwilligenarbeit: Motivation, Gestaltung und Organisation, Berlin 2015, 77–93.

Guggenberger, Bernd (Hrsg.): Jugend erneuert Gemeinschaft. Freiwilligendiente in Deutschland und Europa. Eine Synopse, Baden-Baden 2000.

Guggenberger, Bernd: Wieviel Gemeinschaft braucht die Gesellschaft? Jugendgemeinschaftsdienste – eine Forderung im Schnittpunkt zeitaktueller Debatten, in: ders. (Hrsg.), Jugend erneuert Gemeinschaft. Freiwilligendiente in Deutschland und Europa. Eine Synopse, Baden-Baden, 2000, 47–71.

Hank, Rainer: Kein Wundermittel, in: Frankfurter Allgemeine Zeitung Nr. 221 vom 22.09.1990.

Hentschel, Anni: Art. Dienen / Diener (NT), in: WiBiLex, Deutsche Bibelgesellschaft, 2008, URL: https://www.bibelwissenschaft. de/fileadmin/buh_ bibelmodul/media/wibi/pdf/Dienen_Diener_ NT___2018-09-20_06_20. pdf (Stand: 28.12.2023).

Herz, Christian: Kein Frieden mit der Wehrpflicht. Entstehungsgeschichte, Auswirkung und Abschaffung der allgemeinen Wehrpflicht, Münster 2003.

Heusgen, Christoph: Führung und Verantwortung. Angela Merkels Außenpolitik und Deutschlands künftige Rolle in der Welt, München 2023.

Hinsch, Wilfried, u. Dieter Janssen: Menschenrechte militärisch schützen. Ein Plädoyer für humanitäre Interventionen, München 2006.

Högl, Eva: Interview am 03.04.2023, URL: https://www. bundestag.de/parlament/wehrbeauftragter/reden/20230403-morgenpost-941300 (04.04.2023).

Horn, Christoph: Antike Lebenskunst. Glück und Moral von Sokrates bis zu den Neuplatonikern, München ²2010.

Humann, Detlev: »Arbeitsschlacht«. Arbeitsbeschaffung und Propaganda in der NS-Zeit 1933–1939, Göttingen 2011.

Hummel, Siri, u. Rupert Graf Strachwitz: Zivilgesellschaft und gesellschaftlicher Zusammenhalt, in: APuZ 13–15 (2021), 35–41.

Institut für Weltwirtschaft (IfW): Ukraine Support Tracker, URL: https://www.ifw-kiel.de/topics/war-against-ukraine/ukraine-support-tracker (Stand: 27.01.2023).

IPSOS: Deutliche Mehrheit für Wiedereinführung der Wehrpflicht,

2023, URL: https://www.ipsos.com/sites/default/files/ct/news/documents/2023-03/Ipsos-PI_Wehrpflicht_2023-03-09.pdf (Stand: 04.04.2023).

Jakob, Gisela: Zwischen Aufwertung und Indienstnahme. Zur gesellschaftlichen Bedeutung von Freiwilligendiensten, in: Thomas Bibisidis, Jaana Eichhorn, Ansgar Klein, Christa Perebo, u. Susanne Rindt (Hrsg.), Zivil – Gesellschaft – Staat. Freiwilligendienste zwischen staatlicher Steuerung und zivilgesellschaftlicher Gestaltung, Wiesbaden 2015, 47–62.

Jax, Claudio: Von der Pflicht zur Freiwilligkeit. Möglichkeiten und Grenzen der Kompensation des Zivildienstes durch Freiwilligendienste, Berlin 2006.

Kant, Immanuel: Grundlegung zur Metaphysik der Sitten [1785], AA IV, Berlin 1911.

Kant, Immanuel: Metaphysik der Sitten [1797], AA VI, Berlin 1907.

Kant, Immanuel: Über Pädagogik, Königsberg 1803.

Kant, Immanuel: Zum ewigen Frieden [1795], AA VIII, Berlin 1923.

Kernic, Franz: Demokratie und Wehrform. Anmerkungen zum Verhältnis von Staatsverfassung und Heeresverfassung, in: Werkner, Ines-Jaqueline (Hrsg.): Die Wehrpflicht und ihre Hintergründe. Sozialwissenschaftliche Beiträge zur aktuellen Debatte, Wiesbaden 2004, 65–85.

Kissler, Alexander: Toleranz lässt sich nicht verordnen, in: NZZ vom 28.07.2022, URL: https://www.nzz.ch/meinung/der-andere-blick/toleranz-die-meisten-deutschen-vermissen-sie-und-haben-recht-ld.1695419?mkt cid =smsh&mktcval=E-mail (Stand: 30.12.2022).

Klein, Paul (Hrsg.): Wehrpflicht und Wehrpflichtige heute, Baden-Baden 1991.

Klein, Paul: Wehrsysteme und Wehrformen im Vergleich, in: Ines-

Jacqueline Werkner (Hrsg.): Die Wehrpflicht und ihre Hintergründe. Sozialwissenschaftliche Beiträge zur aktuellen Debatte, Wiesbaden 2004, 9-27.

Klein, Uta: Die Wehrpflicht von Männern. Ausdruck überkommener Geschlechterpolitik, in: Ines-Jacqueline Werkner (Hrsg.): Die Wehrpflicht und ihre Hintergründe. Sozialwissenschaftliche Beiträge zur aktuellen Debatte, Wiesbaden 2004, 131-153.

Klemm, Ulrich: Einleitung. Bildung ohne Zwang, in: ders. (Hrsg.): Bildung ohne Zwang. Texte zur Geschichte der anarchischen Pädagogik, Lich 2010, 13-46.

Kompetenzzentrum für Nonprofit-Organisationen und Social Entrepreneurship (Hrsg.): Studie zum gesellschaftlichen und ökonomischen Nutzen des Zivildienstes 2019 in Österreich, Wien 2021.

Konradt, Matthias: Ethik im Neuen Testament, Göttingen 2022.

Kruse, Andreas: Das letzte Lebensjahr. Zur körperlichen, psychischen und sozialen Situation des alten Menschen am Ende seines Lebens, Stuttgart 2007.

Kuhlmann, Jürgen, u. Ekkehard Lippert: Wehrpflicht ade? Argumente wider und für die Wehrpflicht in Friedenszeiten, in: Sozialwissenschaftliches Institut der Bundeswehr (Hrsg.): SOWI-Arbeitspapier, 1991/48, München 1991.

Kuhn, Annette: IQB-Bildungstrend. Die wichtigsten Ergebnisse, 2022, URL: https://deutsches-schulportal.de/bildungswesen/iqb-bildungstrend-die-wichtigsten-ergebnisse/ (Stand: 02.02.2022).

Kunze, Axel Bernd: Woraus lebt ein Gemeinwesen? Sozial- und bildungsethische Überlegungen zum Umgang mit den kulturellen Grundlagen des Staates, in: Alexander Dietz u. a.: Wiederentdeckung des Staates in der Theologie, Leipzig 2020, 177-201.

Langewiesche, Dieter: Der gewaltsame Lehrer. Europas Kriege in der Moderne, München 2019.

Langewiesche, Dieter: Savage War as People's War: Nineteenth-Century African Wars, European Perceptions, and the Future of Warfare, in: The Journal of Modern History 94 (2022), 537-563.

Lischewski, Andreas: Menschenbilder in der Reformpädagogischen Bewegung. Versuch einer klärenden Gliederung, in: Horst Philipp Bauer u. Jost Schieren (Hrsg.): Menschenbild und Pädagogik, Weinheim 2015, 33-70.

Liebig, Reinhard: Freiwilligendienste als außerschulische Bildungsinstitution für benachteiligte junge Menschen, Wiesbaden 2009.

Lindley-French, John, John R. Allen u. Frederik Ben Hodges: Future War. Bedrohung und Verteidigung Europas, München 2022.

Luther, Martin: Von der Freiheit eines Christenmenschen [1520], WA 7,12-38, Weimar 1897.

Magenheimer, Heinz: Zur Frage der allgemeinen Wehrpflicht. Schriften der Landesverteidigungsakademie, Wien 1999.

Maikranz, Elisabeth, u. Torben Stamer: Art. Intertext, primärer, in: Friedrich-Emanuel Focken u. Frederike van Oorschot (Hrsg.): Schriftbindung evangelischer Theologie. Theorieelemente aus interdisziplinären Gesprächen, Leipzig 2020, 47-48.

Mankiw, N. Gregory, u. Mark P. Taylor: Grundzüge der Volkswirtschaftslehre, Stuttgart ^{8}2021.

Meyer, Berthold: Die Dauerkontroverse um die Wehrpflicht – ein Beispiel für Konfliktverwaltung, Frankfurt am Main 2005.

Mayer, Peter: Die Lehre vom gerechten Krieg – obsolet oder unverzichtbar?, in: Egbert Jahn u. a. (Hrsg.): Die Zukunft des Friedens, Bd. 2, Wiesbaden 2005, 381-405.

Montessori, Maria: Selbsttätige Erziehung im frühen Kindesalter.

Nach den Grundsätzen der wissenschaftlichen Pädagogik dargelegt, Stuttgart 1913.

Münz, Angelika: Der Blick zu den Nachbarn. Konzepte für Jugendfreiwilligendienste im Kontext von Wehrpflichtreform und bürgerschaftlichem Engagement in Europa, in: Bernd Guggenberger (Hrsg.): Jugend erneuert Gemeinschaft. Freiwilligendiente in Deutschland und Europa. Eine Synopse, Baden-Baden 2000, 160–184.

Mussel, Gerhard, u. Jürgen Pätzold: Grundfragen der Wirtschaftspolitik, München ⁵2003.

Nestor, Moritz: Die personale Auffassung vom Menschen als anthropologische Grundlage von Pädagogik und Demokratie, in: Horst Philipp Bauer u. Jost Schieren (Hrsg.): Menschenbild und Pädagogik, Weinheim 2015, 201–222.

Nietzsche, Friedrich: Morgenröte, Zweites Buch [1881], in: Giorgio Colli u. Mazzino Montinari (Hrsg.): Friedrich Nietzsche. Kritische Studienausgabe (KSA), Bd. 3, München ⁹2015.

Olk, Thomas: Freiwilligendienste zwischen zivilgesellschaftlicher Organisation und staatlichen Rahmenbedingungen. Kriterien für ihre Weiterentwicklung, in: Thomas Bibisidis, Jaana Eichhorn, Ansgar Klein, Christa Perebo u. Susanne Rindt (Hrsg.): Zivil – Gesellschaft – Staat. Freiwilligendienste zwischen staatlicher Steuerung und zivilgesellschaftlicher Gestaltung, Wiesbaden 2015, 1–20.

Ord, Toby: The Precipice. Existential Risk and the Future of Humanity, New York 2020.

o. V.: Gemeinsam für Deutschland. Mit Mut und Menschlichkeit. Koalitionsvertrag von CDU, CSU und SPD vom 11. November 2005, URL: https://www.bundesregierung.de/resource/blob/974430/778548/262e947ed0871d9e14c68e682188dffe/koalitionsvertrag data.pdf?download=1 (Stand: 09.02.2023).

o.V.: Untersuchungsausschuss zur Flut in RLP. Ein Dossier, URL: https://www.swr.de/swraktuell/rheinland-pfalz/dossier-untersuchungsausschuss-hochwasser-flut-katastrophe-rlp-102.html (Stand: 27.03.2023).

Overwien, Bernd: Internationale Sichtweisen auf informelles Lernen am Übergang zum 21. Jahrhundert, in: Hans-Uwe-Otto u. Thomas Coelen (Hrsg.): Ganztagsbildung in der Wissensgesellschaft, Wiesbaden 2005, 51–76.

Patel, Kiran Klaus: Soldaten der Arbeit. Arbeitsdienste in Deutschland und den USA, 1933–1945, Göttingen 2003.

Prüfert, Andres (Hrsg.): Hat die allgemeine Wehrpflicht in Deutschland eine Zukunft? Zur Debatte um die künftige Wehrstruktur, Baden-Baden 2003.

Pütz, Tanja: Kinder sind anders. Eine pädagogische Ableitung von Maria Montessoris Bild vom Kind, in: Horst Philipp Bauer u. Jost Schieren (Hrsg.): Menschenbild und Pädagogik, Weinheim 2015, 89–100.

Putnam, Robert: Making Democracy Work. Civic Traditions in Modern Italy, Princeton 1993.

Rahrbach, Andrea, Werner Wüstendörfer u. Thomas Arnold: Untersuchung zum Freiwilligen Sozialen Jahr, Stuttgart 1998.

Raphael, Lutz: Imperiale Gewalt und mobilisierte Nation. Europa 1914 bis 1945, München 2011.

Rau, Johannes: Rede bei der Auftaktveranstaltung des Internationalen Jahres der Freiwilligen am 5. Dezember 2000 in Bonn, URL: https://www.bundespraesident.de/SharedDocs/Reden/DE/Johannes-Rau/Reden/2000/12/20001205_Rede.html (Stand: 09.01.2023).

Rauschenbach, Thomas: Bildung in Jugendfreiwilligendiensten, in: Thomas Bibisidis, Jaana Eichhorn, Ansgar Klein, Christa

Perebo u. Susanne Rindt (Hrsg.): Zivil – Gesellschaft – Staat. Freiwilligendienste zwischen staatlicher Steuerung und zivilgesellschaftlicher Gestaltung, Wiesbaden 2015, 209–223.

Rechsteiner, David: Recht in besonderen und ausserordentlichen Lagen. Unter besonderer Berücksichtigung des Rechts bei Katastrophen, Zürich/St. Gallen 2016.

Reich, Kersten: Konstruktivismus. Vielfalt der Ansätze und Berührungspunkte zum Pragmatismus, in: Larry Hickman, Stefan Neubert u. Kersten Reich (Hrsg.): John Dewey. Zwischen Pragmatismus und Konstruktivismus, Münster 2004, 28–45.

Richter, Christian: Die allgemeine Dienstpflicht aus juristischer, ökonomischer und sicherheitspolitischer Sicht, in: #GIDSstatement 2023/1, 1–12.

Roth, Rainer, u. Eugen Baldas: Schluss: »Freiwilligendienste haben es in sich«. Anforderungen an zukunftsfähige Strukturen für Freiwilligendienste. Anfragen, Klärungsbedarf, Empfehlungen, in: dies. (Hrsg.): Freiwilligendienste haben es in sich. Studien zu Art, Umfang und Ausbaumöglichkeiten von Freiwilligendiensten im kirchlich-sozialen Umfeld, Freiburg 2003, 443–489.

Rürup, Bert: Irrweg Dienstpflicht. Gastbeitrag, in: Handelsblatt, Wochenende Nr. 135 vom 15./16./17.07.2022, 12.

Schaaf, Anton, u. Andrea Franz: (K)ein Pflichtjahr für junge Menschen?, hrsg. von der Friedrich-Ebert-Stiftung, 2004, URL: https://library.fes.de/pdf-files/stabsabteilung/02141.pdf (Stand: 21.02.2023).

Schieren, Jost: Das Menschenbild der Waldorfpädagogik, in: Horst Philipp Bauer u. Jost Schieren (Hrsg.): Menschenbild und Pädagogik, Weinheim 2015, 133–145.

Schilling, Johannes: Anthropologie. Menschenbilder in der Sozialen Arbeit, Neuwied 2000.

Schmidt, Helmut: Als Christ in der politischen Entscheidung, Gütersloh 1976.

Schober, Christian, Selma Sprajcer, Doris Schober u. Ina Pervan-Al Soqauer: Der gesellschaftliche und ökonomische Nutzen des Zivildienstes in Österreich, Wien 2012.

Schopenhauer, Arthur: Preisschrift über die Grundlage der Moral, in: ders., Die beiden Grundprobleme der Ethik, Frankfurt 1841, 101–278.

Schopp, Nathalie, Charline Schüler, Volker Tondorf u. Lynn Schüller: Lagebild Bevölkerungsverhalten für ein effektives Krisenmanagement, in: Bundesgesundheitsblatt 2022/65, 1067–1072.

von Schubert, Hartwig: Nieder mit dem Krieg. Eine Ethik politischer Gewalt, Leipzig 2021.

Sehmsdorf, Matthias: Wehrpflicht versus Freiwilligenarmee, Hamburg 1996.

Seidel, Tina, u. Andreas Krapp (Hrsg.): Pädagogische Psychologie. Ein Lehrbuch, Weinheim ^{6}2014.

Steinkamm, Armin A., u. Dietmar Schössler (Hrsg.): Wehrhafte Demokratie 2000 – zu Wehrpflicht und Wehrstruktur. Politische, rechtliche, gesellschaftliche und militärische Dimensionen des Wehrstrukturproblems der Bundesrepublik Deutschland in der »postkonfrontativen Periode«. Dokumentation des »Wehrstruktur-Symposiums« des Instituts für Internationale Politik, Sicherheitspolitik, Wehr- und Völkerrecht der Universität der Bundeswehr, München vom 17. bis 19. Juli 1996 in München mit ergänzenden Beiträgen, Baden-Baden 1999.

Steinmeier, Frank-Walter: Interview mit der Zeitung Bild am Sonntag am 12.06.2022, URL: https://www.bundespraesident.de/SharedDocs/Reden/DE/Frank-Walter-Steinmeier/Interviews/2022/220612-Interview-BamS.html (Stand: 19.02.2023).

Stell, Maren: Kontinuität und Aufbruch. Zur Politik und Soziologie der Jugendgemeinschaftsdienste seit den fünfziger Jahren, in:

Bernd Guggenberger (Hrsg.): Jugend erneuert Gemeinschaft. Freiwilligendiente in Deutschland und Europa. Eine Synopse, Baden-Baden 2000, 105–121.

Technisches Hilfswerk, Jahresbericht 2021, URL: https://www.thw.de/SharedDocs/Downloads/DE/Hintergrund/Jahresberichte/jahresbericht_ 2021.pdf?__blob=publicationFile (Stand: 27.03.2023).

Thiele, Ralph (Hrsg.): Wehrpflicht auf dem Prüfstand. Über die Zukunft einer Wehrform, Berlin 2000.

Thompson, Helen: Disorder. Hard Times in the 21st Century, Oxford 2022.

Tönnies, Sibylle: Arbeitsdienst? Warum nicht!, in: Die Zeit Nr. 29 vom 12.07.1996.

Tönnies, Sibylle: Freiwillig oder verpflichtend? Vom Wert der Arbeit, in: Bernd Guggenberger (Hrsg.): Jugend erneuert Gemeinschaft. Freiwilligendiente in Deutschland und Europa. Eine Synopse, Baden-Baden 2000, 445–452.

Ullrich, Heiner: Kindheit als kreative Daseinsform. Das Bild des Kindes im reformpädagogischen Diskurs, in: Horst Philipp Bauer u. Jost Schieren (Hrsg.): Menschenbild und Pädagogik, Weinheim 2015, 71–88.

UN-Vollversammlung: Allgemeine Erklärung der Menschenrechte (2017 [III] A), Paris 1948; URL: http://www.un.org/en/universal-declaration-human-rights (Stand: 10.01.2023).

Vattel, Emer: Das Völkerrecht oder Grundsätze des Naturrechts, übersetzt [1758], von Wilhelm Euler, Tübingen 1959.

Weber, Ferdinand, u. Christian Richter: Das Vorhaben eines allgemeinen Gesellschaftsjahres vor dem Verfassungs-, Völker- und Europarecht, in: Archiv des Völkerrechts 60 (2022), 288–321.

Werkner, Ines-Jacqueline: Die Bundewehr im neuen Modus der Landes- und Bündnisverteitigung – Wehrpflicht revisited? Baden-Baden 2023.

Werkner, Ines-Jacqueline (Hrsg.): Die Wehrpflicht und ihre Hintergründe. Sozialwissenschaftliche Beiträge zur aktuellen Debatte, Wiesbaden 2004.

Werkner, Ines-Jacqueline: Die Wehrpflicht – Teil der politischen Kultur der Bundesrepublik Deutschland?, in: dies. (Hrsg.): Die Wehrpflicht und ihre Hintergründe. Sozialwissenschaftliche Beiträge zur aktuellen Debatte, Wiesbaden 2004, 155–177.

Widmaier, Benedikt: Eine Marke für alle? Der Beutelsbacher Konsens in der non-formalen politischen Bildung, in: Benedikt Widmaier u. Peter Zorn (Hrsg.): Brauchen wir den Beutelsbacher Konsens? Eine Debatte der politischen Bildung, Bonn 2016, 96–111.

Wirtherle, Sarah: Der Entwicklungsraum Service Learning. Eine Grounded Theory über das Lernen durch Engagement, Dissertation, Köln 2019, URL: https://kups.ub.uni-koeln.de/10547/1/Dissertation_SarahWirtherle.pdf (Stand: 23.04.2023).

Wüstendörfer, Werner, u. Roland Becker: Das Freiwillige Soziale Jahr und das Freiwillige Ökologische Jahr. Eine empirische Bilanz, in: Bernd Guggenberger (Hrsg.): Jugend erneuert Gemeinschaft. Freiwilligendiente in Deutschland und Europa. Eine Synopse, Baden-Baden 2000, 122–136.

Zirfas, Jörg: Pädagogische Anthropologie. Eine Einführung, Paderborn 2021.

Zu den Autoren

Alexander Dietz, Dr. theol., Jahrgang 1976, studierte Evangelische Theologie, Philosophie und BWL. Nach elf Jahren Berufstätigkeit im Bereich der Diakonie ist er seit 2015 Professor für Systematische Theologie und Diakoniewissenschaft an der Hochschule Hannover. U. a. erhielt er den Wichernpreis und den Templeton-Award.

Hartwig von Schubert, Dr. theol., Jahrgang 1954, studierte Evangelische Theologie in Göttingen, Tübingen, Heidelberg und Kiel. Nach Tätigkeiten als Pastor in Hamburg und als wissenschaftlicher Mitarbeiter an der FEST in Heidelberg leitete er von 1992 bis 2002 gesamtstädtische Dienste im Diakonischen Werk Hamburg. Dem folgte die Tätigkeit als Studienleiter an der Evangelischen Akademie Nordelbien in Hamburg und Bad Segeberg. Von 2004 bis 2019 war er bis zu seinem Ruhestand evangelischer Militärdekan an der Führungsakademie der Bundeswehr in Hamburg. Seit 2021 lehrt er als Privatdozent an der Universität Hamburg im Fach Systematische Theologie.

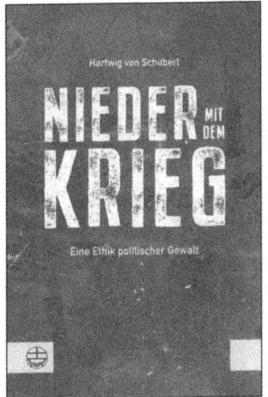

Hartwig von Schubert
Nieder mit dem Krieg!
Eine Ethik politischer Gewalt

576 Seiten | Hardcover
15,5 x 23 cm
ISBN 978-3-374-07045-9
EUR 78,00 [D]

Jahrzehnte des Krieges in Afrika, auf dem Balkan, am Golf und im Nahen Osten, Krieg in der Ukraine, Krieg in Mexiko, Krieg in Afghanistan. Die USA haben sich weltweit zurückgezogen, das Vakuum füllen andere. Europa sollte sich dieser Realität stellen, um nicht immer wieder von ihr überrascht zu werden; dies aber nicht auf dem Weg zurück in die Machtspiele des 19. Jahrhunderts, sondern auf den Wegen des Völkerrechts und durch die Errichtung von und die Mitwirkung an Systemen gemeinsamer Sicherheit. Liegt aber nicht gerade das Völkerrecht am Boden? Wer glaubt noch an die UN-Charta? Christen glauben nicht an die Charta, sondern an Gott und die Macht der Nächstenliebe. Zu diesem Glauben aber gehört das Bekenntnis zu Menschenwürde und Menschenrecht und zur zivilisierenden Kraft des Völkerrechts.

EVANGELISCHE VERLAGSANSTALT
Leipzig www.eva-leipzig.de

Tel +49 (0) 341/7 11 41 -44   shop@eva-leipzig.de

Volker Gerhardt
Rochus Leonhardt
Johannes Wischmeyer

**Friedensethik
in Kriegszeiten**

184 Seiten | Paperback
12 x 19 cm
ISBN 978-3-374-07337-5
24,00 [D]

Drei Tage nach dem Überfall Russlands auf die Ukraine hat Bundeskanzler Olaf Scholz in einer Regierungserklärung von einer »Zeitenwende in der Geschichte unseres Kontinents« gesprochen. Es gehe um die Frage, »ob Macht das Recht brechen« dürfe. Sofern das Verhältnis von Macht und Recht zu den zentralen Problemstellungen der Friedensethik gehört, markiert das Stichwort »Zeitenwende« auch für diesen Bereich der angewandten Ethik eine Zäsur: In Kriegszeiten steht die Friedensethik – namentlich die christliche – unter Realismus-Druck. Der theologische und kirchliche Mainstream des deutschen Protestantismus hat in den letzten Jahrzehnten vorrangig auf Kriegsprävention gesetzt und die Frage ausgeblendet, wie gehandelt werden kann, wenn Prävention scheitert.

EVANGELISCHE VERLAGSANSTALT
Leipzig www.eva-leipzig.de

Tel +49 (0) 341/ 7 11 41 -44   shop@eva-leipzig.de

Ingolf U. Dalferth

**Die Krise
der öffentlichen Vernunft**

Über Demokratie,
Urteilskraft und Gott

336 Seiten | Hardcover
13,0 x 21,5 cm
ISBN 978-3-374-07056-5
EUR 25,00 [D]

Das neue Buch des Theologen und Religionsphilosophen Ingolf U. Dalferth thematisiert die Gefährdung der Demokratie in den westlichen Gesellschaften. Beispielhaft dafür ist die Krise der »öffentlichen Vernunft«. Sie zeigt, dass die deliberative Demokratie in Habermas' Sinn wohl immer schon eine soziale Fiktion war. Internet und Soziale Medien zersetzen die politische Öffentlichkeit. Gesinnung und Emotionen verdrängen Argumente, Gleichheit und Gerechtigkeit werden zu populistischen Leerformeln und kritische Urteilskraft schwindet oder wird diffamiert.
Dalferths differenzierte Diskussion dieser Themen steht in einer radikal-demokratischen Klammer: der kritischen Zurückhaltung gegenüber dem Prinzipiellen und Dogmatischen.

EVANGELISCHE VERLAGSANSTALT
Leipzig www.eva-leipzig.de

Tel +49 (0) 341/ 7 11 41 -44   shop@eva-leipzig.de

Alexander Dietz
Jan Dochhorn
Axel Bernd Kunze
Ludger Schwienhorst-
Schönberger

Wiederentdeckung des Staates in der Theologie

264 Seiten | Paperback
12 x 19 cm
ISBN 978-3-374-06636-0
EUR 25,00 [D]

Fragen zur Zukunft des Nationalstaats, des Rechtsstaats, des Sozialstaats und des demokratischen Staats bestimmen derzeit die öffentlichen Debatten. Während Kirche und Theologie in der Vergangenheit dem Staat oft zu unkritisch gegenüberstanden, hat sich in den letzten Jahrzehnten eine theologische Staatsvergessenheit und teilweise sogar Staatsverachtung verfestigt. Dies entspricht aktuellen gesellschaftlichen und wissenschaftlichen Trends. Vor dem Hintergrund dieser Krise des Staates ist kritisch zu erörtern, in welchem Verhältnis Staatlichkeit, partikulare Identität und das christliche Wirklichkeitsverständnis zueinander stehen. Dazu leisten die Autoren dieses Bandes Beiträge in exegetischer und ethischer Perspektive.

EVANGELISCHE VERLAGSANSTALT
Leipzig www.eva-leipzig.de

Tel +49 (0) 341/ 7 11 41 -44   shop@eva-leipzig.de

Alexander Dietz
Plötzlich bei der Kirche
Dialog über Glaubensfragen für Mitarbeitende der Diakonie

168 Seiten | Paperback
12 x 19 cm
ISBN 978-3-374-07003-9
EUR 10,00 [D]

Eine halbe Million Menschen arbeitet bei der Diakonie. Viele sind zufällig dort gelandet und hatten mit Kirche bisher kaum etwas zu tun. Manche haben sogar schlechte Erfahrungen mit Kirche gemacht. In den langen Gesprächen, die der Autor mit Mitarbeitenden der Diakonie führte, bevor dieses Buch entstand, hörte er oft: »Mit christlicher Ethik kann ich etwas anfangen, aber mit Glaubenssätzen nicht.« Es braucht also Angebote zum kritischen Nachdenken. Meist besteht durchaus Interesse an theologischen Fragen, aber auch die Erwartung, dass Theologen und Theologinnen ihre Gedanken verständlich formulieren und sich auf ein Gespräch auf Augenhöhe einlassen. Der Autor baut Brücken zwischen Theorie und Praxis, zwischen Kirche und Diakonie sowie zwischen Glaubensfragen und Fragen rund um helfendes Handeln.

EVANGELISCHE VERLAGSANSTALT
Leipzig www.eva-leipzig.de

Tel +49 (0) 341/ 7 11 41 -44   shop@eva-leipzig.de

Ulrich H. J. Körtner

Wahres Leben

Christsein auf evangelisch

144 Seiten | Klappenbroschur
12 x 19 cm
ISBN 978-3-374-06912-5
12,00 [D]

Kann es wahres Leben geben? Ein Leben, das sich nicht nur gut und richtig anfühlt, sondern gut und richtig ist? Ein sinnerfülltes Leben mit Tiefgang statt bloßer Oberflächlichkeit? Ob Leben wahr oder unwahr, richtig oder falsch ist, hängt davon ab, was oder an wen man glaubt, was oder wen man liebt, was oder worauf man hofft. Das führt zu den weiteren Fragen dieses Buches: Woran genau glauben Christen? Worauf vertrauen sie in Leben und Sterben? Und: Was bedeutet es heute, im evangelischen Sinne Christ zu sein?

Der Wiener Theologe Ulrich Körtner ist weithin bekannt für seine Gabe, das Wesentliche klar auf den Punkt zu bringen. Er bezieht sich dabei vor allem auf das Apostolische Glaubensbekenntnis, das Doppelgebot der Liebe, die Zehn Gebote, das Hohelied der Liebe, das Vaterunser, Psalm 23 und Psalm 51,12–14 sowie die Seligpreisungen.

EVANGELISCHE VERLAGSANSTALT
Leipzig www.eva-leipzig.de

Tel +49 (0) 341/ 7 11 41 -44   shop@eva-leipzig.de